2025
공인회계사 2차시험 대비

회계감사
실전문제집

공인회계사 손보승

한국세무정보

저자소개

손 보 승

제47회 공인회계사시험 합격

한양대학교 파이낸스경영학과 졸업

한양대학교 대학원 창업융합학과 수료

현) 우리경영아카데미 강사(회계감사)

현) 스마트경영아카데미 강사(정부회계, 회계감사, 기업법2)

현) 현무회계법인 이사(파트너)

현) 한양대학교 경영학부 겸임교수

전) 삼일회계법인 감사본부

전) 공군본부 기획관리참모부 예산운영과

전) 국방부 국군재정관리단 계약처

전) 이촌회계법인

판권정보

회계감사 실전문제집
2025년 공인회계사 2차시험 대비

초판 발행일 2024년 4월 8일

개정2판 발행일 2025년 3월 4일

지은이	손보승
펴낸이	고상모
펴낸곳	주식회사 한국세무정보
주소	서울특별시 영등포구 국회대로38길 8, 문화빌딩 403호
출판등록	제 2023-000088 호
ISBN	979-11-93725-24-5 13320

잘못된 책은 구입한 곳에서 교환해드립니다.

이 책은 저작권법에 따라 보호받는 저작물이므로 무단 전재와 복제를 금합니다.

회계감사 실전문제집

2025년 공인회계사 2차시험 대비

PREFACE

이 책은 공인회계사 2차 시험과목 중 하나인 회계감사 시험 대비 교재입니다. 수험생 여러분이 단기간에 효율적으로 회계감사를 학습하고 정리할 수 있도록 이 책을 집필하였습니다.

본 교재의 특징은 다음과 같습니다.

1. 실무 사례형 문제 대비 문제(총 20세트) – Chapter 1

회계감사 문제 출제 유형은 아래와 같이 크게 네 가지 유형으로 구분할 수 있습니다.

구분	설명	기준서 암기	사례	난이도
유형1	단순 기준서 암기형	O	X	하 ~ 중
유형2	사례 + 암기형	O	O	중 ~ 상
유형3	실무 사례형	X	O	상
유형4	계산/논리형	N/A		하 ~ 중

유형3(실무 사례형) 문제는 가장 난이도 높은 출제 형태로, 일단 문제 안에서의 여러 단서를 찾아야 합니다. 이후 단서 속에서 확인하고자 하는 경영진주장(또는 감사목표)에 맞는 감사절차를 서술하시면 됩니다. 이때 완벽한 정답을 기술하려 하기보다 지금까지 배운 내용을 활용하여 서술하는 것이 좋습니다. 가장 흔한 방법은 질문을 기초로 한 문서검사와 (외부)조회이며, 관련 문서의 내용(계약서, 선적서류, 인수증, 회의록, 등기사항증명서(등기부등본), 세금계산서(매입자 입장), 검수조서, 평가보고서 등)을 적어주시는 것도 좋습니다. 그 외 기말시점 이후 추가 확인 절차도 적절한 답이 될 수 있습니다.

만약 틀리거나 부족한 절차를 지적하는 문제가 나오면, 해당 감사절차가 확인하고자 하는 경영진주장(또는 감사목표)과 맞지 않거나, 신뢰성이 낮은 감사증거일 가능성이 높습니다(예 특수관계자에 대한 외부조회, 전진법에 의한 실재성 확인 등).

본 교재는 이러한 사례형 문제를 대비할 수 있는 문제 20문제를 준비하였고, 본 교재를 통해 사례형 문제에 적응할 수 있도록 하였습니다. 단, 사례형 문제 특성상 본 교재에서 제시하는 답안 외의 답안도 정답으로 인정되는 되는 경우가 존재할 수 있으므로 이를 감안하여 주시기 바랍니다.

2. 실전모의고사(총 5회) - Chapter 2

실전모의고사는 과거 GS모의고사를 재구성한 문제로 총 5회분으로 구성되어 있습니다. 제1회부터 제5회로 갈수록 난이도가 높아지는 구조이며, 특히 제4회와 제5회의 경우 다소 높은 난이도로 당시 GS모의고사 응시생들도 60점을 넘는 경우가 드물 정도로 난이도가 높으므로 참고바랍니다.

GS모의고사를 통해 실전감각을 익혀야 하므로 각 회차별 반드시 시간을 정해놓고 문제를 푸시기 바라며, 모든 문제가 중요한 문제이므로 오답에 대해서는 반드시 숙지하셨으면 합니다.

이 책을 통하여 회계감사를 학습하시는 모든 분께 좋은 결과가 있길 바라며, 문의 사항은 다음카페(cafe.daum.net/cpa123)에 올려 주시면 친절히 답변해 드리겠습니다. 마지막으로 이 책의 출간을 위해 힘써주신 양성빈 그리고 고서영·송명성·김근우·장형준 회계사, 그 외 도움 주신 모든 여러분들에게 진심으로 감사의 말씀을 전합니다.

2025년 2월

저자 공인회계사 손 보 승 올림

CONTENTS

2025년 공인회계사 2차시험 대비

Chapter 1 사례형 문제 1

Chapter 2 실전모의고사 53

손보승

2025
회계감사
실전문제집

Chapter 01
사례형 문제

2025 회계감사 사례형 문제

답안 작성시 유의사항

1. 모든 문제는 2024년 12월 31일 이후 최초로 개시하는 회계연도에 적용되는 회계감사기준에 따라 답하시오.
2. 「주식회사 등의 외부감사에 관한 법률」은 '외부감사법'으로, 「공인회계사 윤리기준」은 '윤리기준'으로 표현한다.
3. 문제에서 서술하라고 요구한 경우에는 문장의 형태로 답하시고, 답안양식을 제시한 경우에는 답안양식을 준수하여 답하시오.
4. 답의 분량(개수, 줄 등)을 제한한 경우에는 해당 분량을 초과한 부분은 채점에서 고려하지 않는다.

사례 1 공인회계사법 개정사항 등

⟨상황1⟩

2023년 12월 20일 「공인회계사법」 일부개정법률안이 국회를 통과하였고, 2024년 1월 16일 공포되었다. 회계법인의 이사와 직원 중 10명 이상이 공인회계사 자격을 갖추어야 한다고 규정하였던 개정 전 법률과 달리, 개정 법률은 회계법인의 이사와 직원 중 7명 이상이 공인회계사 자격을 갖추어야 한다고 규정한다.[1]

물음 1 위 상황에서 회계법인의 설립 요건 완화의 취지를 **2줄 이내**로 서술하시오.

---

[1] 한국공인회계사 「공인회계사 저널」 제365호(2024년 2월)

〈상황2〉

다음은 각 국가별 회계법인 설립 요건이다.[2]

- 미국 : 회계법인의 형태, 사원의 자격이나 수에 제한이 없다.
- 영국 : 회계법인의 형태는 아무런 제한이 없으며, 사원의 자격이나 수 역시 제한이 없다. 다만, 회계법인이 조합 또는 유한책임조합의 형태로 설립된 경우, 잉글랜드와 웨일즈 공인회계사협회 소속 공인회계사가 의결권의 50% 이상을 가지고 있어야 한다.
- 독일 : 사원의 자격이나 수의 제한은 없다. 다만, 이사회 구성원의 과반수 이상과 회계법인의 대표는 공인회계사여야 한다.

물음 2 위 상황의 각국의 회계법인 설립요건과 비교하여 국내 회계법인 설립 요건의 장점과 단점을 **3줄 이내**로 서술하시오.

〈상황3〉

주기적 지정제도가 도입됨에 따라 감사인 지정제도가 모든 상장사에 일반적으로 적용되는 제도로서 작동하므로, 징벌적 회계감독수단인 직권 지정제도는 각 사유별로 유지 필요성을 재검토해 볼 필요가 있다. 대표적으로, 신 외부감사법 시행으로 직권 지정 사유에 추가된 '3년 연속 영업손실 등'이 그 예이다.[3]

물음 3 위 상황에서 밑줄 친 사유가 감사인 지정제도로 이어지는 것이 불합리한 이유를 **5줄 이내**로 서술하시오.

〈상황4〉

주기적 감사인 지정제도는 2019년 11월부터 시행된 이래 3년이 지난 상황이지만, '회계투명성 제고'라는 긍정적 평가와 '기업의 감사 부담 증가'라는 부정적 시각이 병존하는 가운데 기업계·회계업계가 상반된 입장을 내비치고 있다. 금융위원회는 회계개혁의 일환으로 도입된 감사인 주기적 지정제도 등의 운영성과를 평가하고 개선사항을 도출하기 위해 2022년 9월부터 기업계·회계업계·학계가 참여하는 「회계개혁 평가·개선 추진단」을 구성하였지만, 현재까지 구체적인 개선방안이 마련되지 않은 상황이다.[4]

물음 4 위 상황과 관련하여 주기적 감사인 지정제는 시행 이후 해가 거듭되어도 찬반 논란이 일고 있다. 결국 주기적 감사인 지정제도 또한 회계투명성 확보를 위한 제도인데, 주기적 감사인 지정제 대신 회계투명성 강화를 위한 근본적인 해결책은 어떤 것이 있는지 **세 가지만** 제시하시오.

물음 5 주기적 감사인 지정제도 외에 감사 품질 강화를 위해 도입된 제도 중 하나를 제시하고, 해당 제도의 실효성 논란이 발생하는 이유를 서술하시오.

---

[2] 한국공인회계사 「공인회계사 저널」 제365호(2024년 2월)
[3] 국회입법조사처 이슈와 논점 제2087호 「감사인 지정제도의 쟁점 및 개선과제」, 황성필 입법조사관, 2023년 4월 25일
[4] 국회입법조사처 이슈와 논점 제2087호 「감사인 지정제도의 쟁점 및 개선과제」, 황성필 입법조사관, 2023년 4월 25일

답안

물음1

회계법인 설립 시 요구되는 공인회계사의 수 등에 관한 규제를 완화하여 회계법인 설립이 용이하도록 하고 감사반 등 개인사무소의 법인화를 유도하여 회계서비스 제공자의 전문성 제고와 책임강화를 도모하는 취지가 있다.
(국회 유동수 의원 대표발의, 의안번호 2105420)

물음2

대한민국의 회계법인 설립 요건은 사원 수 제한 등으로 인해 다른 국가보다 더 엄격한 편이다. 이러한 까다로운 설립요건으로 인해 회계법인의 서비스 품질과 구성원들의 적격성이 높아지는 효과가 있을 수 있다는 장점이 있지만, 다양한 경쟁력을 지닌 회계법인 설립이 제한됨으로서 회계서비스 시장이 주요 외국과 비교하여 위축될 수 있다는 단점이 있다.

물음3

(해당 사유에 의한 감사인 지정은 2022년에 346건으로 직권지정 사유 중 상당한 비중을 차지하고 있는데) 해당 사유는 회계품질과 직접적으로 연계되지 않으며 귀책도 분명하지 않으므로 지정사유에서 제외시킬 필요가 있다. 만약, 재무지표가 악화된 기업으로서 회계부정을 저질렀다면 재무지표는 개선되었을 것이므로, 오히려 이들 기업은 지정대상에서 제외된다는 모순이 발생하기 때문이다.

물음4

1) 내부고발 활성화 : 회계부정 포상제도 확대 및 익명신고 허용
2) 처벌 강화 : 과징금제도 신설(개인 포함), 징역형 강화(최대 무기징역)
3) 감리 강화 : 재무제표 심사제도 도입, 감리주기 단축
4) 내부회계관리제도 강화
5) 감사(위원회) 기능 및 책임 강화
(출처 : 국회입법조사처 전문가 간담회 발표자료, 2023. 4. 5.)

물음5

표준감사시간제도
표준감사시간이 회사의 특성을 충분히 반영하지 못할 수 있으며, 표준감사시간의 입력을 감사인이 직접 수행하기 때문에 실제 투입 시간과 차이가 발생할 수 있다. 또한 정기적인 모니터링 및 적절성 평가가 부재할 가능성도 존재한다.
(논거에 따라 다른 답안도 정답이 될 수 있음)

사례 2   회계감사기준 개정사항(1200 소규모기업 재무제표에 대한 감사)

회계감사기준위원회는 2022년 12월 27일 감사기준서 1200 「소규모기업 재무제표에 대한 감사」를 신설한 회계감사기준 개정안을 의결하였으며 금융위원회는 2023년 2월 15일 동 개정을 승인하였다. 아래 물음은 감사기준서 1200 「소규모기업 재무제표에 대한 감사」(이하 '소규모기업 감사기준서')를 우선 적용한다(단, 소규모기업 감사기준서 외의 감사기준서를 「일반 감사기준서」로 정의한다.).

물음 1 소규모기업 감사기준서에서의 적용 대상이 되는 소규모기업의 재무적 조건을 서술하시오(단, 주권상장법인은 제외 등 질적인 조건은 서술하지 말 것).

물음 2 소규모기업 감사기준서에서의 제정 취지를 회사(피감사인)와 감사인의 입장에서 각각 서술하시오.

물음 3 다음 각 항목별로 소규모기업 감사기준서에 대한 설명이 적절한지 여부를 기재하고, 적절하지 않은 경우 그 이유를 서술하시오.

번호	내용
①	소규모기업 감사기준서의 소규모기업과 일반 감사기준서에서 언급한 소규모기업의 재무적 조건은 동일하지만, 일부 질적 측면에서 예외가 존재한다.
②	직전 회계연도 감사에는 소규모기업 감사기준서를 적용하였으나, 해당 회계연도 감사에는 일반 감사기준서를 적용하는 경우, 기준서를 소급 적용할 필요는 없지만 기초잔액에 대한 검토는 소규모기업 감사기준서를 적용하여야 한다.
③	소규모기업 감사기준서를 적용하여 감사를 수행하는 도중 감사 대상 기업이 소규모기업의 조건을 충족하지 못하게 된 경우, 감사인은 일반 감사기준서를 적용하여야 한다.
④	중요성 결정 시 재무제표 이용자가 제한적인 경우 감사인은 더 높은 수준의 백분율을 적용할 수 있는 근거로 고려할 수 있다.
⑤	일반 감사기준서와는 달리 일반적으로 통제테스트를 수행하지 않는다.
⑥	감사인은 소규모기업 감사기준서의 대상이 되는 기업과 구두 또는 서면으로 합의한 경우, 이 감사기준서 대신 일반 감사기준서를 적용할 수 있다.

답안

물음1

개별(별도)재무제표상 직전 회계연도말 자산이 200억원 미만 또는 직전 회계연도 매출이 100억원 미만인 기업

물음2

거래 규모가 작은 중소기업의 경우 일반 감사기준서를 적용할 경우 역량 및 비용 부담이 클 수 있으며, 감사인 입장에서도 충분하고 적합한 감사증거 입수에 어려움이 생기고 불필요한 자원 낭비가 발생할 수 있다. 따라서 거래규모가 작은 중소기업에 적합한 별도의 회계감사기준서를 제정함으로써 원활한 감사업무 진행과 결론 도출에 그 취지가 있다.

물음3

번호	적절한가?	그 이유
①	X	소규모기업 감사기준서의 소규모기업과 일반 감사기준서에서 정의하는 소규모기업의 조건은 다르다.
②	X	직전 회계연도 감사에는 소규모기업 감사기준서를 적용하였으나 해당 회계연도 감사에는 일반 감사기준서를 적용하는 경우, 일반 감사기준서는 해당 회계연도 감사부터 전진적으로 적용한다. 즉, 감사인이 이러한 적용 감사기준서의 변경 때문에 기초잔액과 비교재무제표와 관련하여 추가 고려할 사항이나 추가 수행할 절차는 없다.
③	O	
④	O	
⑤	X	일반 감사기준서와 동일하게 위험평가 시 통제위험이 낮게 평가되었거나, 실증절차만으로는 충분하고 적합한 감사증거를 입수할 수 없는 경우 통제테스트를 수행한다.
⑥	X	서면으로 합의한 경우에만 가능하다.

참고 소규모기업 감사기준의 핵심 특징

1) 독립된 별도 기준 : 소규모기업 감사기준은 기존 감사기준과는 별도로 적용되는 기준으로 필요한 감사절차를 완전하게 갖춤(소규모기업 감사기준만으로 감사를 완결성 있게 수행하고 높은 수준의 확신을 얻을 수 있음)
2) 실증절차 중심의 접근법 : 실증절차, 즉 감사인이 재무제표 금액에 대한 직접 증거를 입수하는 절차 위주로 감사를 수행하도록 함(위험평가와 내부통제 테스트 등 실증절차를 위한 사전 감사절차의 비중을 줄임)
3) 핵심절차에 집중 : 기존 감사기준에서 요구하는 많은 절차를 대폭 간소화하여 소규모기업 감사에 반드시 필요한 핵심절차만을 남김(기존 감사기준의 주제별 34개 기준서를 단일 기준서로 압축)

〈주요 절차 핵심요약〉
1) 위험평가 절차의 간소화 : 감사인이 이해해야 하는 내부통제 요소를 줄이고, 내부통제 운영 효과성 테스트는 회사의 내부통제를 고려하여 실증절차를 축소하는 경우에만 수행하도록 함. 또한, 부정의 존재 여부를 감사인이 판단하도록 하고, 계속기업 존속 능력에 의문이 있는 경우에만 평가 절차를 수행하도록 하는 등 위험 평가 절차를 간소화
2) 지배기구와의 커뮤니케이션 : 소유경영진을 지배기구로 볼 수 있는 근거를 제공하여 커뮤니케이션 부담을 줄이고, 의무적인 커뮤니케이션 항목은 소규모 기업 특성에 맞게 축소
3) 중요성 결정 : 금융감독원의 표준 중요성 금액을 중요성 기준으로 사용하거나 중요성 기준 금액을 높일 수 있는 근거 마련

사례 3 가상자산에 대한 감사

가상자산(일명 암호화폐)에 대한 감사 가이드라인은 회계감사기준에 따라 가상자산 관련 기업의 재무제표를 감사하는 감사인이 필요한 감사절차를 설계하고 감사증거를 입수하고 입수한 감사증거의 충분성과 적합성을 평가할 때 고려할 사항을 제공함으로써 감사 실무에 도움을 주는 것을 목적으로 한다. 다음은 가상자산에 대한 감사 가이드라인5)에 대한 설명이다.

〈상황1〉

경영진주장	관련 예시
[가] : (A) 및 권리·의무	① 장부에 기록된 가상자산이 존재하지 않음 ② 암호키를 도난당했거나 암호키가 승인받지 않은 사람에 의해 부적절하게 사용되어 가상자산을 상실함 ③ 다른 당사자가 암호키를 공유하는 등 동일한 가상자산에 대한 소유권을 주장하여 기업이 가상자산에 대한 독점적인 소유권을 보유하지 못함
[나] : (B)	④ 공개 주소상 모든 가상자산 거래를 기록하지 않았거나 발생한 기간에 기록하지 않음 ⑤ 공개 주소상 모든 가상자산을 기록하지 않음 ⑥ 하드포크 및 에어드롭 등으로 발생한 모든 가상자산을 인식하지 않음
[다] : (C)	⑦ 기업의 평가 정책이 재무보고체계와 일치하지 않음 ⑧ 기업이 평가 정책을 적절하게 적용하지 않음 ⑨ 기업이 사용하는 가상자산 가격 정보가 정상 거래에 기반하지 않음 ⑩ 손상 조정이 기업의 회계정책 및 재무보고체계에 따라 적절하게 이루어지지 않음

다음은 가상자산 관련 기업에서 식별할 수 있는 주요 중요왜곡표시위험의 예이다.

물음 1 위 빈칸 (A), (B), (C)에 적절한 경영진주장을 기재하시오(단, 각각 다른 경영진주장을 기재할 것).

물음 2 위 사례와 관련하여 아래 예시 중 관련된 경영진주장을 **모두** 기재하시오(단, [가], [나], [다]로 구분하여 기재하되 복수의 항목이 기재될 수 있음).

번호	예시
①	경영진이 모든 손상 징후를 적절하게 고려하고 검토하지 않음
②	블록체인상 정보가 정확하지 않거나 블록체인 익스플로러가 정확한 정보를 제공하지 못함
③	암호키가 유실되거나 훼손되어 가상자산에 접근하지 못함

---
5) 가상자산에 대한 감사 가이드라인(한국공인회계사회)

⟨상황2⟩

㈜가즈아(이하 '회사')는 가상자산 매매업을 주업으로 하는 주권비상장법인으로서, 보고기간말은 12월 31일이다. 한국회계법인은 당기부터 회사에 대해 감사를 수행한다.

한국회계법인 손홍만 회계사는 위험평가절차로서 가상자산의 실재성과 소유권 관련 위험에 대응하여 기업이 설계·실행하는 통제를 이해할 필요가 있다. 아래는 회사의 통제기술서 중 일부이다.

번호	내용
①	개인키와 개인키를 생성하는 하드웨어 및 소프트웨어에 대한 접근을 승인된 인원으로 제한하고, 재무보고 또는 관련 운영 인원의 키 생성 절차 참여를 금지한다.
②	암호키 도난을 방지하기 위한 안전장치를 상시 운영하여, 승인되지 않은 복사본을 생성할 수 없고 거래를 수행하기 위해 암호키 사용을 위해서는 단일의 승인된 인원이 요구되도록 한다.
③	개인키가 보관된 물리적 장소에 대해 승인된 인원 외 접근을 제한하고, 보안 강화를 위해 외부가 아닌 CCTV가 설치된 내부 데이터센터를 활용한다.
④	암호키에 대한 접근 권한을 보유한 인원과 가상자산의 거래 기록 등 회계처리 담당자, 가상자산 업무 운영담당자(가상자산에 대한 취득 및 처분에 대한 의사결정자)를 분리한다. 이때 다중 서명을 이용하는 경우 서명자 중 최소 인원은 다른 부서의 인원으로 한다.
⑤	회계팀 담당자는 기업 장부상 잔액 및 거래기록과 블록체인상 정보 또는 기타블록체인 밖(Off-chain)의 증거(거래상대방과의 계약이나 은행 입출금 내역 등)와 대사하여 회계팀장의 승인을 획득한다.

물음 3 위 사례에서 식별 가능한 통제미비점과 개선점을 **두 가지만** 각각 **2줄 이내**로 서술하시오.

〈상황3〉

손흥만 회계사는 회사의 가상자산에 대한 실증절차를 아래와 같이 수행하였다.

번호	내용
①	실재성 확인을 위해 장부상 가상자산 수량을 블록체인상 기록과 대사하는 절차를 수행하였다. 이를 위해 감사 솔루션 등을 이용하여 블록체인에 노드를 생성하고 개별 노드에 저장된 분산원장의 기록을 장부상 수량과 대사하였다.
②	장부상 가상자산 수량을 블록체인상 기록과 대사하여 기업의 가상자산에 대한 권리를 확인하였다.
③	기업이 보유한 공개주소의 개인키에 접근할 수 있는지에 대한 확신을 얻기 위해 기업의 공개주소 중 일부를 무작위로 선정, 다른 주소로 소액의 가상자산의 이전을 요청하고 실제 이전이 이루어졌는지 확인하여 기업의 가상자산에 대한 권리를 확인하였다. 단, 해당 테스트는 기업이 가상자산에 단독으로 접근할 수 있다는 증거는 제공하지 못한다.
④	감사인은 제3자가 보관하는 가상자산에 대해 제3자에게 외부조회를 실시하였다. 이때 기업의 기록과 제3자 조회확인 시 제공받은 정보(가상자산의 수량, 거래일, 거래수량, 소유권 등)가 일치하는지 평가하여 실재성과 권리를 확인하였다.
⑤	블록체인에 기록된 거래 중 선택된 거래에 대하여 해당 거래가 기업의 장부에 적절한 기간에 기록되었는지 대사함으로써 가상자산거래 리스트의 완전성을 테스트하였다.
⑥	활성시장에서 관찰 가능한 가격이 있는 가상자산의 경우 거래 가능한 모든 활성시장에서의 평균가격을 보유 수량에 곱하여 공정가치를 다시 계산하고 그 결과를 경영진이 결정한 공정가치와 비교하여 가상자산의 측정 및 평가 관련 감사증거를 입수하였다.

물음 4 위 사례에서 적절하지 못한 감사절차와 그에 대한 개선점을 각각 **두 가지씩 2줄 이내**로 서술하시오.

답안

(아래 정답은 실무적인 상황보다는 수험목적을 고려하여 작성하였다.)

물음1

(A) 실재성
(B) 완전성
(C) 평가(정확성, 평가와 배분)

물음2

번호	경영진주장
①	다
②	가, 나
③	가

(출처 : 「가상자산에 대한 감사 가이드라인」 [보론1] 보유 가상자산 관련 중요왜곡표시위험)

물음3

번호	미비점에 대한 개선점
②	암호키 도난을 방지하기 위한 안전장치를 상시 운영하여, 승인되지 않은 복사본을 생성할 수 없고 거래를 수행하기 위해 암호키 사용을 위해서는 복수의 인원이 요구되도록 한다.
③	개인키가 보관된 물리적 장소에 대해 승인된 인원 외 접근을 제한하고, 내부보다는 외부 데이터센터를 활용하여 보안절차를 강화한다.

물음4

번호	감사절차에 대한 개선점
②	장부상 가상자산 수량을 블록체인상 기록과 대사하는 절차는 해당 공개주소상 해당 수량의 가상자산이 존재한다는 증거는 제공하나 해당 가상자산을 기업이 소유하고 있음을 입증하는 증거는 제공하지 않는다. 감사인은 기업의 소유권을 입증하기 위해 기업이 개인키에 접근할 수 있는지 검증하는 절차를 추가로 고려한다.
⑥	활성시장에서 관찰 가능한 가격이 있는 가상자산의 경우 기업이 사용하기로 결정한 거래시장에서 독립적으로 얻은 가격을 보유 수량에 곱하여 공정가치를 다시 계산하고 그 결과를 경영진이 결정한 공정가치와 비교하여 가상자산의 측정 및 평가에 대해 확인한다.

사례 4 '위험은 자신이 무엇을 하는지 모르는 데서 온다[6] – A사 사례' 재구성

㈜A(이하 '회사')는 주권상장법인으로서, 보고기간말은 12월 31일이다.

- 회사는 한국지역난방공사, 대형 건설사 등으로부터 열배관 공사계약을 수주하여 열배관의 설계, 제작 및 시공 사업을 영위 중이다. 회사의 공사계약은 대부분 1년 이상의 장기 공사계약이다.
- 당시 수십개에 이르던 프로젝트별 공사 현장에서는 실제 투입원가가 당초 예상원가를 초과하거나 투입원가 중 일부를 인정받지 못해 감액계약이 체결되는 등의 사유가 빈번하게 발생하고 있었다. 회사의 현장 소장들은 약속된 기한 내 공사 완공을 위해 발주처 현장 책임자로부터 도급금액을 사후에 정산받기로 구두로 합의하고 공사를 속행했다.
- 재경팀은 각 현장소장으로부터 변경된 도급금액을 이메일로 전달받아 이를 기준으로 공사수익을 인식하였다.

물음 1 위 상황에서 미흡한 통제활동을 **두 가지** 지적하고, ㈜A의 경영진에게 권고할 수 있는 개선안을 각각 **3줄 이내**로 서술하시오.

※ 다음은 (물음 2)와 (물음 3)에 대한 추가자료이다.

- 공사 프로젝트별 무작위로 표본을 추출, 일부 변경된 공사현장에 대하여 계약서를 징구하였으나 조만간 변경계약이 체결될 것이라는 회사의 주장을 그대로 인정하고 별도의 대체적 감사절차를 취하지 않았다.
- 공사미수금 관련 세금계산서가 발행된 미수금에 대해 전수로 검토하였고 적정함을 확인하였다.

물음 2 위 상황에서 공사 프로젝트의 변경계약은 행정적인 문제와 업계 관례상 구두로 진행되는 경우가 많아, 일반적으로 감사보고서일까지 수정계약서의 입수가 쉽지 않은 상황이다. 따라서 계약서 외에 다른 대체적인 감사절차가 필수적이다. 이때 감사인이 수행했어야 할 적합한 대체적 감사절차를 **두 가지만** 서술하시오.

물음 3 공사미수금과 관련하여 보완해야 할 감사절차를 서술하시오.

---
[6] 한국공인회계사 「공인회계사 저널」 제365호(2024년 2월), 황경아 금융감독원 회계감리2국 선임검사역

▶ 답안

(아래 정답은 실무적인 상황보다는 수험목적을 고려하여 작성하였다.)

물음1

미흡한 통제활동	권고사항
회사의 현장 소장들은 약속된 기한 내 공사 완공을 위해 발주처 현장 책임자로부터 도급금액을 사후에 정산받기로 구두로 합의하고 공사를 속행했다.	구두가 아닌 발주처 인감 날인이 첨부된 서면형태의 확인서를 입수하여야 한다.
재경팀은 각 현장소장으로부터 도급금액을 이메일로 전달받아 이를 기준으로 공사수익을 인식하였다.	재경팀은 변경된 도급금액을 (현장소장이 아닌) 발주처로부터 전달받은 자료를 바탕으로 공사수익을 인식하여야 한다.

물음2

(계약서 확인이 어려운 경우, 아래와 같이 다른 문서검사 또는 다른 감사기술(외부조회 등)을 활용하여 계약 변경을 확인해야 한다.)
1) 발주처로부터의 변경된 과업지시서(발주서)를 입수하여 변경 전 문서와의 차이를 비교·대사한다.
2) 실제 공사의 변경된 내용에 대해 발주처에 외부조회를 통해 확인한다.

물음3

공사미수금 중 전기 이전에 이미 공사가 완공되었으나 변경계약이 체결되지 않아 세금계산서가 발행되지 않은(즉, 투입원가의 청구권이 의문시되는) 장기 공사미수금의 경우 실재성 검증이 누락되었으므로 이에 대한 추가적인 감사절차를 수행해야 한다.

> **참고** 해당 사건 이후의 경과 사항
>
> 새로운 계정담당자는 회사가 제출한 자료에서 장기간 청구되지 않은 공사미수금 117억원을 발견했다. 이미 수년 전에 공사가 완공되었음에도 세금계산서 발행 등 별도의 청구행위가 없었다는 점에서 반드시 회사의 소명이 필요했다. 감사인은 회사에 조속한 시일 내 변경계약서를 제출하도록 요구하였고, 변경계약을 체결한 사실이 없는 회사는 결국 장기 공사미수금을 회수 불가능한 것으로 판단하여 전액 상각처리 할 수밖에 없었다. 회사의 10년에 걸친 분식회계의 대서사가 종결되는 순간이었다. 회사는 2010년 이전부터 코스닥 상장을 지속적으로 시도하고 있었고, 예비심사 결과 미승인 통지를 받은 이후 공사매출 규모를 확대할 유인은 더욱 명확해졌다. 이러한 상황에서 감사인이 "대형 건설회사에 대하여 공사계약 변경을 구두로 합의하였다"는 회사의 주장을 그대로 수용하고 대체적 절차 혹은 감사의견 변형을 고려하지 않은 점은 감사 실패의 첫 시작이었다. 또한, 이후 계속감사 과정에서 전기 이전 회사 주장의 일관성을 입증하기 위해 합리적 수준의 추가 증거를 확보하여야 함에도 이를 누락하였다. 오히려 전임 계정담당자의 표본추출 오류 등 감사절차상 중대한 하자를 그대로 반복하면서 계속 감사의 함정에 빠지고 말았고, 10년에 걸친 감사 실패라는 불명예를 안고 말았다.

사례 5 '위험은 자신이 무엇을 하는지 모르는 데서 온다'[7] – B사 사례, 재구성

㈜B(이하 '회사')는 주권상장법인으로서, 보고기간말은 12월 31일이다.

〈상황1〉

회사는 주문형 반도체 칩의 설계, 제조 및 판매를 주요 사업으로 하는 회사로 코스닥 시장에 상장된 이후 3년 연속 영업손실을 기록하면서 이후 재차 영업손실 기록 시 관리종목으로 지정될 위험에 처해 있었다. 이러한 실적 부진을 탈피하고자 내부적으로 중고폰 사업부를 신설하여 운영하였고, 해당 연도 하반기 매출의 90%를 중고폰 수출을 통해 달성하고 영업이익 시현에 성공했다.

감사인은 회사가 관리종목 지정을 앞두고 영업 실적 증대 요인이 있다고 판단하고, 회사가 하반기 중 새롭게 개시한 중고폰 거래 관련 발생사실 및 실재성을 중심으로 감사계획을 수립하였다. 회사로부터 제반 증빙을 징구하여 검토하고, 매출·매입에 수반되는 금융거래내역을 검증하는 한편, 기중 거래가 있었던 모든 중고폰 거래처에 대하여 조회서를 발송하고, 조회서가 회수되지 않은 일부 매입처에 대하여 결산일 이후 실제 지급내역을 검토하였다. 검토 결과 충분하고 적합한 감사증거를 입수하였으며, 발견된 재무제표상 왜곡표시는 없어 적정의견을 표명하였다.

물음 1 위 상황에서 감사인은 기업과 기업환경에 대한 이해가 필수적이다. 이를 위해 구체적으로 이해하여야 하는 항목을 **세 가지만** 기재하시오 (단, 아래 〈예시〉는 제외할 것).

〈예시〉 재무제표에 예상되는 거래유형, 계정잔액 및 공시 등의 이해를 위한 기업의 성격

아래 〈상황2〉는 감사절차 과정에서 발생한 상황이다.

〈상황2〉

회사의 수출은 홍콩법인 ㈜H 단일 업체를 통해 이루어졌으며, 감사인은 이에 대한 수출 계약서를 확인한 결과 아래와 같은 내용을 발견하였다.
- 대금 지급은 내국법인 ㈜C를 통해 원화로 수령하며, 대금 지급 책임 또한 ㈜C가 부담한다(회사와 ㈜C는 특수관계자가 아님).

물음 2 위 상황에서 감사인이 수행해야 할 절차를 서술하시오.

---

[7] 한국공인회계사 「공인회계사 저널」 제365호(2024년 2월), 황경아 금융감독원 회계감리2국 선임검사역

〈상황3〉

위 상황1, 2와 이어지는 내용으로 회사의 중고폰 사업부 신설 경위는 다음과 같다.

회사는 실적 부진을 탈피하고자 ㈜C를 이용하여 회사가 외관상 중고폰 사업부를 신설하여 가공매출을 발생시키기로 하였다. ㈜C의 주도로 무자료업체(거래는 있지만 세금계산서 수수가 없는 업체)의 실제 물류를 활용하여 회사 명의로 수출신고필증, 영세율 세금계산서 등 제반 증빙을 확보할 수 있었다. 이를 기반으로 대표이사는 거래처와 공모하여 감사인의 외부조회에 거짓으로 회신하도록 하는 한편, 실질사주로부터 자금을 빌려 중고폰 매출·매입에 대응하는 금융거래내역을 만들어 내 감사인에게 제출하였다.

물음 3 위 상황에서 감사인은 감사증거의 진위확인이 쉽지 않아 회사의 부정을 적발하기 어렵다고 볼 수 있는데, 〈상황1〉 ~ 〈상황3〉을 종합하여 판단할 때 위 사례가 감사인의 책임이 존재하는 감사실패에 해당되는지 여부를 판단하고, 그 이유를 **5줄 이내**로 서술하시오.

답안

(아래 정답은 실무적인 상황보다는 수험목적을 고려하여 작성하였다.)

물음1

(기준서 315 - 11)
1) 관련 산업적 요인, 규제적 요인 및 기타 외부적 요인
2) 회계정책의 선택 및 적용과 회계정책의 변경 시 그 이유
3) 기업의 목적과 전략 및 (중요왜곡표시위험을 초래할 수 있는 관련) 사업위험
4) 재무성과의 측정과 검토

물음2

1) 회사에 대하여 중고폰 수출거래에 ㈜C가 개입한 사유를 질문한다(구체적으로 ㈜C를 통해 대금을 원화로 지급받는 사유).
2) ㈜C가 개입한다면 이에 대한 별도의 대가를 ㈜C에게 지급할 것이므로, 중고폰 수출 관련 ㈜C와의 별도 약정서나 계약서 등에 대해 질문 및 검사한다.

물음3

감사인의 책임이 존재하는 감사실패에 해당한다. 회사가 홍콩법인에 직접 수출하고 있음에도 국내법인인 ㈜C가 홍콩법인과 수출대금의 지급을 공동으로 책임지고 수출대금이 ㈜C를 통해 원화로 회수되는 거래구조에 대하여 전문가적인 의구심을 견지하고 질의·검토하는 등 매출의 진정성을 확인하기 위한 추가적 감사절차를 소홀히 하였다. (추가로 다음 내용도 기술 가능) 회사가 신규로 개시한 중고폰 유통업의 성격 및 규제요인 등에 대한 검토가 누락되었다.

사례 6 FSS/2311-01[8] (위탁가맹점 관련 매출액 과소계상) 변형

한국회계법인은 ㈜A(이하 '회사')의 감사인으로 아래와 같은 감사절차를 수행하였다.

> 회사는 화장품 제조 및 판매업을 영위하는 사업보고서 제출 대상 비상장법인으로 화장품의 유통·판매채널로 직영점, 가맹점, 위탁가맹점 등을 운영하고 있으며, 직영점 등이 최종소비자에게 회사 제품을 판매하는 과정은 동일하나 점포유형별로 회사와 체결한 계약에 따라 업무수행 주체에 차이가 있었다.
>
> 위탁가맹점의 경우 회사가 가맹점주와 위탁가맹계약을 체결한 후 판매관리비를 부담하는 등 회사의 책임하에 직접 운영하고 위탁가맹점주에게는 약정된 수수료만을 지급하고 있음에도, 회사는 가맹점과 동일하게 위탁가맹점에 제품을 인도하는 시점에 수익을 인식하고 위탁가맹점에서 발생한 매장 운영 비용을 회사의 판매관리비로 인식하지 않았다.
>
> 감사인인 한국회계법인은 회사로부터 매출구조 도표를 징구하고 회사 담당자와의 인터뷰를 통해 회사의 매출유형별 수익인식기준에 대한 검토를 수행하면서 위탁가맹점과 가맹점 수익인식기준이 동일하다는 담당자의 인터뷰 답변만을 인용하여 회사의 위탁가맹점 관련 매출 인식이 타당하다고 판단하였다.

물음 1 위 상황과 관련하여 아래 빈칸에 들어갈 알맞은 주체를 기재하시오. (단, 아래 주체는 가맹점주 또는 회사 중에 하나를 기재)

구분	직영점	가맹점	위탁가맹점
매장사업자	회사	( )	( )
매장운영·관리자	회사	( )	( )
매장재고 소유권	회사	( )	( )
매장운영비 부담 주체	회사	( )	( )

물음 2 위 상황에 대해 미흡한 감사절차를 **모두** 지적하고 올바른 감사절차를 서술하시오.

물음 3 위 상황과 관련하여 발생할 수 있는 ㈜A의 당기 재무제표 왜곡표시 효과를 아래와 같은 양식으로 작성하시오(단, 효과는 과소계상, 과대계상, 알 수 없음 중 선택).

항목	효과
매출	
판매관리비	
영업이익	

물음 4 위 상황과 관련하여 감사인이 회사와 위탁가맹점주와의 위탁가맹계약서를 입수하였다고 가정하였을 때, 가장 유의하여 검토해야 할 사항을 서술하시오.

---
8) 금융감독원 심사·감리지적사례 공개번호 (이하 내용 동일)

답안

물음1

구분	직영점	가맹점	위탁가맹점
매장사업자	회사	가맹점주	가맹점주
매장운영·관리자	회사	가맹점주	회사
매장재고 소유권	회사	가맹점주	회사
매장운영비 부담 주체	회사	가맹점주	회사

물음2

감사인은 회사로부터 매출 구조 도표 징구와 담당자에게 질문만으로 감사절차를 종결하였다. 회사의 다양한 판매 구조 등에 따라 회계처리 오류의 가능성이 높은 경우, 감사인은 회사가 제시한 증빙이나 진술에 대한 면밀한 검증 등을 통해 이상 항목의 유무를 확인하는 등 강화된 감사절차를 적용하여야 한다. 특히, 매출 관련 계약서의 세부조항을 통해 계약내용과 그 외 추가증빙을 면밀히 검토하고, 재무보고체계에 따라 매출의 기간귀속이 적정한지 여부에 대해 보다 주의하여 감사에 임할 필요가 있다.

물음3

항목	효과
매출	과대계상
판매관리비	과소계상
영업이익	과대계상

물음4

본 상황에서는 위탁가맹점에서 발생하는 수익·비용 회계처리 주체가 누가 되는지가 중요하다. 따라서 위탁가맹계약서상 관리주체와 매장운영비(재고자산 포함) 부담 주체가 누구로 명시되어있는지 확인이 필요하다.
(아래는 참고 내용)
1) 위탁가맹점에서 발생하는 수익과 비용의 회계 처리 주체가 누구인지 확인해야 한다.
2) 위탁가맹점주의 역할(매출 책임, 비용 부담 등)이 명확하게 정의되어 있는지 검토해야 한다.
3) 위탁가맹점의 재고 관리 방식(회사가 소유하는지, 가맹점주가 부담하는지)과 실제 재고 흐름이 일치하는지 확인해야 한다.
4) 위탁가맹점의 매출이 수탁판매(위탁자가 실질적인 매출을 기록하는 방식)인지, 직매입 형태(가맹점주가 재고를 매입하는 형태)인지 명확하게 규명해야 한다.
5) 위탁가맹 계약서와 실제 운영 방식 간 차이가 있는지 파악하여 계약서 내용만으로 판단하지 않고 실질적인 운영 방식을 고려해야 한다.

사례 7 FSS/2311-02(매출 조기인식을 통한 매출액 과대계상) 변형

한국회계법인은 ㈜A(이하 '회사')의 감사인으로 아래와 같은 상황에 직면하였다.

> 회사는 IT솔루션 개발과 구축 및 보안솔루션 공급을 주요 사업으로 하는 회사로 직접 또는 협력업체(파트너사)를 통해 제품을 매출하고 있다. 한편, 협력업체는 영업인력이 부족한 회사의 영업력 확대를 위하여 기술지원 등이 가능한 업체 중 회사가 선정한 업체로서 최종 소비자에게 영업을 한 후 계약서가 첨부된 발주서를 회사 영업부서에 제출한 후 제품을 납품받아 최종 소비자에게 재판매한다. 그러나, 회사는 협력업체를 통한 제품 매출 시 최종 사용자가 없음에도 협력업체와 담합하여 연말에 집중적으로 회계담당부서에 발주서를 제출하고 세금계산서를 발행하는 등 '밀어내기 매출'을 실행하여 매출을 과대 계상하였다. 이러한 '밀어내기 매출'은 차기 영업부서가 협력업체와 실제 계약한 건을 과거 밀어내기 매출과 상계하는 방식으로 정리하였다.

물음 1 위 상황에서 매출 관련 중요왜곡표시위험이 가장 높은 경영진주장을 **두 가지**만 제시하고, 이를 검토하기 위한 각각의 감사절차를 각각 **2줄 이내**로 서술하시오.

경영진주장	감사절차

물음 2 위 사례에서 미흡한 통제활동을 제시하고 이에 대한 권고사항을 **3줄 이내**로 서술하시오.

미흡한 통제활동	권고사항

물음 3 일반적으로 위험평가 시 수익(매출)의 인식에 부정위험이 존재한다고 가정하는 경우가 많다. 만약, 수익의 인식을 부정으로 인한 중요왜곡표시위험으로 식별하지 아니한 경우 수행해야 할 감사절차를 서술하시오.

답안

물음1

경영진주장	감사절차
발생사실	1) 발주서, 세금계산서, 계약서, 납품확인서 등을 확인하여 매출의 발생사실을 확인한다. 2) 주요 거래처에 대해 외부조회를 통해 매출의 발생사실 및 매출채권의 실재성을 확인한다.
기간귀속	보고기간말 전후 기간에 대한 매출원장을 징구하여, 실제 납품확인서 상 납품일자를 대조하여 매출의 기간귀속의 적정성에 대해 확인한다. (연말에 집중적으로 발주서를 제출한다는 내용에 착안)

(위 외에도 유사한 감사절차를 서술하면 정답이 될 수 있음)

물음2

미흡한 통제활동	권고사항
회계담당부서는 영업부서가 제출한 발주서에 대해 별도의 검토 및 승인절차 없이 세금계산서를 발행하였다.	회계담당부서는 영업부서가 제출한 발주서에 대해 실제 납품여부 확인 후, 별도 승인권자의 결재를 거친 뒤 세금계산서를 발행해야 한다.

물음3

감사인은 수익인식과 관련하여 부정으로 인한 중요왜곡표시위험이 존재한다는 가정을 해당 감사업무의 상황에 적용할 수 없다고 결론을 내린 경우, 그러한 결론을 내리게 된 이유를 감사문서에 포함하여야 한다. 또한 부정과 관련하여 경영진, 지배기구, 규제감독기관 및 기타 당사자와 수행한 커뮤니케이션을 감사문서에 포함하여야 한다.

사례 8 FSS/2311-04(종속기업투자주식 과대계상) 변형

한국회계법인은 ㈜A(이하 '회사')의 감사인으로 아래와 같은 상황에 직면하였다.

회사는 20X3년 별도재무제표 작성시, 보유중인 B사(이하 '종속기업') 지분을 종속기업투자주식으로 계상하고 원가법을 적용하였다(지분 100% 보유). 해당 기간 노조 파업, 경기 악화, 시장의 가격경쟁 가속 등의 사유로 20X1년 이후 자본잠식이 발생하는 등 종속기업의 재무 상황이 악화되었음에도, 회사는 종속기업에 대한 매출 지원을 확대하면 종속기업의 재무상황이 개선될 것이라고 판단하고 20X3년에 종속기업투자주식에 대해 회수가능액을 추정하지 않고 손상차손도 인식하지 않았다.

이에 한국회계법인 종속기업투자주식 계정담당자 손절매 회계사는 해당 투자주식에 대한 평가를 요청하였고, 회사는 외부평가기관인 만세회계법인에 회수가능액의 추정 및 자산손상 검토를 의뢰하였다.

다음은 만세회계법인이 작성한 평가보고서의 일부이다.

(단위 : 억원)

구분	실제 발생		향후 계획					
	20X2	20X3	20X4	20X5	20X6	20X7	20X8	영구가치
매출	30	40	80	120	200	350	600	
영업이익(손실)	(50)	(80)	(20)	-	50	80	150	
FCFF	(120)	(210)	(100)	(50)	30	90	120	
할인 후 FCFF			(88)	(40)	20	50	60	418
영업가치		420						
비영업자산		60						
이자부부채		(80)						
기업가치		400						

회사는 위 평가보고서의 결과에 따라 평가금액이 장부금액 이상이므로 이를 근거로 손상차손에 대한 회계처리를 수행하지 않았다. 한국회계법인 계정담당자는 해당 평가보고서에 대해 경영진에게 질문 결과 본인들이 추정한 향후 사업계획상 매출액 및 영업이익과 일치한다는 답변을 하였고, 이에 평가보고서 내용과 경영진의 추정치가 일치하므로 신뢰성 있는 보고서로 보고 손상징후가 발견되지 않았다고 결론내렸다.

물음 1 위 상황에서 한국회계법인 계정담당자의 감사절차가 적절한지 판단하고, 그 이유를 **5줄 이내**로 서술하시오.

물음 2 위 평가보고서에 대해 추가적으로 검토해야 하는 이유를 **3줄 이내**로 서술하시오.

물음 3 일반적으로 적격성과 객관성(독립성)을 충족한 평가기관의 평가보고서라도 감사인의 추가 검토가 필요한데, 그 이유를 **1줄 이내**로 서술하시오.

물음 4 계정담당자가 외부평가기관의 적격성과 역량 및 객관성에 대해 평가를 할 때, 이를 위한 정보의 원천을 **세 가지만** 서술하시오.

▶ 답안

물음 1

계정담당자의 감사절차는 적절하지 않다.
감사인은 질문뿐만 아니라 경영진의 회계추정치 도출방법이 상황에 적합한지, 그리고 추정의 근거가 된 데이터를 테스트하여야 하고, 이 과정에서 감사인은 경영진이 적용한 가정이 해당 재무보고체계의 측정목적에 비추어 합리적인지 여부를 평가하여야 한다. 또한, 감사인은 경영진이 사용한 가정이 합리적인지 평가할 때 각각의 가정이 합리적인지 여부, 각각의 가정을 집합적으로 또는 다른 가정들과 연결하여 고려하였을 때 해당 회계추정치나 다른 회계추정치에 대하여 합리적으로 보이는지 여부 등을 고려하여야 한다.

물음 2

외부기관이 공정하고 합리적인 방법으로 평가를 수행하였다고 하더라도 평가보고서는 회사가 제공하는 기초자료에 의존하여 작성되므로, 회사가 비현실적이거나 비논리적인 기초 자료를 외부기관에 제공하는 경우 평가보고서에 오류가 발생할 수 있다. 따라서 감사인은 외부기관이 작성한 평가보고서에 대해서도 기초자료에 적용된 가정이 합리적인지 여부를 평가하여야 한다.

물음 3

해당 보고서가 제3자가 작성한 것이라는 사유만으로 감사인의 감사절차 수행의무가 경감되는 것은 아니기 때문이다.

물음 4

(기준서 500 - A39)
(아래 중 3가지 이상 서술)
① 해당 전문가의 자격, 전문직 단체 또는 협회의 회원 여부, 개업요건 또는 기타 형태의 외부적 공인제도에 대하여 알고 있는 지식
② 해당 전문가가 저술한 논문이나 서적
③ 해당 전문가 및 해당 전문가가 수행한 업무에 익숙한 타인과의 토의
④ 해당 전문가가 과거에 수행한 업무에 대한 개인적 경험
⑤ 감사인이 경영진측 전문가에 의해 생성된 정보와 관련하여 충분하고 적합한 감사증거를 얻는 데 도움을 줄 수 있는 감사인측 전문가

사례 9 FSS/2311-09(재고자산 평가손실 과소계상) 변형

한국회계법인은 ㈜A(이하 '회사')의 감사인으로 아래와 같은 상황에 직면하였다.

> 회사는 자동차 전장용(오디오, 정선박스 등) 및 통신용(시스템, 무선, IOT 등) 인쇄회로기판(PCB)을 제작·판매하는 회사이다. PCB는 거래처의 요구 사양에 맞추어 주문 제작되고 있었다.
>
> 회사의 주요 거래처는 코로나19로 인한 경기 침체와 세계적인 반도체 수급 부족 등으로 이미 발주한 물량을 축소하거나 취소하였다. 이로 인해 회사는 특정 거래처에 공급하기 위해 제작한 제품을 판매하지 못하고 재고자산으로 보유하게 되었다. 또한, 제품 제작에 사용되는 원재료 가격이 상승하였음에도 불구하고 회사는 종전 가격으로 판매하고 있어 일부 품목이 제조원가 이하로 거래되고 있었다.
>
> 회사의 회계정책상 재고자산평가충당금은 기말 보유 재고자산 중 취득(제조 완료) 시점부터 5년 이상 경과한 제품에 대해서만 경과 기간별 일정 비율을 적용하여 설정하고 있었다.
>
> 재고자산 계정담당자인 손홍만 회계사는 회사로부터 재고자산수불부를 입수하여 총계정원장 및 재무제표와의 완전성 검토 후 5년 이상 경과한 제품에 대해 회사의 누적 장기재고비율인 8%를 곱하여 재계산 한 결과, 회사가 계상한 재고자산평가충당금과 일치하였음을 확인하였다. 따라서 회사 계상 재고자산평가충당금이 적정하다고 결론 내렸다.

물음 1 위 상황에서 계정담당자의 감사절차가 적절한지 판단하고, 적절하지 않은 경우 올바른 감사절차를 **5줄 이내**로 서술하시오.

물음 2 위 감사절차 외에 재고자산의 평가에 대한 확신을 위한 추가적인 실증절차를 서술하시오.

물음 3 재고자산 계정담당자인 손홍만 회계사는 아래와 같은 추가적인 감사절차를 수행하였다.

> 회사의 월별 재고자산 증감액 분석 중 기말 근접시점에 재고자산이 급증하였음을 확인하였다. 이에 회사 경영진에 이러한 사유에 대해 질문한 결과 공급 예정된 거래처가 차기 1월에 발주 예정이라 해당 물량만큼의 재고자산이 과대계상 되었다고 답변하였다. 손홍만 회계사는 추가적으로 차기 1월에 진행한 계약에 대한 계약서 및 출고지시서 검토 결과 실제 납품을 확인하였다. 이를 바탕으로 재무상태표상 재고자산에 대해 합리적 확신을 득하였다.

위 감사절차에서 보완해야 할 감사절차와 관련 경영진주장을 서술하시오(단, 재고자산의 실사 또는 실사 입회에 대한 내용은 제외할 것).

답안

물음1

적절하지 않다.
1) 재고자산에 대한 저가법 평가시 과거 장기재고비율이 아닌 시장 여건, 장기체화 여부, 실제 판매가격 및 판매가능 여부 등 추정일 현재 사용가능한 가장 신뢰성 있는 증거에 근거해야 한다.
2) 재고자산의 순실현가능가치를 추정할 때 보고기간 후의 판매가격 추이, 재고자산의 단위당 제조원가 상승 등 순실현가능가치의 하락 요인이 있는지를 보고기간 말마다 검토해야 하며, 비합리적 가정 또는 낙관적인 평가에 의해 재고자산이 과대계상되지 않도록 해야 한다.
(약술 : 재고자산 평가 시 과거 장기재고비율이 아닌, 당기 및 차기 실제 판매가격이나 판매가능성에 대해 고려하여 재고자산평가충당금을 설정해야 한다.)

물음2

(다음 중 한 가지 이상 서술)
1) 재고자산 실사 입회 시, 장기 체화된 재고자산이나 손상·폐기 가능성이 있는 항목을 식별하여 평가한다.
2) 보고기간 이후의 판매 내역을 검토하여 해당 재고의 실제 순실현가능가치를 확인한다.
3) 시장 동향 및 주요 원재료 가격 변동을 반영하여 평가충당금 설정이 적절한지 검토한다.

물음3

위 감사절차에 추가하여 재고자산의 매입에 대한 기간귀속과 관련한 감사절차가 수행되어야 한다. 따라서 매입 관련 서류를 추가적으로 검토하여 당기말 기준으로 실제 보유 재고자산인지 확인해야 한다(출고지시서 외 송장, 매출채권 원장, 인수증 등 실제 출고 여부를 확인할 수 있는 추가 증빙을 검토).

사례 10 — FSS/2311-10(유형자산 등 허위계상) 변형

한국회계법인은 ㈜A(이하 '회사')의 감사인으로 아래와 같은 상황에 직면하였다.

> 회사는 자동차 부품을 생산·판매하는 비상장회사로, 금융위기 직후에 저마진 자동차 부품 판매로 인해 약 3억 원의 당기손실이 발생하자, 당시 회계팀장 나잘나는 손익을 소폭 조정하면 흑자전환이 가능하다고 판단하여 당기비용으로 회계처리해야 하는 외주가공비 등을 유형자산으로 계상하는 방식으로 2억원의 당기순이익이 발생한 것처럼 손익을 조작하였다.
>
> 나잘나는 실제 흑자가 발생하는 연도에 허위계상한 유형자산을 정리하면 될 것으로 생각하였으나, 예상과 달리 매년 계속 적자가 발생하였고, 그룹 차원의 내부감사로 적발될 때까지 손익 조작은 계속되었다. 분식회계 초기에는 유형자산을 허위 계상하는 방법을 사용하였으나 허위계상 유형자산에서 발생하는 감가상각비가 점점 증가하자 채권·채무 잔액을 조정하는 방식도 사용하였으며, 최종 재무상태표에 계상된 가공의 유형자산 등의 규모가 수백억원에 달하였다.
>
> 유형자산 계정담당자 손흥만 회계사는 분석적절차를 통해 회사 영업환경에 큰 변동이 없었음에도 기계장치 및 공기구가 유의적으로 증가하였음을 확인하여, 유형자산 취득 테스트와 관련하여 회사가 1억원이 넘는 기계장치에 대한 구매증빙을 요청하였고, 이에 회사는 수기 세금계산서를 제출하였다. 세금계산서 검토결과 회사의 유형자산 취득금액과 일치하였고 유형자산에 대해서는 중요성의 관점에서 공정하게 표시되었다고 결론내렸다.

물음 1 위 상황에서 감사인이 회사의 부정을 발견할 수 없었던 이유를 서술하고, 올바른 감사절차를 **5줄 이내**로 서술하시오(단, 부정적발의 고유한계에 대한 내용은 제외).

물음 2 위 사례와는 별도로 손홍만 회계사는 아래와 같이 감가상각비 분석적 절차를 수행하였다(단, 회사는 감가상각비를 월할 계산함).

회사 보유의 유형자산은 일괄적으로 정액법(잔존가치 없음, 내용연수 4년)으로 감가상각한다는 정책을 감안하여 아래와 같이 분석적 절차(Overall Test)를 수행함

구분	금액 (단위 : 백만원)
기초 누적취득금액(주1) (a)	800
당기취득금액 (b)	500
당기처분금액 (c)	300
상각대상금액 (a + b − c = d)	1,000
상각률(정액법, 4년) (e)	0.25
예상 감가상각비 (d × e)	250
회사계상 재무제표상 감가상각비	240
차이금액	10

(주1) 기초 누적취득금액은 재무상태표상 전기말(당기초) 금액임

결론 : 차이금액이 명백하게 사소한 금액(20백만원) 이하이므로 회사계상 감가상각비는 적정함

위 손 회계사가 수행한 분석적 절차 중 잘못된 감사절차를 **두 가지만** 제시하고, 이에 대한 올바른 감사절차를 서술하시오.

물음 3 위 사례와는 별도로 손홍만 회계사는 아래와 같이 유형자산 취득 테스트를 수행하였다.

- 회사는 100만원을 기준으로, 취득가액 100만원 이상의 건은 자산으로 회계처리하고 그 외 취득에 대해서는 소모품비로 처리하는 회계정책을 적용하고 있다.
- 회사 소모품비에 대한 원장 검토 결과 100만원 이상의 건은 1건 발견되었으며, 이에 대해 문서검사 결과 여러 자산에 대한 일괄 구입 건으로 확인되어 회계처리는 합리적인 것으로 판단하였다. 그 외 특이사항이 없어 회사의 유형자산의 분류는 적정한 것으로 결론내렸다.

위 손 회계사가 수행한 절차 중 잘못된 감사절차를 **한 가지만** 제시하고, 이에 대한 올바른 감사절차를 서술하시오.

> **답안**

> **물음1**

수기(종이) 세금계산서의 경우 전자세금계산서와 다르게 국세청 승인번호가 없어 감사증거로서의 신뢰성이 낮음에도 불구하고 추가적인 감사증거를 입수하지 않았다. 세금계산서가 실제 상대방에 의해 발행되었는지 확인하기 위해 외부 조회 등의 보완적 증거가 필수적이며, 또한, 해당 세금계산서가 적법하게 발행되었더라도 유형자산 성격의 구매인지 확인하기 위해 계약서나 검수조서 등의 문서 검사나 유형자산에 대한 실사를 수행하였어야 했다.
(또한, 취득금액 1억 원 미만의 유형자산에 대해서도 표본감사 등의 절차를 통해 감사증거를 입수해야 했으나, 이를 수행하지 않은 점도 지적할 수 있다.)

> **물음2**

1) 당기 취득 및 처분된 자산은 기중 취득한 자산이므로, 단순 합산 및 차감이 아닌 별도의 가정이 필요하다(예를 들어 기중 고르게 취득한 경우, 6월말 취득을 가정).
2) 기초 누적취득금액에서 이미 상각이 완료된 자산이 있다면 (상각 완료된 자산은 감가상각 대상 자산이 아니므로) 이를 고려하여 제거해야 한다.

> **물음3**

손홍만 회계사는 소모품비 원장뿐만 아니라 유형자산 원장(유형자산관리대장)을 검토하여 취득가액 100만원 미만의 자산 중 유형자산으로 회계처리한 내역에 대해 검토하는 절차가 필요하다.

사례 11 FSS/2311-16(특수관계자 거래 주석 미기재) 변형

한국회계법인은 ㈜A(이하 '회사')의 감사인으로 아래와 같은 상황에 직면하였다.

> 회사는 전자부품 제조장비를 제조하는 회사이며, 최대주주 겸 대표이사인 홍길동이 회사를 실질 지배하고 있다. 회사의 임원인 김상무는 X2년 6월에 회사의 공장 내에 장비부품 제조업체인 ㈜B를 설립(전액 출자)하였으며, ㈜B는 X2년 9월 신주인수권부사채를 발행하고 홍길동의 가까운 가족인 임꺽정이 이를 인수함으로써 임꺽정이 ㈜B에 대한 실질 지배주주 지위를 획득하였다(잠재적 의결권 90%). 회사는 X3년부터 ㈜B로부터 제품 생산에 필요한 원재료 등을 고가에 매입하였고, ㈜B는 동 거래를 통해 확보한 자금으로 회사의 지분을 계속 매수하여 X9년말에는 회사의 2대 주주가 되었으며, 임꺽정은 ㈜B에 대한 신주인수권 행사를 통하여 회사의 보통주를 우회적으로 확보할 수 있게 되었다. 회사는 ㈜B와의 매출 및 매입 등 거래내역을 재무제표 주석에 기재하지 않았다.
>
> 이에 대해 감사인은 회사가 제시한 특수관계자 현황과 거래내역을 검토하였으나, 해당 현황에는 ㈜B가 포함되지 않아 ㈜B가 특수관계자임을 인지하지 못하였다.
>
> 기업회계기준서 제1024호(특수관계자 공시) 문단9(1)에 따르면, 개인이 보고기업에 지배력(공동지배력 포함)이 있거나 보고기업의 주요 경영진의 일원인 경우 그 개인이나 그 개인의 가까운 가족은 보고기업과 특수관계에 있다.

물음 1 위 상황에서 어떠한 감사절차를 취해야 특수관계자를 식별할 수 있을지 감사인의 자세 측면에서 서술하시오.

물음 2 위 상황에서 감사인이 추가로 입수해야 할 감사증거를 기재하시오.

물음 3 감사인이 특수관계자 및 특수관계자 거래의 중요한 왜곡표시를 발견하기 어려운 이유를 서술하시오.

답안

물음1

감사인은 특수관계자 거래를 검토할 때 회사가 제공한 특수관계자 현황만을 기준으로 판단해서는 안 되며, 회사의 특수관계자 거래공시에 대한 전반적인 내부통제 절차 등을 충분히 이해하고, 경영진이 고의적으로 특수관계자를 누락할 가능성을 고려하여 전문가적 의구심을 가지고 감사절차를 수행해야 한다.

물음2

1) 신규 발생한 특수관계자 및 특수관계자 거래에 대해 확인(질문)
2) 기말 기준의 주주명부, 그리고 주주변동 시 변동된 주주와의 거래내역(거래처별원장 등), 해당 주주가 재무보고체계상 특수관계자인지 여부에 대해 검사(문서검사)
3) 원재료 매입 시 기존 업체 대비 고가로 매입하는 이유, (그리고 가능하다면) ㈜B가 주주이며 x2년 설립된 신규 업체임에도 불구하고 원재료 납품계약을 맺은 이유, 그리고 관련 계약서(질문, 문서검사)
4) 주주총회의사록과 지배기구(회의)의사록(문서검사)
5) 거래관련 외부조회(단, 감사증거력이 낮을 수 있음)

물음3

(기준서 550-6)
다음과 같은 이유 때문에, 특수관계자의 경우에는 고유한계가 감사인의 중요한 왜곡표시를 발견하는 능력에 미치는 잠재적인 영향은 더 커진다.
1) 해당 재무보고체계에서 특수관계자에 관한 요구사항이 없는 경우, 경영진이 특수관계 및 특수관계자 거래를 모두 알지 못할 수 있다.
2) 특수관계는 경영진에 의한 공모, 은폐, 조작의 기회를 더 많이 제공할 수 있다.

사례 12 「최근 회계 심사·감리 등 지적사례와 시사점[9] - B사 사례」 재구성

㈜A(이하 '회사')는 주권상장법인으로서, 보고기간말은 12월 31일이다.

- 회사는 생활용품을 제조하여 판매하는 업체로 모양, 치수, 두께, 중량에 따라 상이한 수천 가지의 제품을 재고자산(총자산 대비 40% 수준)으로 보유하고 있다. 회사는 계속기록법으로 재고자산 수량을 기록하고 실지조사방법을 통해 수량을 확정하였다. 또한 전체 재고자산 중 일부는 타처에 보관되어 있으며, 그 비중은 총재고자산 대비 10% 미만이나 수행중요성을 초과한다.
- 회사의 감사인인 한국회계법인의 손홍만 회계사는 회사 보관 재고자산에 대해 적절히 실사 입회를 수행하였다. 그러나 타처에 보관된 재고자산에 대해서는 총재고자산 대비 비중이 10% 미만으로 중요하지 않다고 판단하고 별도의 재고실사 없이 보관증에 기재된 수량으로 재고자산 금액을 확정하였다.

물음 1 위 상황에서 감사인이 감사계획 단계에서 수행해야 할 감사절차를 **5줄 이내**로 서술하시오.

물음 2 위 상황에서 감사인의 타처보관 재고자산에 대한 감사절차가 적절한지 판단하고, 그 이유를 **3줄 이내**로 서술하시오.

물음 3 사후적으로 회사의 재고자산에 대해 금융당국의 감리 결과 회사는 타처에 보관된 재고자산에 장기체화, 불량, 파손, 분실로 인한 평가손실 및 감모손실이 발생하였음에도 재고실사절차 소홀 및 내부통제활동 미비로 재고자산을 과대계상하여 자산, 자기자본, 당기순이익을 과대계상하였다. 이러한 상황을 방지하고자 회사 경영진이 수행했어야 할 최소한의 절차를 **한 가지** 서술하시오(단, 회사의 왜곡표시는 부정에 의한 왜곡표시가 아님).

※ 다음은 (물음 4)에 대한 추가자료이다.

- 회사는 판매 실적이 부진한 재고는 일부 소매상에게 판매한 경우를 제외하고 대부분 도매상에게 다른 공구를 판매할 때 무상으로 같이 제공하거나 해당 제품들만 묶어 취득원가 이하로 대폭 할인된 가격(정가의 30% 수준)에 판매하였다. 경영진은 최근에 제품별로 소량의 단독으로 판매한 일부 실적으로 순실현가능가치를 추정하여 재고자산평가충당금을 인식하였다.
- 손홍만 회계사는 재고자산의 순실현가능가치 추정을 위해 차기 1월 판매된 재고자산에 대한 판매내역을 요청하였고, 회사는 재무제표 인식 시 사용한 판매내역을 제공하였다. 제공받은 판매내역에 대한 검토결과 특이사항이 없어 회사계상 재고자산은 적정하다고 결론지었다.

물음 4 위 상황에서 미흡한 감사절차를 지적하고 올바른 감사절차를 **5줄 이내**로 서술하시오.

물음 5 감사인이 재고자산평가충당금 관련 공시사항에 대해 수행해야 할 감사절차를 **두 가지** 서술하시오.

---

[9] 한국공인회계사회 「월간 공인회계사」 제355호(2022년 12월), 범진수 금융감독원 회계심사국 수석검사역

답안

물음1

자산총계 대비 재고자산의 비중이 높고, 재고자산이 여러 장소에 보관된 회사일수록 감사인은 재고실사와 관련한 경영진의 절차에 대해 파악하고, 그 실사절차의 신뢰성을 입증할 수 있는 감사증거를 입수해야 한다. 따라서 감사인은 감사계획 수립과정에서 월별 재고자산 수불부 등 입수 가능한 모든 자료를 통해 장기체화, 반품 등 특이사항 여부를 파악하고, 회사가 수립한 실사절차에 이러한 특이사항이 제대로 반영되었는지 검토해야 한다.

물음2

적절하지 않다. 총자산 대비 재고자산 비중이 높고, 타처 보관 재고자산 금액이 수행중요성을 초과하므로 보관증 입수 이외의 추가적인 감사절차를 수행하여 충분하고 적합한 감사증거를 입수하여야 한다.

물음3

(기준서 501 – A1)
경영진은 재무제표 작성의 근거를 마련하고, 해당사항이 있는 경우 계속기록법에 의한 재고관리시스템의 신뢰성을 확인하기 위해 일반적으로 1년에 최소 1회는 재고자산을 실사하는 절차를 수립한다.

물음4

감사인은 회사가 재고를 소진하기 위해 사용한 다양한 가격 정책을 고려하지 않고, 일부 판매 실적만으로 순실현가능가치를 검증하였다. 이로 인해 재고자산평가충당금의 과대 또는 과소 계상 여부를 제대로 식별하지 못하였다. 감사인은 회사의 판매내역이 아닌 전체 매출원장을 요청하여 판매 전략에 따라 달라진 판매가격을 모두 고려한 평균거래 가격을 산정했어야 한다.

물음5

(기준서 540 – 19, 540 – 20)
1) 재무제표의 공시가 해당 재무보고체계의 요구사항을 준수하고 있는지 여부에 대하여 충분하고 적합한 감사증거를 입수한다.
2) 유의적 위험이 유발되는 회계추정치와 관련하여, 해당 재무보고체계의 관점에서 추정불확실성에 대한 재무제표에서의 공시가 적절한지 평가한다.

사례 13 「임직원의 횡령 관련 회계처리 오류 지적사례[10]」재구성

㈜A(이하 '회사')는 주권상장법인으로서, 보고기간말은 12월 31일이다.

〈상황1〉

회사는 의약품 유통사업을 영위하며, X5년 초 대표이사가 나부정으로 변경되었다. 나부정은 평소 친분이 있던 ㈜대한에 운영자금을 대여하기로 하고, 당기 중 회사의 명의로 ㈜대한에 자금을 대여하였다. 이후 나부정은 대여금을 보증금 명목으로 변경하며 일부 증액하였고, 이를 기타보증금으로 회계처리하였다. X5년말 현재, 회사는 기타보증금 중 50%를 회수하였으나 나머지 50%는 회수하지 못하고 전액 대손충당금을 설정하였다. 해당 보증금 거래와 관련하여, ㈜대한에 지급한 보증금 중 사후적으로 증액된 금액은 대표이사 나부정이 타인 명의의 계좌로 반환받아 횡령하였다.

물음 1 위 상황에서 X5년 재무제표 감사 시 보증금과 관련하여 감사인이 수행해야 할 감사절차를 **5줄 이내**로 서술하시오.

물음 2 위 상황에서 감사인이 횡령을 발견하기 어려운 이유를 **2줄 이내**로 서술하시오(단, 해당 횡령에 공모는 없다고 가정함).

〈상황2〉

회사는 X5년 ㈜민국에 설립자금 명목으로 지분투자를 하였고, ㈜민국을 종속기업으로 신규편입하였다. 회사는 ㈜민국의 X5년 재무제표상 매출이 없고, 대표이사에 대한 단기대여금만이 자산으로 계상되어 있음에도 손상징후가 없다고 판단하여 종속기업투자주식에 대해 손상을 인식하지 않았다.

물음 3 위 상황에서 종속기업투자주식에 대해 수행해야 할 감사절차를 **3줄 이내**로 서술하시오.

〈상황3〉

- 회사의 자금담당 김투명은 전산에 허위의 매입채무를 입력하였고, 이후 과다 지급한 대금을 반환하지 않아도 적발되지 않자 동 방법을 계속 이용하여 장기간에 걸쳐 회사의 자금을 횡령하였다.
- 김투명은 횡령으로 인해 특정 업체의 매입채무 잔액이 과소계상 또는 음수가 되는 경우 업체 간 매입채무 잔액을 조정하거나 횡령에 이용된 거래처가 외부감사인의 채권채무조회서 발송대상에 포함되지 않도록 매출채권과 매입채무를 상계하여 채권 및 채무를 과소계상하는 등의 방법을 이용해 횡령사실을 은폐하였다.

물음 4 위 상황에서 감사인이 Journal Entry 감사절차를 수행할 때 구체적으로 어떤 절차를 통해 해당 부정을 발견할 수 있을지 **3줄 이내**로 서술하시오.

---

[10] 한국공인회계사 「월간 공인회계사」 제348호(2022년 5월), 최성훈 금융감독원 회계심사국 선임검사역

답안

(아래 정답은 실무적인 상황보다는 수험목적을 고려하여 작성하였다.)

물음1

보증금과 관련하여 약정서(금전소비대차계약서)와 이사회의사록(회의록)을 검토하고, 외부조회 및 출금증빙을 확인하여 자산의 실재성을 확인하고, ㈜대한의 지급능력 및 담보, 보증 등을 확인하여 회수가능성(평가)에 대해 검토한다. 또한 대여금에서 보증금으로 변경한 사유와 증액 사유에 대해 질문하고, 추가적인 감사증거를 입수한다. 만약 해당 거래가 영업활동의 일부가 아닌 경우 부정의 징후인지 여부에 대해 판단 후 부정에 대한 감사절차 수행을 결정한다.

물음2

(기준서 240 - 6)
횡령의 사실을 은폐하기 위해 위조, 거래의 기록에 대한 계획적인 누락 또는 감사인에 대한 의도적인 거짓 진술 등 정교하고 면밀하게 설계된 수단들이 이용되기 때문에 횡령을 발견하기 어렵다.

물음3

감사인은 종속기업 투자에 대한 내부 회의록(이사회의사록 등)과 출금내역 등을 입수하여 종속기업투자주식의 실재성을 확인하고, 평가를 위해 대표이사 단기대여금에 대해 계약서 및 담보·보증내역 등을 확인하여 실재성과 평가에 대한 확인절차가 필요하다. (일반적으로 매출이 있거나 구체적인 사업계획이 있다면, DCF에 따른 평가보고서를 입수하여 가정과 방법, 데이터의 합리성과 신뢰성을 검토(회계추정치에 대한 감사절차 수행)하여 손상평가를 수행하는 경우도 존재한다. 단, 외부조회 절차는 부적절한 감사절차로 정답이 될 수 없다.)

물음4

회사의 매출채권 및 매입채무는 기본적으로 현금 입·출금 이외의 방식으로 반제(감소)되는 경우가 드물다. 따라서 Journal Entry 감사절차에서 매출채권 및 매입채무의 반제전표에 대한 상대계정과목에 대해 확인하고, 현금 이외의 계정과목이 있다면 그 적정성을 확인하여야 한다. (즉, Journal Entry Test를 통해 매출채권과 매입채무의 상계를 확인하고, 이에 대한 추가감사절차를 취한다면 부정을 발견할 수 있었을 것이다.)
(참고 : 그 외 매출채권 및 매입채무에 대한 실증절차는 Journal Entry Test 절차라기 보다는 각 계정과목별 실증절차에 가까움)

사례 14 FSS/2111-12(무형자산(회원권) 과대계상) 변형

한국회계법인은 건설자재 제조업체인 ㈜A(이하 '회사')의 감사인으로 아래와 같은 상황에 직면하였다.

〈상황1〉

- 회사는 X1년 그룹계열사의 골프장 개장과 관련하여 건설자재를 납품하고, 거래대금 대신 골프장 회원권을 수취하였다. 이후 수차례 취득과 처분 등을 거쳐 X5년말 33구좌를 보유하고 장부가액은 254억원(총자산 대비 50%)이었다. 회사는 해당 골프장 회원권을 내용연수가 비한정인 무형자산으로 분류하고, X5년말 동 회원권의 손상검사 시 현금창출단위인 B사업부문의 자산에 포함하여 평가하였다. 평가결과 B사업부문의 평가금액이 회원권을 포함한 사업부문의 장부가액을 초과함에 따라 손상차손을 인식하지 아니하였다.
- 기업회계기준서 제1036호(자산손상)에 따르면, 자산손상을 시사하는 징후가 있다면 개별 자산별로 회수가능액을 추정하며, 만약 개별 자산별로 추정할 수 없다면 그 자산이 속하는 현금창출단위의 회수가능성을 결정한다고 규정하고 있다.

물음 1 위 상황에서 감사인이 수행해야 할 감사절차를 **5줄 이내**로 서술하시오.

물음 2 위 상황에서 자산의 평가 측면에서 입수해야 할 감사증거를 **3줄 이내**로 서술하시오.

〈상황2〉

- 감사인은 회사 회계팀장에게 질문 결과, 회사는 골프장 회원권을 3년간 최대 사용가능 횟수의 7.5%만을 사용하였고, 별도 영업목적의 회원권은 아님을 확인하였다.
- 이에 골프장 회원권에 대해 개별적으로 회수가능액을 추정하여야 한다고 결론지었고, 회사의 통제위험이 높다고 판단하여 통제에 대한 이해는 생략하고 실증절차를 수행하고자 한다.

물음 3 위 상황에서 보완이 필요한 감사절차를 **3줄 이내**로 서술하시오.

〈상황3〉

- 감사인은 골프장 회원권에 대한 실증절차로서 회원권에 대한 회원증서를 확인하였고, 감사증거력이 높은 감사증거를 입수하기 위해 골프장 업체에 직접 외부조회를 통하여 회원권의 실재성과 권리를 확인하였다.

물음 4 위 감사인의 실증절차 중 보완이 필요한 부분을 **3줄 이내**로 서술하시오.

> **답안**

(아래 정답은 실무적인 상황보다는 수험목적을 고려하여 작성하였다.)

물음1

회사는 특수관계자인 그룹계열사로부터 거래대금을 현금 대신 골프장회원권으로 수령하였으므로 부정의 징후 여부에 대해 확인해야 한다. 또한 골프장 회원권의 내용연수가 비한정인 무형자산으로 분류하는 것이 적절한지 검토하고, 기업회계기준서에 따라 골프장 회원권의 자산손상을 시사하는 징후가 있는지 확인하고 개별 자산별로 회수가능액을 추정하여 장부금액과 비교해야 한다.

물음2

골프장회원권의 공정가치를 측정해야 하며, 이를 위해 활성시장인 여러 회원권거래소의 최근 매매사례 또는 공시시세 등을 파악해야 한다. 만약 해당 회원권에 대한 활성시장이 존재하지 않다면, 외부평가기관 등을 통해 개별자산의 공정가치를 평가해야 한다.

물음3

회사의 거래는 특수관계자와의 유의적 거래이므로 유의적 위험이 존재한다고 결정하여야 하며, 유의적 위험이 존재한다고 결정한 경우, 통제활동 등 해당 위험과 관련된 기업의 통제와 경영진의 대응 절차를 이해하여야 한다.

물음4

골프장 업체는 특수관계자이므로 외부조회를 통해 입수한 감사증거의 신뢰성이 낮을 수 있다. 따라서 계약서 및 골프장 이용내역(카드결제내역) 등 문서검사를 통해 자산의 실재성과 권리에 대한 감사증거를 입수한다.

사례 15 FSS/2212-13(선급금 허위계상) 변형

한국회계법인은 A㈜(이하 '회사')의 20X1년(1.1.~12.31.) 재무제표를 감사하고 있다. 회사는 배관 및 냉·난방 공사업을 영위하는 상장기업이다.

〈상황1〉

- 한국회계법인의 선급금 계정담당자 손홍만 회계사는 아래와 같은 내용을 확인하였다.
- 보고기간말 회사의 선급금 잔액은 100억원이며 경영진에게 질문 결과 당기 7월 신규 사업을 위한 광업권 매매에 대한 선급금이고, 차기 중 광업권 양수도가 완료되는 시점에 본계정으로 대체할 예정이라는 답변을 얻었다.
- 감사인은 선급금 잔액이 전체중요성을 초과하므로 질문에 추가하여 회사로부터 계약서와 출금증빙을 입수하였고, 실제 존재하는 광업권임을 확인하였다. 추가적으로 광업권 매도인에게 해당 거래 및 기말시점의 채권채무 잔액에 대해 조회하여 감사증거를 보완하였다.
- 위 감사절차 결과 충분하고 적합한 감사증거를 입수하였다고 판단, 회사계상 선급금은 적정하다고 결론내렸다.

물음 1 위 상황에서 미흡한 감사절차와 올바른 감사절차를 **5줄 이내**로 서술하시오.

〈상황2〉

다음은 업무수행이사와 손홍만 회계사의 대화내용이다.

업무수행이사 : 회사 재무제표와 각 담당자가 작성한 감사조서를 보니 당기 중 100억원의 유상증자가 있었고, 모두 대표이사가 납입한 것임을 확인하였습니다. 대표이사가 납입한 100억원이 그대로 회사의 기존 사업과 관련 없는 대규모 단일자산의 구매로 이어졌고, 6개월 넘게 소유권 양수도가 완료되지 않았는데 ⓐ뭔가 수상하군요.

손홍만 회계사 : 상무님, 저도 처음에 그렇게 생각했습니다. 그래서 질문과 더불어 각종 문서검사를 통해 감사증거를 입수하였고, 보완절차로 회사의 경영악화로 광업권 매매잔금 지급이 연장될 수도 있어 연장계약서도 별도로 요청하여 입수하였습니다. 검토 결과 모두 특이사항 없었습니다. 회사 자금 사정이 어려우니 대표님이 기꺼이 개인 자금 100억원을 증자로 투입하여 신규사업에 도전하여 회사를 살리고자 하신답니다.

업무수행이사 : 매매잔금 지급일이 연장되었다는 말은 회사의 잔금 지급이 불투명해질 수 있다는 의미인데, 이 경우 계약 해제의 가능성도 존재할 것 같습니다. 해당 항목을 유의적 위험으로 결정하여 주시고, 기존 감사절차에 이어 ⓑ추가적인 감사절차를 수행해 주세요.

물음 2 업무수행이사가 밑줄친 ⓐ와 같이 생각한 이유를 전문가적 의구심의 관점에서 **5줄 이내**로 서술하시오.

물음 3 손홍만 회계사는 업무수행이사의 밑줄친 ⓑ의 업무수행 결과, X2년 1월 중 광업권 매매계약이 해제되었음을 확인하였고, 회사는 이에 위약금을 지급하기로 하였다. 이때 수행해야 할 감사절차를 감사절차와 감사결론 단계로 나누어 각각 **5줄 이내**로 서술하시오.

구분	설명
감사절차	
감사결론	

▶ 답안

(아래 정답은 실무적인 상황보다는 수험목적을 고려하여 작성하였다.)

물음1

선급금에 대해 실재성뿐만 아니라 평가에 대한 감사증거를 입수해야 한다. 즉, 회수가능성에 대한 감사증거를 입수하기 위해 실제 선급금의 대체 시점에 대한 감사증거와 잔금을 납부할 수 있는 의도와 능력이 있는지 여부, 실제 광업권에 대한 평가 및 취득 후 구체적인 사용 목적 등을 확인하여 선급금의 평가에 대한 감사증거를 입수해야 한다. 이와 더불어 감사보고서일까지 선급금의 본계정 대체 여부 및 실제 거래 증적을 확인해야 한다.

물음2

회사의 자금 100억원의 유입과 유출이 동 기간에 이루어졌고, 본계정이 아닌 임시계정인 선급금으로 일정 기간 이상 남아 있는 상황임을 볼 때, 실질적인 자금투입 없이 단순히 회사의 자산을 증가시키려는 의도가 보이며, 이는 부정의 징후로 볼 수 있다. 또한 만약 회사의 자금 상황상 신사업을 수행한다면 신속한 사업 진행과 구체적인 사업계획이 존재해야 하나 회사는 사업계획보다는 증빙 위주의 감사증거를 제시함으로써 거래의 실질에 의문이 발생할 수 있다.

물음3

구분	설명
감사절차	광업권 매매계약의 해지에 따라 소송 및 배상청구가 재무제표에 영향이 있을 수 있으므로, 관련 내용을 경영진 및 내·외부의 법률고문과의 커뮤니케이션이 필요하다. 또한 이로 인하여 발생하는 위약금 등 소송충당부채의 추정과 선급금의 평가(회수가능성)에 대한 감사절차를 수행해야 한다.
감사결론	재무제표의 수정이 필요한 경우 경영진에게 재무제표의 수정을 요청하며, 적절히 수정하였다면 적정의견을 표명하고, 수정을 거부하였다면 선급금 잔액이 전체중요성을 초과하였으므로 한정 또는 부적정의견을 표명한다.

사례 16 「기업사냥꾼에게 감사인이 속지 않으려면[11]」 재구성

한국회계법인은 의류제조업을 영위하고 있는 코스닥상장기업인 A㈜(이하 '회사')의 20X1년(1.1.~12.31.) 재무제표를 감사하고 있다. 다음은 〈상황1〉에 대한 설명이다.

〈상황1〉

- 20X1년 10월 중 기존 최대주주인 홍길동이 임꺽정에게 지분을 양도하여 임꺽정이 최대주주가 되었고, 임꺽정은 회사의 부족한 자금을 보충하기 위해 100억원 규모의 유상증자를 실시하였다.
- 20X1년 11월 중 비상장회사인 탈모치료제 개발회사 B㈜의 주식 50%를 160억원에 인수하였으나, 최종 인수계약이 취소되어 160억원 중 60억원을 회수하였고 남은 100억원은 미수금으로 계상하였다.
- B㈜의 탈모치료제 개발이 임박했다는 소식이 언론을 통해 보도되었고, B㈜의 대표이사는 탈모치료제의 상용화가 곧 이루어질 것이라고 IR(기업설명회)에서 발표하였다
- 탈모치료제 개발에 대한 기대감이 커지면서 회사의 주가는 연일 상한가를 기록하였다.

물음 1 위 상황에서 감사인이 위험평가목적으로 전문가적 의구심을 발휘하여 회사 경영진에게 질문하고 계획하여야 할 사항을 **5줄 이내**로 서술하시오.

기말감사 중 나치밀 회계사는 아래와 같은 감사절차를 수행하였다.

〈상황2〉

- 회사 재무이사와의 인터뷰 결과 20X2년 2월 중 B㈜에 대한 미수금 100억원이 자기앞수표로 회수되었으나, 신규 투자를 위한 에스크로[12] 목적으로 법무법인K가 보관 중이며 이를 선급금으로 회계처리 하였다.
- 나치밀 회계사는 법무법인과의 금전보관계약서 및 금전보관확인서 사본으로 그 실재성을 확인하였다.
- 금전보관계약서는 회사의 요청이 있을 경우 즉시 지급한다고 명시되어 있다.

물음 2 위 상황에서 감사인이 위험평가목적으로 전문가적 의구심을 발휘하여 수행해야 할 감사절차를 서술하시오.

물음 3 위 상황과 관련하여 경영진에 의한 통제무력화 위험에 대응하여 계획하고 수행해야 하는 감사절차를 서술하시오.

---

11) 한국공인회계사 「월간 공인회계사」 제370호(2024년 12월), 이주연 금융감독원 회계감리1국 수석검사역
12) 에스크로(escrow)는 거래의 안전성을 확보하기 위해 상거래 시에 판매자와 구매자 사이에 신뢰할 수 있는 중립적인 제삼자가 중개하여 금전 또는 물품 거래를 하도록 하는 것, 또는 그러한 서비스를 말한다.

답안

(아래 정답은 실무적인 상황보다는 수험목적을 고려하여 작성하였다.)

물음1

1) 유상증자 대금 100억원이 실제로 회사에 납입되었는지를 확인해야 한다.
2) 회사의 본 영업활동과 무관한 업종의 회사 지분을 취득하였기 때문에 부정의 징후가 될 수 있다. 또한 160억원이 지급되었고, 60억은 회수하였지만 100억원은 미회수 되었기 때문에 미수금 100억원에 대한 실재성과 평가에 대한 감사증거를 입수하여야 한다.
3) 종합하여 판단할 때 유상증자 대금 100억원과 회사의 미수금 100억원이 일치하는 바, 유상증자 가장납입 가능성에 대한 의구심을 가지고 감사절차를 수행하여야 한다.

물음2

1) 회사가 자기앞수표로 회수한 사유의 타당성이나 규모의 적정성이 의심되는 상황에서는 자금 유용 등 부정행위와의 관련성을 고려해야 한다. 이러한 비경상적으로 보이는 유의적 거래의 경우, 감사인은 해당거래의 사업상 논리적 근거에 비추어 볼 때 그러한 거래가 부정한 재무보고를 수행하거나 자산횡령을 은폐하기 위하여 체결되었음을 나타내는 것인지 여부를 평가하고, 평가결과에 따라 추가 감사증거 확보 등의 조치를 하여야 했다.
2) 감사인은 100억이라는 거액을 에스크로하는 것은 일반적인 거래 관행이 아님에 따라 투자처, 투자내용, 투자규모, 투자진행상황 등이 적정한지 전문가적 의구심을 가지고 살펴보았어야 한다. 그리고 법무법인이 100억원을 보관하기에 신뢰할 수 있는 기관인지 확인하여야 하고, 무기명 유통이 용이한 수표의 특성상 적절한 통제절차를 마련하였는지를 검토했어야 한다.

물음3

(기준서 240-33, A49)
기업의 정상적인 사업과정을 벗어나는 거래, 또는 기업과 그 환경에 대한 감사인의 이해와 감사 중에 입수한 정보에 근거했을 때 비경상적으로 보이는 유의적 거래의 경우, 감사인은 해당 거래의 사업상 논리적 근거 (또는 그 결여)에 비추어 볼 때 그러한 거래가 부정한 재무보고를 수행하거나 자산횡령을 은폐하기 위하여 체결되었음을 나타내는 것인지 여부를 평가하여야 한다.

부정한 재무보고를 행하거나 자산횡령을 은폐하기 위하여 기업의 정상적인 사업과정을 벗어나거나 비경상적으로 보이는 유의적 거래가 발생하였을 수 있음을 나타내는 징후에는 다음 사항이 포함된다.

- 그러한 거래의 형태가 지나치게 복잡함(예를 들어 해당 거래가 연결대상 그룹 내의 다수의 기업 또는 다수의 관련없는 제3자와 관련되어 있다)
- 경영진이 그러한 거래의 성격과 회계처리에 대하여 지배기구와 논의하지 않았으며, 문서화가 부적절함
- 경영진이 거래의 기본적 경제 실질보다는 특정 회계처리의 필요성을 더욱 강조하고 있음
- 특수목적기업 등 연결제외 특수관계자들이 관련된 거래가 기업의 지배기구에 의해 적절히 검토되거나 승인되지 않았음
- 거래가 이전에 식별되지 않았던 특수관계자들 또는 실체가 없거나 감사대상기업의 도움 없이는 해당 거래를 뒷받침할 재무적 역량이 없는 사람과 관련되어 있음

(월간공인회계사 370호(2024년 12월) 49페이지부터의 내용을 읽어보는 것을 추천한다.)

사례 17 FSS/2409-01(매출 및 매출원가 허위 계상) 변형

한국회계법인은 방호복 제조업을 영위하고 있는 A㈜(이하 '회사')의 20X1년(1.1.~12.31.) 재무제표를 감사하고 있다.

- 20X1년 코로나19 방역 완화로 인해 대부분의 기존 거래처에 대한 매출은 감소하였으나 신규거래처인 F사에 대한 매출이 크게 증가하여 전체 매출에는 큰 변화가 없었다.
- 회사가 제시한 거래처별 매출원장은 다음과 같다(단위 : 억원).

거래처명	20X0	20X1
B사	120	30
C사	80	50
D사	50	30
E사	45	25
F사	-	150
기타 소액 거래처	15	20
합계	310	305

- 회사가 제시한 거래처별 원재료 매입원장은 다음과 같다(단위 : 억원).

거래처명	20X0	20X1
G사	40	30
H사	35	20
I사	30	15
J사	20	130
기타 소액 거래처	5	5
합계	130	200

- 매출계정 담당자인 한똑똑 회계사는 당기 매출원장을 검토한 결과 해외거래처인 F사에 대한 신규 매출이 발생한 것을 확인하였다. 이에 대한 대표이사 인터뷰 결과, 당기 해외영업팀의 노력으로 대형 방호복 유통업체인 F사와의 계약이 성사되었음을 확인하였다. 이에 회사에 대해 공급계약서, 수출신고필증, 인수증, 매출채권 입금내역을 요청하여 검토한 결과 모두 일치하였음을 확인하였다.
- 원재료계정 담당자인 박정직 회계사는 당기 J사에 대한 매입증가가 비경상적이라 판단하였고, 이에 매입계약서, 수입신고필증 및 재고자산수불부를 확인한 결과 회사 계상 매입 회계처리는 적정하다고 결론내렸다.
- 회사는 코넥스 상장기업으로 코스닥 이전상장을 추진 중이다.

물음 1 인차지 회계사인 최지우 회계사는 A㈜의 매출과 관련하여 부정으로 인한 유의적 위험이 있다고 판단하였다. 그 이유를 기업 환경과 동기/압력 측면에서 구분하여, 각 요소에 해당할 수 있는 내용을 사례에서 찾아 각각 **2줄 이내**로 서술하시오.

구분	내용
기업환경	
동기/압력	

물음 2 위 상황에서 한똑똑 회계사가 수행한 감사절차에서 미흡한 부분을 지적하고, 올바른 감사절차를 **3줄 이내**로 서술하시오

물음 3 감사절차 결과 한국회계법인은 중요한 왜곡표시를 발견하지 못하였고, 회사제시 재무제표를 수용하여 적정의견의 감사보고서를 발행하였다. 이후 금융감독원 감리 결과 F사는 J사의 특수관계자로 확인되었으며, J사와 동일 주소지를 사용하고 있으나 실제 영업활동은 하지 않는 것으로 판명되었다. J사와 공모하여 F사에 수출한 P제품은 대부분 J사로부터 구매한 원재료였으며, 이를 가공하지 않고 그대로 수출한 것으로 처리하여 매출과 매출원가를 과대계상 하였다. 위 감사 과정에서 이러한 부정을 식별하기 위한 감사절차를 구체적으로 **5줄 이내**로 서술하시오.

물음 4 위 상황과 같이 기업이 생산한 정보를 이용할 때, 해당 정보가 감사인의 목적을 위해 충분히 신뢰할 수 있는지 평가하는 절차를 **두 가지**만 서술하시오.

답안

(아래 정답은 실무적인 상황보다는 수험목적을 고려하여 작성하였다.)

물음1

구분	내용
기업 환경	코로나19 방역 완화의 상황은 회사의 영업활동(매출)에 악영향을 끼치는 요소이다. 정상적인 상황이라면 회사의 매출감소가 합리적인 상황이나, 당기 매출이 전기에 비해 크게 감소하지 않아 가공매출의 가능성이 존재한다.
동기/압력	회사는 코넥스 이전상장을 추진 중이기 때문에 재무실적이 매우 중요한 상황이다. 따라서 실적 압박으로 인하여 부정의 가능성이 존재한다.

(2023년 기출문제 문제9 응용)

물음2

매출담당자 관점에서 F사는 신규 해외 거래처이고, 매출에 대한 유의적 위험이 존재하므로 높은 수준의 감사증거를 수집해야 한다. 현재 감사인이 입수한 감사증거는 대부분 회사가 제공한 자료로, 그 증거력이 부족할 수 있어, F사와 직접 소통하는 등 감사인이 직접 감사증거를 입수하는 감사절차를 추가해야 한다.

물음3

F사와 J사에 대한 매출과 매입이 급증하였으므로 두 거래처에 대해 유기적인 감사절차가 필요하다. 즉, 매출담당자와 매입담당자가 팀토의를 통해 F사와 J사에 대해 함께 분석하고 공통점을 찾아야 한다. 만약 이 둘의 주소지가 같다는 사실을 확인했더라면, 특수관계자임을 인지할 수 있었고, 가공매출을 쉽게 적발할 수 있었을 것이다.
(추가로 고려할 수 있는 감사절차로는 해외매출 선적서류를 통한 수출입 품목의 세부정보 비교, 대금지급 조건 검토 및 수출입 상대방과의 관계 확인 등이 있다.)

물음4

(기준서 500-9)
감사인은 기업이 생산한 정보를 이용할 때, 해당 정보가 감사인의 목적을 위해 충분히 신뢰할 수 있는지 평가하여야 하며, 해당 상황의 필요에 따라 다음을 포함한 절차를 수행하여야 한다.
1) 해당 정보의 정확성과 완전성에 대한 감사증거를 입수함
2) 정보가 감사인의 목적을 위해 충분히 정확하고 자세한지 여부를 평가함

사례 18 FSS/2409-08(재고자산 및 유형자산 허위 계상) 변형

한국회계법인은 방송 통신장비 제조·판매업을 영위하고 있는 주권상장법인 A사(이하 '회사')의 20X1년 (1.1.~12.31.) 재무제표를 감사하고 있다. 최근 시장 경쟁 심화로 인해 매출액이 전년에 비해 감소하였으나, 회사의 연구개발(R&D) 투자 규모는 지속적으로 확대되고 있다.

다음의 〈상황〉은 (물음 1) ~ (물음 2)와 관련된다.

〈상황〉

한국회계법인 인차지회계사 오주현 회계사는 A사 재무제표에 대한 외부감사를 수행하면서 다음과 같은 사항을 확인하였다.

- 무형자산 장부금액이 전기 100억원대 수준에서 당기 180억원대 수준으로 약 80억원 증가하였다. 회사 측 설명에 따르면 개발 진행 중인 신규 통신장비 기술과 관련된 개발비 대부분을 무형자산으로 인식했기 때문이다. 이에 오주현 회계사는 당기 지출한 비용 중 K-IFRS에 따른 개발비 인식요건 충족 여부를 확인하고자 회사 대표이사 및 기업부설연구소장과 인터뷰를 진행하였고, 답변 및 관련 부속서류 확인결과 인식요건을 충족하였음을 확인하였다. 관련 내용은 서면확인 및 담당자 서명을 통해 확인받았다.

- 매출이 전년 대비 30% 감소했음에도 재고자산은 300억원에서 290억원으로 거의 변동이 없었다. 재고자산수불부 검토결과 작년부터 이월된 재고가 다수 존재하였고, 회사 측 설명에 따르면 20X2년 상반기 중 재고자산 중 장기 보유 제품 상당수가 신규 계약이 예정되어 있다. 추가로 재고자산 중 100억원 상당이 중국 청도에 보관 중임을 확인하였고, 이에 현지 창고 보관업체에 조회서를 발송하여 일치 여부를 확인하였다.

물음 1 위 상황에서 감사인이 추가적으로 수행하여야 할 감사절차를 무형자산과 재고자산 측면에서 각각 **2줄 이내**로 서술하시오.

구분	내용
무형자산	
재고자산	

물음 2 회사는 지난 3년간 재고자산의 출고처리를 누락하는 방법으로 매출원가는 과소 계상하고, 재고자산은 과대 계상하여 왔으며 매월 별도로 '원가조정' 명목으로 차이금액을 순차적으로 해소하였다. 이후 당기 중 자체적으로 전수 재고실사를 수행한 결과, 수년간 누적된 재고자산의 장부가액과 실물 간 차이를 파악하였으나 일시에 매출원가로 조정하는 경우 손익에 미치는 영향이 크므로 이를 내용연수 동안 비용(감가상각) 처리가 가능한 유형자산으로 부당하게 대체하고, 미해소금액은 가공의 재고자산으로 보유하였다. 이러한 부정위험에 대응하기 위해 감사인이 수행해야 했던 적합한 감사절차 중 **두 가지**를 서술하시오.

답안

(아래 정답은 실무적인 상황보다는 수험목적을 고려하여 작성하였다.)

물음1

구분	내용
무형자산	1) 개발비 인식요건 검증 시 경영진 인터뷰 및 문서뿐만 아니라 외부전문가 의견, 기술 상업화 가능성에 대한 검토 등 추가적인 감사절차가 필요하다. 2) 신규 지출한 개발비 분만아니라 전기부터 이월된 개발비 잔액에 대한 실재성 및 평가에 대한 감사절차가 필요하다.
재고자산	1) 장기재고가 존재하기 때문에 외부 판매실적 등 순실현가능가치에 대한 객관적인 검토절차가 필요하다. 2) 중요한 금액이 해외 현지에 보관중이므로 추가 증빙 확인, 조회처에 재확인 등과 같은 감사절차를 수행하여야 한다.

물음2

(다음 중 두 가지, 추가 답안도 가능)
1) 유형자산(감가상각비)에 대한 분석적 절차를 통해 유형자산(감가상각비) 증가에 대한 사유와 그 합리성을 평가한다.
2) 재고자산을 유형자산으로 대체한 금액의 적정성을 확인하기 위하여 대체목적 및 관련 증빙을 확인하여 유형자산 취득의 발생사실 및 실재성을 확인한다.
3) 재고자산수불부를 확인하여 일시에 조정한 사항을 발견하고, 이에 대해 전수로 재고자산에 대한 실사 등 조사가 필요하다.

사례 19 자체 출제 문제 – 횡령 은폐를 위한 가공자산 계상

한국회계법인은 전자제품 제조 및 판매업을 영위하고 있는 상장법인 A사의 당기 재무제표를 감사하고 있다. A사는 최근 3~4년간 매출 성장세가 둔화되면서 주가가 하락하였고, 과거에 비해 재무구조가 악화되었다. 다음 〈상황1〉은 (물음 1)과 관련된다.

〈상황1〉

다음은 회사의 상황이다.
- 당기 신제품 K의 생산 및 판매를 위해 B사로부터 라이선스를 30억원에 구매하였고, 관련 설비를 구축하기 위한 공사계약을 100억원에 추가로 체결하였다. B사는 업력이 1년에 불과하지만, 대기업 임원 출신의 대표이사가 뛰어난 기술을 보유하고 있다고 설명하였다.
- 해당 제품의 주 수요처는 유럽으로 터키에서 생산하여 유럽 전역으로 납품하고자 하여 터키 내 공장을 임차하여 생산설비를 구축하고자 한다.
- 구매한 라이선스는 무형자산으로 계상하여 5년간 정액법으로 감가상각하고, 공사계약은 당기말 완공되지 않아 건설중인자산으로 계상되었다.
- 회사 자금 부족분은 사모전환사채(CB)를 통해 조달하였다.

한국회계법인의 손 회계사는 다음과 같은 감사절차를 수행하였다.
- 구매한 라이선스에 대해 계약서와 설계도면, 세금계산서, 지급내역을 확인하였다. 계약서에는 B사의 사후관리내용 및 유사제품 개발 금지조약 등 주요내용이 모두 포함되어 있음을 확인하였다.
- 설비 구축에 대해서는 B사와의 계약서, 세부 견적서, 인보이스, 지출결의서, 지급내역을 확인하여 그 발생사실을 확인하였고, 추가로 터키 현지 공장부지의 임대차계약서 원본도 검토하였다.
- 터키 공장의 경우 현지 공장 담당자와 실시간 화상회의를 통해 설비 구축의 진행상황을 확인하였고, 공장 내 CCTV를 통해 설비 공정이 진행되고 있음을 확인하였다.
- 위 감사절차를 통해 회사 계상 라이선스와 건설중인자산은 적정하다고 결론을 내렸다. 재무제표에 대한 전체중요성은 120억원이며, 수행중요성은 80억원이다.

물음 1 위 사례에서 감사인이 추가로 수행해야 할 감사절차를 구체적으로 **두 가지**만 서술하시오.

다음 〈상황2〉는 (물음 2) ~ (물음 3)과 관련된다.

〈상황2〉

다음은 금융감독원 감리 결과 추후 적발된 회사의 거래 실질이다.
- B사는 경영진이 차명으로 설립한 회사였으며, 횡령을 위한 도관으로 사용되었다.
- 라이선스는 기존 A사가 보유한 제품을 바탕으로 일부 개조하여 B사가 독창적인 라이선스를 보유한 것처럼 보이도록 조작하였으며, 설비 구축 또한 착공조차 이루어지지 않았다.
- 실제 터키 내 공장은 임차된 것이 맞지만, 터키 현지 업체를 섭외하여 외관상 A사의 설비 구축이 진행되는 것처럼 보이게 하였고, 실제로는 A사의 공장과는 관계 없는 장소임이 드러났다.

물음 2 위 상황과 같은 부정을 방지할 수 있는 내부통제를 **두 가지**만 서술하시오(단, 내부고발 및 외부 기관 통보 절차는 제외할 것).

물음 3 위 상황에 대해 감사인이 취해야 할 조치를 회계감사기준과 외부감사법에 근거하여 각각 **2줄 이내**로 서술하시오.

구분	내용
회계감사기준	
외부감사법	

물음 4 만약 위 상황에 대해 감사인이 감사기간 중에 인지하였고, 이러한 사실로 인하여 경영진이 진술을 거부하여 감사를 계속하여 수행할 감사인의 능력에 의문을 초래하는 환경에 직면하였다. 이러한 경우 감사인이 수행해야 할 감사절차를 **세 가지** 서술하시오.

답안

(아래 정답은 실무적인 상황보다는 수험목적을 고려하여 작성하였다.)

물음1

(다음 중 두 가지, 추가 답안도 가능)
1) 라이선스와 설비 투자는 금액적으로 중요하지만 산업에 대한 전문지식이 필요한 부분으로 감사인측 외부전문가를 활용하여 그 실질을 확인하여야 한다.
2) 신규 공장 설립에 있어 중요한 금액이 투입되었으므로 실재성을 확인하기 위한 절차로 현지 실사를 수행하고, 외부전문가 또한 함께 방문하여 공정의 진행률을 평가하여야 한다. 또한 실제 준공이 완료되었음에도 불구하고 감가상각을 수행하지 않은 경우도 고려하여 준공 여부에 대한 검토도 수행한다.
3) B사의 업력이 1년 밖에 되지 않았으므로 B사가 실제 영업을 하는 회사인지 면허나 특허, 납품실적 등을 확인하는 절차가 필요하며, B사를 방문하여 B사 경영진 등 담당자와의 인터뷰를 통하여 법인의 실제 기술 보유 여부 등에 대한 확인이 필요하다.

물음2

(다음 중 두 가지, 추가 답안도 가능)
1) (매입) 거래처 신규 등록절차 강화 및 주기적 재평가 : 신규 거래처 등록 시 업력, 납품실적, 법인내 특수관계자 여부 확인, 외부 신용평가보고서 등 엄격한 평가기준 프로세스를 구축하고, 기존 거래처의 경우에도 일정 주기마다 재평가한다.
2) 자금 지출 절차 강화 : 대규모 투자(라이선스 구매, 설비 건설)와 관련된 계약을 체결하거나, 일정 금액 이상을 집행할 때는 경영지원부서·기술부서·내부감사부서 등 복수 부서의 서면승인을 반드시 거치도록 규정화한다.
3) 현장 실사·중간점검 보고 : 설비 구축 등 프로젝트성 자금이 집행될 때마다 실제 진행 현황(공사진척률, 시공업체 명세 등)을 확인하는 보고서를 작성하고, 내부감사부서(또는 기술 전문가)가 직접 방문·실사해 최종 승인 여부를 판단하도록 한다.
4) 그 외 내부감사기능을 통한 모니터링 절차 강화, 주기적으로 내부 부정에 대한 포렌식 서비스 수행 등도 가능

물음3

구분	내용
회계감사기준	지배기구에게 이러한 사항들을 적시에 커뮤니케이션하되, 감사를 완료하기 위하여 필요한 감사절차의 성격, 시기 및 범위를 이들과 논의해야 한다. (경영진의 부정이므로 경영진과의 커뮤니케이션 절차는 오답)
외부감사법	감사 또는 감사위원회에 통보하고 주주총회와 증권선물위원회에 보고해야 한다.

물음4

1) 해당 상황에 맞는 전문가로서의 책임과 법률적 책임을 결정함(감사인을 선임한 당사자, 또는 경우에 따라 규제기관에 대한 보고할 요구사항이 존재하는지 여부에 대한 결정 포함)
2) 관련 법규상 감사업무의 해지가 가능한 경우, 해당 감사업무를 해지하는 것이 적절한지 여부를 고려함
3) 감사인이 감사를 해지하는 경우에는 다음의 절차를 수행하여야 한다.
   ① 감사인이 감사업무를 해지한다는 사실과 그 이유에 대하여 적합한 수준의 경영진 및 지배기구와 토의
   ② 감사인을 선임한 당사자, 또는 경우에 따라 규제기관에 감사인의 감사업무 해지와 그 이유를 보고할 전문가로서의 요구사항이나 법률적인 요구사항이 존재하는지 여부 결정

사례 20 ｜ 자체 출제 문제 – 실증절차 종합

한국회계법인은 전자기기 부품을 제조·판매하는 상장사인 Z전자(주)의 20X5년 재무제표를 감사하고 있다. Z전자는 최근 해외 수출 물량이 급증함에 따라 물류 효율화를 목적으로 제3자 물류창고(3PL)를 도입하여, 재고 보관 및 배송 업무를 외부업체에 위탁하였다. 또한, 20X5년 11월부터 새로운 ERP 시스템을 도입하여 재고 및 매출처리 과정을 자동화하였다. 기말 재고실사일(12월 31일) 전후로 다음과 같은 사항이 확인되었다.

> 1. 재고자산 실사 및 입·출고관리
> - 전기까지 자사 물류창고에서 자체 보관 및 실사절차를 수행했으나, 당기부터 대부분의 재고가 3PL 업체의 해외창고에 분산하여 보관하고 있다.
> - 실사 일정인 12월 31일이 공휴일과 겹치면서 Z전자가 전사 휴무에 들어가 감사팀이 직접 방문하기 어려운 상황이며, 3PL 업체 또한 다른 고객들의 재고자산이 혼재되어 있어 방문이 제한된다는 입장이다.
> - 3PL 측이 제공한 재고관리시스템(Cloud-based)과 Z전자의 ERP가 완전히 연동되지 않아, 실사 시점 데이터를 정확히 대사하기 어렵다는 내부감사팀의 보고가 있었다.
>
> 2. 매출 거래(해상무역)
> - 4분기 들어 해외 신규 거래처가 급격히 늘어났으며, 단가가 높은 특수 부품을 대량으로 선주문 받았다.
> - 수출건은 'FOB(선적지인도조건)' 조건과 'CIF(도착지인도조건)' 조건이 혼재되어 있다.
>
> 3. 새로운 ERP 시스템 도입
> - 20X5년 11월에 새로운 ERP 시스템 도입 후 12월까지 크고 작은 시스템오류(재고 데이터 누락, 매출 전표 이중 등록 등)가 발생하여 이를 올바르게 조정하는 절차가 진행 중이다.
> - 오류 발생 시 IT 부서에서 긴급 패치를 진행했으나, 감사인이 사후 점검한 로그에 따르면 여전히 일부 모듈(원재료 소모량, 해외매출 통화환산 기능 등)에서 오류 가능성이 남아 있었다.

물음 1 제3자 물류창고(3PL) 활용으로 인해 기말 재고실사가 제한되는 상황에서, 감사인이 재고자산에 대해 수행해야 할 감사절차를 아래 답안양식에 맞게 경영진주장별로 서술하시오.

구분	내용
권리와 의무	
실재성	

물음 2 당기 4분기 매출 거래에 대해 경영진의 주장 중 기간귀속 측면에서 수행해야할 감사절차를 서술하시오.

물음 3 새 ERP 도입 후 발생할 수 있는 부정확한 데이터 발생 위험(예: 재고 수량, 매출 전표)이 높아진 것으로 보인다. 이와 관련하여 감사인이 검토해야 할 정보시스템 일반통제 사항 중 프로그램 변경 통제 관점에서 수행해야 할 감사절차를 **두 가지**만 설명하시오.

> **답안**

(아래 정답은 실무적인 상황보다는 수험목적을 고려하여 작성하였다.)

물음1

구분	내용
권리와 의무	3PL 계약 조건(재고 분실·파손 시 책임, 월별 재고보고 방식 등)을 확인하여, 창고 내 재고자산이 Z전자의 소유임을 확인한다.
실재성	1) 재고자산의 수량에 대하여 해당 제3자의 조회를 요청한다(타처보관 재고자산 조회서 발송). 2) 창고보관증과 같이 제3자가 보관하는 재고자산에 관한 문서를 조사한다. 3) 재고자산이 담보로 제공되어 있다면 해당 당사자의 조회를 요청한다.

물음2

기말 근접 시점 전후 발생한 매출 건에 대해 계약서상 무역조건(Incoterms)을 확인한다. FOB 조건(선적지인도조건)의 경우 선하증권(Bill of Lading, BL), CIF 조건(도착지인도조건)의 경우 수입통관서류(또는 선박 입항 보고서) 등을 검토하여 장부상 매출 발생일과 대조하여 일치 여부를 확인한다.

물음3

(다음 중 두 가지, 추가 답안도 가능)
1) IT부서 인터뷰 및 문서확인 : 변경 요청서, 테스트 시나리오, 최종 승인기록이 존재하는지 여부를 확인한다.
2) ERP 변경 이력(Log) 검토 : 실제 운영시간 이후(주말·야간) 무단 패치가 이루어졌는지, 승인자와 수행자가 동일인이 아닌지 등을 확인하여 업무 분장 및 검토·승인 절차가 적절히 수행되었는지 평가한다.
3) 변경 전·후 데이터 비교 : 특정 프로그램 변경 전과 후 데이터를 비교하여, 변경 후 매출·재고 수량 등이 정확하게 반영되었는지 검증한다.

[보론 : 건설 등 수주산업 결산·외부감사시 유의사항[13]]

1. 수주산업 회계처리의 특수성 (진행률을 사용한 수익 인식)

구분	설명
일반원칙	일반적으로 진행률은 '발생원가/총공사예정원가'로 측정하는 방식으로 과거 진행률 관련 회계위반 사례는 총공사예정원가를 과소계상하여 진행률을 상향조작함으로써 수익을 과대계상하는 사례가 대표적임
회계절벽 현상	진행률을 상향조작하는 경우 수익금액을 실제보다 앞당겨 인식하게 되는데 공사기간 전체에서 발생하는 수익·비용은 동일 하므로 공사종료 시점이 다가올수록 손실이 크게 증가 (예) 기존 연도까지는 손실이 발생하지 않고, 마지막 연도에 일괄적으로 손실 인식)

2. 수주산업 관련 재무제표 감리 주요 지적사례

구분	설명
총공사예정원가 과소산정 (매출액 과다계상)	1) 원자재 가격 상승 등을 공사예정원가에 미반영(총공사예정원가 과소계상) 2) 공사진행률 상향 조작(예) 총공사예정원가에 영향을 미치는 변수를 수정)
발생원가의 과대계상 (매출액 과다계상)	1) 선급금을 임의로 발생원가로 간주하여 공사진행률 상향 조작 2) 전산 조작을 통해 사업 간 원가 부당 대체(예) 손실이 발생중인 사업의 원가를 착공 초기단계인 타 사업의 원가로 부당 대체)
공사계약금액의 부당변경	1) 회수가능성이 낮은 계약금액 증액분 부당가산(예) 발주사가 지급거절한 계약금액 증액분을 계약금액에 포함) 2) 계약금액에서 지연배상금 미차감
우발부채·충당부채 누락	1) 우발부채 미공시(예) PF대출 지급보증 금액을 재무제표 주석상 우발부채로 기재하지 않음) 2) 충당부채 과소계상

3. 외부감사인 유의사항(결론)

구분	설명
예정원가 검토	주요 공사 관련 회사의 견적, 유사 공사실적 대비 계약금액·예정원가, 현장 보고자료, 주요 원자재 가격 추이 등이 총공사예정원가 등에 적절히 반영되었는지 검토할 필요가 있음
선급금 투입여부 및 활동별 원가 집계의 적정성 확인	발생원가 중 협력업체 선급금이 공사에 실제로 투입되었는지, 사업별 원가 관련 내부통제 및 사업별 집계절차가 적절한지 확인할 필요가 있음
수주산업 전문가 활용	수주산업 감사경험이 부족한 경우 수주산업 전문가를 적극 활용하여 주요 공사의 리스크, 시장상황, 원가 산정의 적정성 등을 면밀히 검토
우발부채·충당부채 감사증거 입수	계약서·조회서 등을 입수하여 채무인수약정, 자금보충약정 등 지급보증 외 다양한 우발사항에 대해서도 공시 필요성을 검토하고 기존 우발부채에 대한 경제적 자원 유출가능성 변동여부를 재검토

---

[13] 금융감독원 보도자료(2024.01.29) 발췌

[읽을거리 : 한국공인회계사「공인회계사 저널」제365호(2024년 2월)]

"그대들, 어떻게 살 것인가"

심규택 Mazars 새빛회계법인 파트너

「그대들, 어떻게 살 것인가」는 20세기 일본을 대표하는 지식인이자 편집인인 요시노 겐자부로의 대표작으로 중일전쟁이 발발한 1937년에 출판된 소설의 제목이다. 이는 2023년 중 일본 애니메이션의 거장인 미야자키 하야오 감독에 의해 영화화되어 국내에 개봉되기도 하였다. 필자는 해당 소설을 읽지 않았고 애니메이션 역시 보지 못하였다. 다만, 주말 저녁 서점을 들르게 될 때마다 항상 해당 소설의 제목에서 눈을 떼기가 힘들었다.

'어떻게 살 것인가'

이는 우리가 삶을 지속해 나가는 동안 계속해서 가지게 될 본질적인 질문이 아닐까.

우리 공인회계사들의 대부분은 이러한 본질적인 질문에 대한 고민을 하기 어려울 정도로 바쁜 나날들을 보낸다. 바쁜 일상 속「어떻게 살 것인가」와 같은 질문들은 당장 눈앞에 마주하게 되는 여러 문제들에 의해 묻히기가 십상이다. 특히 실무를 주로 담당하고 있는 젊은 공인회계사들에게 이 질문은 사치일 수도 있다. 앞으로 어떻게 살 거냐고? 당장 내일도 어떻게 될지 모르겠는데.

소설이 출판된 시대는 이념과 전쟁 등으로 인하여 매우 혼란스러운 시대였다. 이러한 시기에 청소년들이야말로 미래 세대를 짊어지고 나갈 중요한 자원이라고 판단하여 이 혼란스러운 시기를 잘 극복할 수 있도록 교육하기 위한 목적으로 집필하게 된 것이라고 한다. 필자도 앞으로 우리 시대를 이끌어 갈 사람들은 청년들이라는 것에 이견이 없으며, 교육의 중요성 역시 매우 크다고 공감하고 있다. 하지만 안타깝게도 필자는 소설의 작가처럼 젊은 공인회계사들이 이러한 시기를 잘 극복할 수 있도록 도움을 줄 수 있는 혜안을 갖고 있지는 않다. 다만, 조금 더 먼저 업계에 발을 들인 사람의 입장에서 최근 우리를 둘러싼 환경들의 변화 속에서 우리는 어떻게 살 것인가라는 질문에 대한 생각을 공유하고자 한다. 이를 통해서 바쁜 일상을 보내고 있는 공인회계사들이 잠시나마 같이 생각해 볼 수 있는 기회가 될 수 있기를 바랄 뿐이다.

회계제도의 변화

최근 우리나라의 회계제도는 변화의 시기를 지나고 있다. 2018년 11월 신외부감사법이 도입되면서 한국의 회계감사는 새로운 시대를 맞이하였다. 이전과 다르게 상장법인의 감사에 대한 감사인 등록제와 주기적 지정제가 도입되었다. 이외에도 표준감사시간 및 내부회계관리제도에 대한 감사 등의 제도들이 적용 유예기간을 거치면서 도입되었다. 이후 2022년부터 기도입 되었던 회계제도에 대한 기업들의 부담을 완화하기 위하여 여러 방안이 마련되면서 제도 중 적용 유예기간을 늘리게 되는 사항들이 생겼다. 또한, 감사인 지정과 관련한 범위 등의 조정이 이루어지고 비상장 대형법인의 정의 역시 수정이 되었다. 그 밖에도 중소기업의 회계부담을 완화하기 위한 방안으로 연결범위와 관련된 회계기준이 개정되는 등 여러가지 변화들이 일어났다.

회계제도의 변화는 공인회계사 개인의 입장에서 그 방향을 예측하거나 변화에 직접적인 영향을 끼치기가 쉽지 않은 것이 사실이다. 따라서 회계제도의 변화 등과 관련하여 의견을 표출할 수 있도록 청년 공인회계사들이 한국공인회계사회의 활동에 적극 참여해 주시기를 부탁드리고 싶다. 이와는 별도로 회계제도의 변화와 관련하여 우리가 개별적으로 할 수 있는 대응 방법은 지속적으로 신규 업무에 대한 발굴과 기회를 탐색하는 것이다. 제도, 시장상황 및 고객의 수요를 파악하기 위한 지속적인 관심과 노력이 필요하다. 가령, 제도적으로 판단해 볼 때 ESG는 전 세계적으로 화두가 되고 있으며, 관련한 기준서 혹은 요구사항들이 지속적으로 제정되고 있는 상황이다. 관련 공시에 대한 요구사항 적용이 유예되었지만 향후 업무 기회가 늘어날 것으로 예상되므로 많은 관심을 기울일 필요가 있다. 또한, 고객 입장에서는 기업의 업무환경에서 효율 증대와 비용 절감을 위한 IT전환에 대한 관심이 높아 관련 업무 수요가 증가할 것으로 예상된다. 이에 따라 공인회계사들 역시 IT와 관련한 업무를 수행할 수 있는 지식을 갖출 필요가 있다.

사업 환경의 변화

기업의 사업 환경 역시 코로나 시대를 겪으면서 많은 변화를 겪고 있다. 각 국가 및 대륙들은 자국의 산업을 보호하기 위한 여러 가지 정책을 입안하고 있으며, 전쟁 및 분쟁 등으로 기업들은 사업구조를 재편하고 투자 지역을 조정하는 등 많은 변화가 일어나고 있다. 최근 미국의 IRA(Inflation Reduction Act) 법안 등으로 인하여 해외의 직접투자 규모는 늘어나는 추세이다. 이러한 상황에서 공인회계사의 업무는 국내에만 국한되지 않는다. 해외 직접투자가 이루어진 법인에 대한 감사부터 자문업무까지 단지 모국어로만 진행하는 업무 이외에 외국어 활용이 필요한 업무가 증가할 수 있다. 공인회계사들이 수행할 수 있는 업무의 영역이 매우 다양한 상황에서 외국어 활용 능력까지 갖춘다면, 보다 넓은 범위의 고객층에게 업무를 제공할 기회를 가질 수 있을 것이다. 실제로 필자는 외국 고객으로부터 감사제안서 제출을 요청받은 적이 있는데, 그때 처음으로 받은 질문이 영어를 할 수 있느냐는 것이었다. 외국어는 의사소통의 수단에 불과한 것이지만, 이러한 수단이 없는 경우 공인회계사들이 수행하고자 하는 업무영역이 제한되는 경우가 발생할 수 있다. 기업들이 영위하는 사업의 범위도 점점 다양해져 전통적인 제조업 등을 넘어서 핀테크, 블록체인, 인공지능, 가상자산 등 신규 사업으로 확장되고 있다. 전통적인 사업들 역시 이전에 존재하지 않던 2차전지 등의 제품 출시와 인터넷 은행의 출범 등 다양한 모습으로 변화하고 있다. 전통적인 산업에 대한 이해뿐만 아니라 점점 다양해지는 산업을 이해하기 위한 노력 역시 필수적인 상황이다.

감사기법의 변화

전통적인 감사기법은 감사대상기업으로부터 많은 문서들을 확보하여 확인·검증하는 작업이 기본이다. 하지만 감사대상기업들의 사업이 다양해지고, 사업에서 발생하는 거래들을 수기로 직접 입력하기보다는 IT기술의 발달로 대부분 IT시스템에서 직접 처리가 이루어지는 경우가 증가하였다. 또한, 감사대상기업들이 처리하는 데이터의 양은 이전에 비하여 크게 증가하는 추세이다. 이에 회계법인들은 전통적인 감사기법으로는 감사업무의 효율성과 효과성을 높이기 어렵다고 판단하고 IT기술을 활용한 감사기법들을 개발 중이다. 대표적인 예가 Journal entry test(이하 'JET') 수행 시 여러 가지 시나리오를 설정하여 감사대상기업의 시스템으로부터 전체 전표내역을 입수하여 이상 항목으로 정의되는 회계전표 등을 자동추출하는 것이다. 이상 항목으로 추출된 내역들에 대해서는 감사인이 추가 확인 절차를 취하고 있다.

최근에는 인공지능을 활용하여 기업들이 제공한 자료들로부터 중요한 정보를 발췌하여 감사조서의 초안을 작성하고, 일반적인 분석을 제공하여 그래프나 표로 정리하는 툴 역시 개발되어 이용되고 있다. 감사기법의 변화로 인하여 감사인은 보다 기본적인 데이터 추출 및 이상항목의 발견에 소요되는 시간을 줄일 수 있게 되었고, 이상 항목으로 선정된 사항들에 대한 분석에 보다 시간을 투입하면서 효과적인 감사를 수행할 수 있는 환경이 제공되고 있다. 이로 인해 공인회계사들은 시나리오들을 설정하기 위하여 기업의 시스템에 대한 보다 깊은 이해가 필요하게 되었다. 시스템에 대한 충분한 이해로 데이터의 흐름들을 파악하고, 이를 기반으로 발생 가능한 다양한 시나리오를 설정하게 된다면 감사의 효과성 및 효율성은 보다 높아질 수 있다.

우리는 어떻게 살 것인가

필자는 우리가 앞으로 마주하게 될 환경의 변화와 관련하여 다음의 사항들에 대하여 고민해 볼 필요가 있다고 생각한다.
- 신규 업무에 대한 관심 유지와 해당 업무에 대한 지식습득
- 외국어 활용 능력 증대
- 신규 산업과 IT에 대한 이해 증대

고민이 필요하다고 생각되는 사항들을 정리하고 보니 특별히 참신한 내용이 아니라 필자가 업계에서 업무를 시작하였을 때 선배 공인회계사들이 조언해 주셨던 내용들과 유사하게 느껴진다. 이전과 업무환경이 바뀌었음에도 우리가 고민해 보아야 할 부분들이 유의적으로 바뀌지 않은 것을 보니 아이러니하기도 하지만 그만큼 충분히 고민해 볼 필요가 있는 사항들이라는 반증이 되는 것은 아닐까 생각해 본다.

그대들, 어떻게 살 것인가..

2025
회계감사
실전문제집

Chapter 02

실전모의고사
(23~24 Group Study)

제1회 실전모의고사	2023년 제1회 GS모의고사(난이도 중하)	55
제2회 실전모의고사	2023년 제2회 GS모의고사(난이도 중)	69
제3회 실전모의고사	2023년 제3회 GS모의고사(난이도 중상)	84
제4회 실전모의고사	2024년 제1회 GS모의고사(난이도 상)	98
제5회 실전모의고사	2024년 제2회 GS모의고사(난이도 상)	112

〈제1회 실전모의고사〉

1/16

2023년도
제58회 공인회계사 2차시험 문제
(난이도 중하)
제1회 GS 모의고사

과목명	회계감사
일자	
제3교시	16:10 ~ 18:10

출제자 : 공인회계사 손보승

회계감사

※ 답안 작성시 유의사항
1. 모든 문제는 2024년 12월 31일 이후 최초로 개시하는 회계연도에 적용되는 회계감사기준에 따라 답하시오.
2. '주식회사 등의 외부감사에 관한 법률'은 '외부감사법'으로, '공인회계사 윤리기준'은 '윤리기준'으로 표현한다.
3. 문제에서 서술하라고 요구한 경우에는 문장의 형태로 답하시고, 답안양식을 제시한 경우에는 답안양식을 준수하여 답하시오.
4. 답의 분량(개수, 줄 등)을 제한한 경우에는 해당 분량을 초과한 부분은 채점에서 고려하지 않는다.

【문제 1】(17점)

다음은 공인회계사가 준수해야 할 윤리기준과 감사인의 법적 책임 등에 대한 물음이다.

(물음 1) 『주식회사 등의 외부감사에 관한 법률』에 따르면 한국공인회계사회는 감사업무의 품질을 제고하고 투자자 등 이해관계인의 보호를 위하여 감사인이 투입하여야 할 표준 감사시간을 정할 수 있다. 표준 감사시간을 도입하는 취지를 감사품질 관점에서 **3줄 이내**로 서술하시오.

(물음 2) 공인회계사는 윤리강령 중 비밀유지강령에 따라 직무수행과정에서 지득한 정보에 대한 비밀을 지켜야 하며, 법적 또는 직업적으로 공개할 권리나 의무가 없는 경우에 적절하고 명확한 승인없이 어떠한 정보도 제3자에게 누설하여서는 아니된다. 그러나 예외적으로 기밀 정보를 공개할 수 있는데 그러한 경우를 **세 가지만** 서술하시오.

(물음 3) 다음의 각 독립적인 상황별로 현무회계법인이 업무 수임이 가능한지 여부를 판단하고, 가능한 경우 윤리강령을 준수하지 못할 위협을 수용 가능한 수준 이하로 감소시키기 위한 안전장치를 각각 **세 가지만** 서술하시오(단, 안전장치가 없는 경우에는 '없음'으로 쓸 것).

(1) 현무회계법인은 ㈜대한으로부터 기업 재무자문 서비스를 의뢰받았다. ㈜대한은 보유 중인 종속회사 ㈜민국의 주식 전부를 제3자에게 양도하고자 하며, 자문보수는 전체 양도가액의 3%로 지급하고자 한다.

(2) 현무회계법인은 위 (1)에서 언급한 ㈜대한의 재무자문 서비스를 진행하던 중 적절한 매수 후보자 ㈜독도를 물색하였고, ㈜독도가 ㈜민국의 주식을 적정한 가격에 인수할 수 있도록 재무자문 서비스를 제공하고자 한다.

[답안양식]

상황	가능여부 (예, 아니오)	안전장치
(1)		
(2)		

(물음 4) 다음의 각 독립적인 상황별로 현무회계법인의 외부감사업무 수임가능 여부를 판단하고, 해당되는 독립성 훼손 위협과 함께 그 이유를 서술하시오(단, 안전장치 강구 후 수임 가능한 경우 안전장치를 서술할 것).

[상황 1] 현무회계법인은 ㈜대한의 외부감사업무를 3년째 수행하고 있다. 최근 ㈜대한의 자금상황이 악화되면서, 전기 감사보수 중 잔금 2억원이 당기 현재 연체 중에 있다.

[상황 2] 현무회계법인은 당기 ㈜민국과 외부감사계약을 체결하였다. 회사와의 커뮤니케이션 중 현무회계법인 인증업무팀 소속공인회계사 나친해의 친형이 ㈜민국의 대표이사라는 사실을 알게 되었다(단, 나친해는 업무수행이사가 아님).

[상황 3] 현무회계법인의 업무수행이사인 손홍만 회계사는 저축을 목적으로한 ㈜대한은행 정기적금 계좌를 보유하고 있다(만기 60개월, 매월 2백만원 불입, 현재 30개월 경과). 해당 정기적금 계좌는 손홍만 회계사의 전체 자산에서 차지하는 비중이 매우 크다. ㈜대한은행은 현무회계법인에 외부감사를 의뢰한 상황이다.

[답안양식]

구분	수임 가능 여부 (예, 아니오)	독립성 훼손 위협	이유 또는 안전장치
[상황 1]			
[상황 2]			
[상황 3]			

(물음 5) 감사인은 감사업무를 수행할 때 독립성을 충족하여야 한다. 독립성 훼손 위협 중 하나인 자기검토위협은 공인회계사가 과거에 본인이 판단한 사항에 대하여 검토를 수행하는 경우에 발생한다. 윤리기준에서 언급된 공인회계사 업무 중 자기검토위협 발생 가능성이 낮은 업무를 **한 가지** 제시하고 그 이유를 서술하시오.

【문제 2】(17점)

다음은 중요성, 감사위험, 감사증거입수방법, 감사증거 등 회계감사 수행에 관련된 전반적 개념에 관한 물음이다.

다음은 (물음 1)과 (물음 2)에 관련된 [상황]이다.

[상황]

현무회계법인은 주권상장법인 ㈜대한의 감사인이다. 다음은 감사현장책임자와 업무수행이사의 대화이다.

(업무수행이사) ㈜대한은 작년까지 세전이익을 벤치마크로 하여 중요성을 설정하였는데. 당기 ㈜대한에 세전손실이 발생하면서 중요성 설정 기준을 수정할 필요가 있겠군요.

(감사현장책임자) 그렇습니다. 그래서 [A] 계획입니다. 하지만 당기 세전손실 발생원인은 회사의 영업악화가 아닌 투자주식의 공정가치 하락에 따른 평가손실로 인한 일시적 세전손실입니다. 그래서 [B] 또한 고려 중입니다.

(업무수행이사) 그렇겠군요. 그 부분은 좀 더 고민해 봅시다. 그리고 이번에 ㈜대한이 ㈜서울을 인수하면서 해당 건에 대해 주주들의 관심이 매우 높은 것 같습니다. 이 부분에 대해서는 **[C]별도의 중요성** 수준을 산정하여 진행해 주세요.

(물음 1) 위 대화에서 중요성 설정 관련 [A], [B]에 들어갈 적절한 내용을 서술하시오(단, [A], [B]는 중요성 설정 방식을 의미함).

(물음 2) 위 대화에서 [C]별도의 중요성을 설정할 필요성을 결정하는 요인(요소)을 <u>세 가지</u> 서술하시오.

회계감사

(물음 3) 다음은 감사위험과 감사계획에 대한 설명이다. 각 항목별로 설명이 적절한지 여부를 기재하고, 적절하지 않은 경우 그 이유를 서술하시오.

항목	설명
①	중요왜곡표시위험이란 감사의 착수 이후 재무제표가 중요하게 왜곡표시 되어 있을 위험으로, 고유위험과 통제위험으로 구성된다.
②	감사증거의 충분성으로 인하여 달성 감사위험이 목표 감사위험보다 낮아지는 경우, 비효율적인 감사증거 수집이므로, 효율적 감사를 위해서는 감사증거의 충분성을 낮추어야 한다.
③	감사계획은 업무팀원에 의해 수행될 감사절차의 성격, 시기 및 범위를 포함한다는 점에서 전반감사전략보다 더 상세하다.
④	전반감사전략 수립 시 특정 감사분야에 배치할 자원과 할당할 자원의 양을 결정하면, 감사계획 개발 단계에서 해당 자원의 관리, 지휘 및 감독 결정에 도움을 준다.
⑤	팀토의에 모든 업무팀원들을 참석시키는 것이 항상 필요한 것은 아니나, 토의에서 내려진 모든 결정을 반드시 모든 업무팀원들에게 알릴 필요가 있다.

[답안양식]

항목	적절한가? (예, 아니오)	적절하지 않은 경우, 그 이유
①		
②		
③		
④		
⑤		

(물음 4) 감사증거 수집 시 어떤 원천에서 입수된 정보가 다른 원천에서 입수된 정보와 일관성이 없거나, 감사인이 감사증거로 이용되는 정보의 신뢰성에 의문을 갖는 경우 수행해야 할 절차를 **두 가지** 서술하시오.

(물음 5) 다음은 감사증거와 감사증거입수방법, 감사문서에 대한 설명이다. 각 항목별로 설명이 적절한지 여부를 기재하고, 적절하지 않은 경우 그 이유를 서술하시오.

항목	설명
①	실증적인 분석적절차는 일반적으로 시간의 경과에 따라 예측가능성이 높아지는 소규모의 거래에 더 적합하다.
②	실증적인 분석적절차는 감사의견의 근거가 되는 합리적인 결론을 도출하기 위한 필수적 절차이다.
③	외부조회에 대한 회신은 감사인의 직접 회수가 원칙이나, 예외적으로 중요왜곡표시위험이 낮고 그 합리적인 사유가 존재하면 감사대상회사에 회신을 요청하여 간접적으로 회신도 가능하다.
④	외부조회에 대한 회신에 그 회신의 이용에 관한 제한적인 문구가 포함되어 있을 수 있지만, 그러한 제한이 있다고 해도 감사증거로서의 회신의 신뢰성은 유효할 수 있다.
⑤	최종감사파일(감사문서)은 일반적으로 감사보고서일로부터 60일 이내 취합완료 되어야 하며, 그 전에는 자유롭게 수정 및 삭제가 가능하다.

[답안양식]

항목	적절한가? (예, 아니오)	적절하지 않은 경우, 그 이유
①		
②		
③		
④		
⑤		

【문제 3】(15점)

비상장법인 ㈜일유는 현무회계법인에 20×1년 12월 31일로 종료되는 보고기간의 재무제표 감사를 의뢰하였다. 다음은 (물음 1)과 (물음 2)에 관련된 [상황 1]이다.

[상황 1]

다음은 업무수행이사 손홍만과 ㈜일유의 대표이사 감일유와의 대화이다.

(대표이사) 회계사님, 이번 감사업무를 통해 회사의 모든 재무제표 미비점들을 다 잡아주셨으면 좋겠습니다.

(업무수행이사) 감사업무에 대해 오해하신 듯합니다. 회계감사 업무는 회사의 재무제표 미비점 파악이 아닌 회사가 작성한 재무제표에 대해 합리적 확신을 표명하는 업무입니다. 재무제표에 대한 작성주체는 회사의 경영진이며, 그 책임 또한 전적으로 회사에 있습니다. 또한 재무제표에 대해 절대적 확신을 제공하지는 않습니다.

(대표이사) 제가 오해한 것 같군요. 어쨌든 저희는 투자자들의 요청에 따라 재무제표에 대한 인증보고서가 필요합니다.

(물음 1) 위 상황에서 현무회계법인과 ㈜일유는 업무내용을 재무제표 감사업무 대신 재무제표 검토업무로 변경하고자 한다. 이때 감사업무 조건의 변경이 적절한지 여부를 판단하고, 수행해야 할 절차와 검토보고서에 제외해야할 내용을 각각 서술하시오(단, 검토보고서에 제외해야 할 내용이 해당 사항 없는 경우 '없음'으로 서술할 것).

[답안양식]

적절한가? (예, 아니오)	수행해야 할 절차	검토보고서에 제외해야 할 내용

(물음 2) 회계감사가 감사기준에 따라 적절하게 계획되고 수행되었어도, 감사의 고유한계 때문에 재무제표의 중요한 왜곡표시가 발견되지 않을 불가피한 위험이 존재한다. 그러나 감사의 고유한계가 감사인이 설득력이 부족한 감사증거에 만족하는 것을 정당화시키지는 아니한다. 이때 감사인이 감사기준에 따라 감사를 수행하였는지 여부를 판단하는 기준 **두 가지**를 각각 **1줄 이내**로 서술하시오(단, 아래 〈예시〉는 제외할 것).

〈예시〉
- 감사결과 입수된 감사증거의 충분성과 적합성

다음은 (물음 3)과 (물음 4)에 관련된 [상황 2]이다.

[상황 2]

다음은 업무수행이사 손홍만과 ㈜일유의 대표이사 감일유와의 대화이다.

(대표이사) 회계사님, 원래대로 검토업무가 아닌 감사업무로 진행하겠습니다. 최근 부정이 사회적으로 이슈가 되어 투자자들의 요청이 있었습니다. 물론 저희 회사는 제가 부정에 대해 예방과 억제를 강조하고 있어 크게 문제되지 않을 듯합니다.

(업무수행이사) 알겠습니다. 감사업무를 수행하면서 회계감사기준에 따른 부정에 대한 감사절차를 필수적으로 수행하도록 하겠습니다.

(대표이사) 좋습니다. 회사 내 모든 임직원들의 권한은 제 통제 하에 있으니, 필요한 부분이 있다면 언제든 말씀 주십시오.

(물음 3) 업무수행이사는 부정 관련 경영진에 의한 통제무력화 위험을 유의적 위험으로 설정하였다. 그 이유를 위 대화 내용을 바탕으로 **3줄 이내**로 서술하시오.

(물음 4) 위 (물음 3)과 관련하여 재무제표감사에서 경영진의 통제무력화위험에 대한 감사인의 평가결과에 관계없이, 동 위험에 대응하기 위하여 감사인이 계획하고 수행하여야 하는 절차 **세 가지**를 각각 **2줄 이내**로 서술하시오.

(물음 5) 회사가 감사인을 선임 또는 변경선임하는 경우 해당 회사 및 감사인은 대통령령으로 정하는 바에 따라 증권선물위원회에 보고하여야 하나, 회사가 이를 생략하는 경우 **두 가지**를 각각 **1줄 이내**로 서술하시오 (단, 아래 〈예시〉는 제외할 것).

〈예시〉
- 주권상장법인, 대형비상장주식회사 또는 금융회사가 아닌 회사가 직전 사업연도의 감사인을 다시 선임한 경우

(물음 6) 외부감사법상 회사는 해당 사업연도의 재무제표를 작성하여 일정 기간 내에 감사인에게 제출하여야 한다. 이때 주권상장법인인 회사 등은 증권선물위원회에도 제출하여야 하는데, 일정 기간 내에 증권선물위원회에도 재무제표를 제출하는 취지를 **3줄 이내**로 서술하시오.

【문제 4】 (10점)

현무회계법인의 손홍만 회계사는 감사현장책임자로서 의류제조업을 영위하는 ㈜동대문에 대한 감사업무를 수행 중이다. 아래 각 상황은 서로 독립적이며, 모든 감사대상회사의 재무제표는 20×1년 12월 31일로 종료된다.

상황	내용
①	손홍만 회계사는 매입채무의 완전성 관련 중요왜곡표시위험을 식별 및 평가하였으며, 이에 대응하는 감사절차를 수행하기로 하였다. 이를 위해 손홍만 회계사는 전진법 방식에 의한 문서검사를 수행하고자 당기 매입원장(매입보조부)에서 표본을 추출하여 선적서류 및 송장과의 일치 여부를 확인하였다. 손홍만 회계사는 이 증빙들이 검증하고자 하는 경영진주장을 확인하는데 적합한 감사증거라고 판단하고 있다.
②	계정담당회계사는 재고자산의 수량 및 단가 검증을 위해 재고자산 실사에 입회하였고, 실사입회 이후 테스트 실사 절차를 수행하여 실사입회의 감사증거력을 보완하고자 한다. 이후 재고자산의 최종 기록이 재고자산 실사의 결과를 정확하게 반영하고 있는지 여부를 결정하기 위해 재고자산의 최종 기록에 대한 감사절차를 수행하였다.
③	손홍만 회계사는 ㈜동대문의 수익인식조건이 FOB도착지인도조건으로 매출거래의 기간귀속에 대해 중요왜곡표시위험이 높다고 판단하였다. 따라서 매출거래의 기간귀속 적정성을 확인하기 위해, 당기 12월 중 도착지에 인도된 품목 중 표본을 추출하여 당기 매출거래에 적정하게 반영되었는지 확인하였다.
④	㈜동대문은 유형자산에 대해 재평가모형을 적용하고 있다. 계정담당회계사는 토지와 건물의 경영진주장 중 권리와 의무의 확인을 위해 등기사항전부증명서(등기부등본)를 확인하였으나, 이는 평가에 대한 경영진주장 검증에 적합하지 않아 추가적으로 감정평가보고서를 입수하였다.

| ⑤ | 계정담당회계사는 외부조회를 통해 보통예금의 실재성과 정확성에 대해 확인하고자 한다. 이를 위해 당기 보통예금 잔액명세서(거래처별원장)에서 표본을 추출하여 외부조회서를 발송하였다(단, 잔액이 없더라도 기중 거래가 발생했던 모든 거래처가 추출되어야 하므로 전통적 변량표본감사 방식을 적용하였음). |

(물음 1) 위의 각 상황별 판단이 적절한지 여부를 기재하고, 적절하지 않은 경우 그 이유를 서술하시오.

[답안양식]

상 황	적절한가? (예, 아니오)	적절하지 않은 경우, 그 이유

다음은 (물음 2)와 (물음 3)에 관련된 [상황]이다.

[상황]

- ㈜동대문의 감사보고서는 20×2년 3월 15일 발행되었고 적정의견이 표명되었다.
- 20×2년 3월 28일, 감사현장책임자 손홍만 회계사는 쇼핑 중 ㈜동대문 소유의 브랜드 '갓성비'의 의류 전 제품이 80% 할인된 가격에 판매되고 있는 것을 확인하였다.
- 위 사항에 대해 회사에 확인 결과 해당 금액은 원가보다 현저하게 낮은 금액으로 확인되었고, 심지어 감사보고서일 이전에도 해당 금액으로 판매되고 있었음을 확인하였다.
- ㈜동대문이 보유하고 있는 '갓성비'의 재고자산의 비중은 유의적이며, 해당 재고자산의 장부금액과 외부 판매금액과의 차이 또한 중요한 금액이다.

(물음 2) 위 상황에서 감사인이 수행해야 할 감사절차를 서술하되, 재무제표 발행일이 각각 ×2년 3월 25일인 경우와 ×2년 3월 31일인 경우로 나누어 서술하시오.

[답안양식]

재무제표 발행일	수행해야 할 감사절차
×2년 3월 25일	
×2년 3월 31일	

(물음 3) 위 (물음 2)의 감사절차 결과 재무제표 왜곡표시를 산정하였다. 이때 경영진이 재무제표를 수정하지 않는 경우 감사인이 수행해야 할 감사절차를 서술하되, 재무제표 발행일이 각각 ×2년 3월 25일인 경우와 ×2년 3월 31일인 경우로 나누어 서술하시오(단, 감사인은 이미 감사보고서를 회사에 제출하였고 회사는 어떠한 조치 없이 재무제표를 수정 없이 발행하였음).

[답안양식]

재무제표 발행일	수행해야 할 감사절차
×2년 3월 25일	
×2년 3월 31일	

회계감사

【문제 5】 (7점)

현무회계법인은 해상운송업을 영위하는 ㈜선적서류의 재무제표에 대한 감사를 수행하고 있다. 감사현장책임자 손오공 회계사는 다음과 같은 사항을 인지하였다.

- ㈜선적서류는 당기 해상운송 중 선박사고로 바다에 기름이 유출되는 사고가 발생하였다.
- 그 결과 바다가 치명적으로 오염되었고, 이에 따라 오염된 바다에 대한 원상복구의무 및 관련 손해배상의무가 발생하였다.

(물음 1) 위 사례에서 감사현장책임자 손오공 회계사는 관련 충당부채 산정을 위해 외부 전문가를 활용하였다. 감사인측 전문가의 업무가 감사목적에 적합한지를 평가할 때 감사인이 고려해야 할 사항 **세 가지**를 서술하시오.

(물음 2) 위 사례에 대해 전문가와의 커뮤니케이션 결과 원상복구의무 및 관련 손해배상의무 외에 환경관련 법규 위반사례에 해당된다는 것을 확인하였다. 감사인이 법규위반 또는 의심되는 법규위반 사례에 대한 정보를 알게 되면 수행하여야 할 감사절차를 서술하시오.

(물음 3) 위 사항과 관련하여 손오공 회계사는 필요한 감사절차를 수행한 후 감사보고서에 다음과 같은 문단 초안을 작성하였다.

> 이 보고서의 이용자는 회사의 재무제표에 대한 주석 X에 주의를 기울여야 할 필요가 있습니다. 재무제표에 대한 주석 X는 재해로 인하여 회사가 부담해야 할 환경정화비용과 관련 복구충당부채 등에 대한 설명이 기술되어 있습니다. 우리의 의견은 이 사항과 관련하여 영향을 받지 아니합니다.

위 내용이 서술될 문단의 종류와 그 근거를 서술하시오.

[답안양식]

문단의 종류 (문단 제목)	근거

【문제 6】 (6점)

한국회계법인의 나자래 회계사는 당기 감사과정에서(또는 감사 이후) 다음과 같은 상황에 직면하였다. 단, 주어진 각 상황과 물음은 서로 독립적이며, 상황에서 언급한 항목을 제외하고는 재무제표 내 왜곡표시는 없다고 가정한다.

[상황 1] 여행업을 영위하는 ㈜대한은 전기까지 타 감사인이 감사하였으며 COVID-19로 인하여 완전자본잠식상태로 계속기업의 존속능력에 유의적 의문을 초래할만한 사건 및 상황이 식별되었고 향후 자금지원에 대한 중요한 불확실성이 존재한다고 판단하였다. 이후 당기 감사 과정에서 유의적인 실적개선으로 중요한 불확실성은 해소되었다고 판단하였고, 회사는 이에 대해 적정하게 공시하였다.

[상황 2] [상황 1]과 동일한 상황이나, 당기에 유의적인 실적개선이 발생했음에도 불구하고 중요한 불확실성이 존재하였고, 회사는 이에 대해 적정하게 공시하였다.

[상황 3] ㈜민국은 전기까지 영국회계법인이 감사를 수행하였고 적정의견이 표명되었다. 당기에는 한국회계법인이 감사를 수행하였고, 초도감사임을 감안하여 기초금액에 대한 감사절차를 수행하였다. 그 결과 기초재고자산이 5억원 만큼 과대계상되었음을 확인하였다. 이에 한국회계법인은 재무제표의 수정을 권고하였으나, ㈜민국은 중요하지 않은 금액이라고 주장하며 수정을 거부하였고, 해당 왜곡표시는 기말시점 현재도 존재한다(단, 5억원은 중요하지만 전반적인 금액은 아님).

[상황 4] 과거 감사인 선임 경험이 없고 당기에 최초로 감사인을 선임한 ㈜만세는, 당기 재무제표일 이후 건물에 화재가 발생하여 중요하고 전반적인 금액만큼 주요 생산 설비의 파손이 발생하였다. ㈜만세는 기업회계기준서(K-IFRS)에 따라 수정을 요하지 않는 보고기간후사건으로 보고 재무제표에 인식된 금액을 수정하지는 않았지만, 주석사항에 해당 사건에 대해 적절하게 공시하였다(단, 화재는 감사보고서일 이전에 발생하였음).

[상황 5] [상황 4]와 동일한 상황이나, ㈜만세는 해당 사건을 주석사항으로 공시하지 않았다.

[상황 6] 온라인 유통업을 영위하는 ㈜로켓은 유형자산에 대해 재평가모형을 적용하였으나, 유형자산에 대해 공정가치 평가를 수행하지 않고 원가로 재무제표에 계상하였다. 담당자에게 질문 결과 전기 대비 당기의 공정가치 변동이 크지 않을 것으로 예상되어 평가를 수행하지 않았다는 답변을 얻었다. 이후 한국회계법인은 외부전문가를 활용하여 유형자산의 공정가치를 측정한 결과, 장부금액과 중요하고 전반적인 차이가 발견되었다. 한국회계법인은 이러한 사실에 대해 ㈜로켓에 통보하였고, ㈜로켓은 재무제표를 올바르게 수정하였다.

(물음) 각 상황별로 감사의견 및 감사보고서 작성시 포함되어야 할 문단 또는 단락을 서술하시오. 단, 핵심감사사항은 고려하지 않으며, 강조사항문단으로 포함시킬 필요가 있다고 고려할 수 있는 상황에서는 해당 문단을 포함한다. 또한 포함될 단락은 중복기재 가능하다.

[답안양식]

구분	감사의견	문단 또는 단락 (없음, 강조사항, 기타사항, 계속기업 관련 중요한 불확실성)
[예시]	적정의견	기타사항, 계속기업 관련 중요한 불확실성
[상황 1]		
[상황 2]		
[상황 3]		
[상황 4]		
[상황 5]		
[상황 6]		

【문제 7】 (12점)

주권상장법인인 ㈜대한은 종속기업(X, Y, Z)을 보유하고 있다. 현무회계법인은 ㈜대한의 연결재무제표에 대한 그룹감사를 수행하고 있다.

〈부문 정보〉

(단위: 억원)

구분	㈜대한	종속기업		
		X	Y	Z
매출액	1,500	300	800	600
세전손익	180	20	(-)90	(-)30
당기순손익	160	18	(-)85	(-)20
자산 총계	5,000	100	2,000	70
부채 총계	3,000	60	500	20
외부감사인 (회계법인)	현무	-	주작	-

- 상기 재무정보는 별도재무제표 기준이며, 부문 Z의 매출은 전액 내부거래임(그 외 연결실체간의 내부거래(매출·매입 및 채권·채무 등)는 없음)
- 부문 Y는 해외 종속기업으로 현지회계법인인 주작회계법인을 감사인으로 선임하였음
- 부문 Z는 그룹의 특정 기능 역할을 수행하기 위해 당기에 설립되었음
- 현무회계법인은 그룹재무제표 전체의 중요성을 총자산의 10%로, 그룹에 대한 개별적인 재무적 유의성을 판단하는 기준을 외부 매출액의 10%로 결정함

〈그룹업무팀의 그룹감사절차〉
- ㈜대한은 유의적 부문이므로 부문중요성을 사용하여 부문재무정보에 대한 감사를 수행하였음
- 부문 X는 유의적 부문이 아니므로 그룹재무제표 수준의 분석적절차를 수행하였음
- 부문 Y와 Z는 재무적 유의성을 가지므로 부문중요성을 사용하여 부문재무정보에 대한 감사를 수행하였음

(물음 1) 위 그룹업무팀의 그룹재무제표에 대한 감사절차가 적절한지 여부를 기재하고, 적절하지 않은 경우 그 이유를 서술하시오.

[답안양식]

항목	적절한가? (예, 아니오)	적절하지 않은 경우, 그 이유
㈜대한		
X		
Y		
Z		

(물음 2) 현무회계법인은 부문 Y의 감사업무에 대해 부문감사인 활용을 결정하였다. 현무회계법인이 부문감사인과 감사계획단계에서 커뮤니케이션할 사항을 **세 가지** 서술하시오(단, 아래 〈예시〉는 제외할 것).

〈예시〉
- 그룹감사와 관련된 윤리적 요구사항

(물음 3) 부문감사인이 업무를 수행하는 부문에서 그룹재무제표의 유의적인 중요왜곡표시위험이 식별된 경우, 그룹감사인(그룹업무팀)이 수행해야 할 절차를 서술하시오.

회계감사

(물음 4) 다음은 회계감사기준의 그룹재무제표 감사기준에서 정한 그룹감사인의 책임 등에 대한 설명이다. 각 항목별로 설명이 적절한지 여부를 기재하고, 적절하지 않은 경우 그 이유를 서술하시오.

항목	감사절차
①	그룹업무수행이사는 전문직 기준 및 법규의 요구사항에 따라 그룹 감사업무를 지휘·감독하고 수행하며 발행된 감사보고서가 상황에 적합한지 여부에 대하여 책임을 진다. 따라서 법규에서 요구하지 않는 한, 어떠한 경우에도 그룹재무제표에 대한 감사보고서에는 부문감사인을 언급하여서는 안 된다.
②	부문감사인은 그룹감사를 위하여 부문재무정보에 대한 업무를 수행하고 이에 대한 전반적인 감사 발견사항이나 결론 또는 의견에 대하여 책임을 지지만, 그룹감사의견에 대한 책임은 없다.
③	그룹업무수행이사는 그룹감사의견의 근거가 되는 연결절차 및 부문재무정보에 관한 충분하고 적합한 감사증거가 입수된다고 합리적으로 기대가능한지 여부를 결정하여야 한다. 이 목적을 위하여, 그룹업무팀은 모든 부문을 식별하는 데 충분하도록 해당 그룹과 부문 및 그 환경을 이해하여야 한다.

[답안양식]

항목	적절한가? (예, 아니오)	적절하지 않은 경우, 그 이유
①		
②		
③		

【문제 8】 (6점)

다음은 치킨프랜차이즈를 운영하고 있는 ㈜삼촌치킨에 대한 당기 회계감사와 관련된 상황이다.

[상황]

- 손홍만 회계사는 당기 감사업무에 주요업무팀원으로 참여하고 있고, 매출과 매출채권에 대한 감사업무를 담당하고 있다.
- 손 회계사는 ㈜삼촌치킨에 대한 내부통제를 이해한 결과, 효과적인 내부통제가 존재하고 통제테스트의 수행이 효율적이라고 판단하였다.
- 손 회계사는 ㈜삼촌치킨이 가맹점에 원재료(계육) 납품 시 승인된 출고지시서에 기재된 수량대로 올바르게 출고되고 있는지(출고 통제의 적정성)를 확인하여, 매출거래 내부통제의 효과성을 검증하기 위해 통계적 표본감사 중 속성표본감사(attributes sampling)를 적용하였다.
- 다음은 손 회계사가 수행한 통제테스트에 대한 설명이다.

구분	절차
①	통제테스트의 대상이 되는 모집단을 당기 승인되어 실제 출고처리 된 출고지시서로 설정하였다.
②	표본규모 결정 시 조견표를 활용하여 표본규모를 산정하였고, 이때 신뢰수준(1-β위험)과 모집단의 예상이탈률을 고려하였다.
③	테스트 결과 발생한 이탈률과 테스트 수행 전 설정한 허용이탈률을 비교하여 모집단의 수용여부를 결정하였다.
④	속성표본감사는 통제테스트에서는 대부분 표본이탈률이 곧 모집단 전체의 투영 이탈률이기 때문에 이탈에 대한 투영절차를 생략하였다.

(물음 1) 위 [상황]에서 수행한 통제테스트 중 손 회계사의 판단(또는 이해)이 잘못되었거나 수행한 절차가 적절치 않은 항목을 **모두** 지적하고, 그 이유를 서술하시오.

[답안양식]

항목	이유

(물음 2) 위 [상황]에서 감사인은 표본추출 후 추출된 각각의 항목에 대하여 해당 목적에 부합하는 감사절차를 수행하여야 한다. 이때 추출된 항목에 대하여 감사절차를 적용할 수 없을 경우와 추출된 항목에 대하여 설계된 감사절차 또는 적절한 대체적 절차를 적용할 수 없는 경우가 존재한다. 이 경우 각각 어떤 감사절차를 수행해야 할지 서술하시오.

[답안양식]

상황	감사절차
추출된 항목에 대하여 감사절차를 적용할 수 없을 경우	
추출된 항목에 대하여 설계된 감사절차 또는 적절한 대체적 절차를 적용할 수 없는 경우	

【문제 9】 (10점)

주권상장법인의 감사인은 외부감사법에 따라 외부감사법 제8조(내부회계관리제도의 운영 등)에서 정한 사항을 준수했는지 여부 및 내부회계관리제도의 운영실태에 관한 보고내용을 감사하여야 한다.

(물음 1) 내부회계관리제도감사의 전제조건으로 감사인은 경영진으로부터 각종 책임을 인정하고 이해하고 있다는 점에 대하여 동의를 받아야 한다. 이때 경영진으로부터 동의를 받아야 할 항목을 **세 가지**만 서술하시오(단, 아래 〈예시〉는 제외할 것).

〈예시〉
다음 사항을 감사인에게 제공할 책임
(1) 기록, 문서, 기타사항 등 내부회계관리제도에 대한 경영진 평가와 관련하여 경영진이 알고 있는 모든 정보에 대한 접근
(2) 감사인이 내부회계관리제도감사 목적으로 경영진에게 요청하는 추가적인 정보
(3) 감사인이 감사증거를 입수하기 위하여 필요하다고 결정한 기업 내부의 관계자들에 대한 제한없는 접근

다음은 (물음 2) ~ (물음 3)에 공통으로 적용되는 사항이다.

- 현무회계법인은 온라인 중고거래 플랫폼을 운영하고 있는 주권상장법인 ㈜오이의 20X1 회계연도 재무제표 및 내부회계관리제도에 대한 통합감사를 수행하고 있다(㈜오이의 직전 사업연도말 자산총액은 5천억원임).

(물음 2) 다음은 ㈜오이의 매입 프로세스에 대한 통제기술서의 일부이다.

항목	통제활동
①	구매요청부서는 필요한 품목에 대해 구매요청서를 작성하고 부서 내 승인권자의 승인 후 구매팀으로 전달한다.
②	구매담당자는 구매요청서의 적정성 확인 후 기존 구매 시 최저가로 입찰한 회사에 구매주문서를 부서장 승인 후 발송한다.
③	구매담당자는 입고된 품목에 대해 검토 후 이상 유무 확인 후 검수조서를 작성한다.
④	작성된 검수조서는 ERP에 연동 및 기록되어 다른 유관부서에서도 열람 가능하도록 한다.
⑤	검수담당자는 검수보고서에 대해 회사 매입원장과 주기적으로 검토하여 차이항목에 대해 확인한다.

위 통제기술서의 각 항목별로 식별 가능한 통제미비점이 있는지 여부를 기재하고, 통제미비점이 있는 경우 경영진에게 권고할 개선안을 **2줄 이내**로 서술하시오.

[답안양식]

항목	통제미비점인가? (예, 아니오)	통제미비점이 있는 경우, 개선안
①		
②		
③		
④		
⑤		

(물음 3) 다음은 ㈜오이의 내부회계관리제도 감사과정 중 감사현장책임자와 업무수행이사의 대화이다.

(감사현장책임자) ㈜오이에 대한 당기 내부회계관리제도 감사관련 보고 드립니다. 우선 ①자금통제 관련 중요한 취약점으로 볼 수 있는 부분이 발견되어 지배기구 및 주요 경영진과 구두 및 서면으로 논의하였습니다. 논의 결과 해당 통제는 효과적인 보완통제가 존재하였고 효과적으로 운영되고 있음을 확인하여 중요한 취약점이 아닌 유의적인 미비점으로 결론내렸습니다.

(업무수행이사) 그렇군요. ②유의적 미비점으로 보는 경우 회계법인 품질관리실 내 내부회계관리제도 전문팀에 충분한 검토를 의뢰해야합니다. 품질관리실 검토결과 중요한 취약점의 지표가 될 수도 있습니다. ③만약 중요한 취약점이 되는 경우, 이로 인해 당기 재무제표 감사의견도 변형되니 면밀한 검토가 필요하겠군요. 그건 그렇고 전기에 구매관련 통제에 미비점이 발견되었던 것 같은데 당기에는 잘 시정되었나요?

(감사현장책임자) ④해당 통제는 중요한 취약점이 아닌 유의적 미비점으로 결론이 나서 당기에 반복하여 커뮤니케이션하지는 않았습니다. 다만, ⑤재고자산의 평가에 대한 통제 중 유의적 미비점으로 판단된 통제가 존재합니다. 해당 미비점은 아직 지배기구 및 관련 경영진과 커뮤니케이션하지 않았으나 감사보고서 발행 후 60일 내에 반드시 서면으로 커뮤니케이션할 계획입니다.

(업무수행이사) 네 그럼 감사보고서일까지 수고해주시고 마지막으로 ⑥경영진이 작성한 내부회계관리제도 운영실태보고서도 적절히 작성되었는지 평가하는 것도 잊지 말고 진행해주세요.

위의 대화에서 수정되어야 할 사항이 있다면 그 내용을 기술하고, 없으면 "없음"이라고 기술하시오.

[답안양식]

항목	수정할 사항
①	
②	
③	
④	
⑤	
⑥	

- 끝 -

⟨제2회 실전모의고사⟩

2023년도
제58회 공인회계사 2차시험 문제
(난이도 중)
제2회 GS 모의고사

과목명	회계감사
일자	
제3교시	16:10 ~ 18:10

출제자 : 공인회계사 손보승

회계감사

※ 답안 작성시 유의사항
1. 모든 문제는 2024년 12월 31일 이후 최초로 개시하는 회계연도에 적용되는 회계감사기준에 따라 답하시오.
2. '주식회사 등의 외부감사에 관한 법률'은 '외부감사법'으로, '공인회계사 윤리기준'은 '윤리기준'으로 표현한다.
3. 문제에서 서술하라고 요구한 경우에는 문장의 형태로 답하시고, 답안양식을 제시한 경우에는 답안양식을 준수하여 답하시오.
4. 답의 분량(개수, 줄 등)을 제한한 경우에는 해당 분량을 초과한 부분은 채점에서 고려하지 않는다.

【문제 1】(16점)

다음은 공인회계사가 준수해야 할 윤리기준과 감사인의 법적 책임 등에 대한 물음이다.

(물음 1) 외부감사법은 회계감사의 품질관리를 위한 감리제도를 정하고 있다. 이에 따른 ①전사적 조직 차원 품질관리와 ②개별감사업무 차원 품질관리 각각에서 대상이 되는 증권선물위원회의 품질관리항목(감리 및 평가항목)을 서술하시오.

[답안양식]

차원	품질관리항목
전사적 조직(감사인)	
개별감사업무	

다음은 (물음 2) ~ (물음 3)에 관련된 [상황 1]이다.

[상황 1]

다음은 회계감사 수업시간에 이루어진 교수와 학생 간의 대화 내용이다.

(교수) 회계법인은 손해배상공동기금과 손해배상준비금 제도가 존재합니다. 손해배상공동기금은 [A]에 따라 적립하고, 손해배상준비금은 [B]에 따라 적립하는 제도입니다.

(학생) 그렇군요. 교수님! 그리고 감사반은 위 제도를 적용받지 않고, 주권상장법인, 대형비상장주식회사, 금융회사에 대한 감사업무도 제한되는 것으로 알고있는데 그 이유가 무엇인가요?

(교수) 그 부분은 감사반의 적격성 측면에서 이해해야 할 필요가 있습니다. (C).

(물음 2) 위 대화에서 언급한 [A]와 [B]에 들어갈 적절한 법령을 서술하시오.

(물음 3) 위 대화에서 [C]에 들어갈 적절한 내용을 **3줄 이내**로 서술하시오.

회계감사

(물음 4) 다음 [상황 2]에서 현무회계법인이 업무수임이 가능한지 여부를 판단하고, 가능한 경우 윤리강령을 준수하지 못할 위협을 수용 가능한 수준 이하로 감소시키기 위한 안전장치를 각각 **세 가지만** 서술하시오(단, 안전장치가 없는 경우에는 '없음'으로 쓸 것).

[상황 2]

(1) 현무회계법인은 스타트업인 ㈜대한에 재무제표 작성대행 서비스를 제공하고 있다. 최근 ㈜대한의 자금관리 직원이 퇴사하면서 자금관리 업무를 추가로 요청하였다.

(2) 현무회계법인은 ㈜민국으로부터 유능한 재무담당임원(CFO)을 위촉해달라는 제안을 받았고, 3년 전 현무회계법인의 사원이었던 고민혜 회계사를 재무담당임원(CFO)으로 추천하여 최종 위촉되었다. ㈜민국은 현무회계법인에 회계감사업무를 의뢰하였다.

[답안양식]

상황	가능여부 (예, 아니오)	안전장치
(1)		
(2)		

(물음 5) 다음의 각 독립적인 상황별로 현무회계법인의 외부감사업무 수임 또는 유지 가능 여부를 판단하고, 해당되는 독립성 훼손 위협과 함께 그 이유를 서술하시오(단, 안전장치 강구 후 수임 가능한 경우 안전장치를 서술할 것.).

[상황 1] ㈜구름은 외주업체 ㈜태양의 부주의로 제품의 결함이 발생하였고, 이로 인하여 경제적으로 큰 손실을 입어 ㈜태양과 소송 중에 있다. 현무회계법인은 ㈜구름의 추정손실액 계산 및 자문 업무를 수행하고 있다. 현무회계법인은 ㈜구름으로부터 재무제표감사를 의뢰받았다.

[상황 2] 현무회계법인은 3년 전 ㈜백돌이 운영하고 있는 골프장 회원권을 회원권거래소에서 2천만원에 구매하였다. 현무회계법인은 ㈜백돌로부터 재무제표감사를 의뢰받았다(단, 당기 현재 골프회원권 시세는 2억원임).

[상황 3] 현무회계법인의 사원인 나치밀 회계사는 ㈜팔만전자 주식 1,000주(주당 가치 35,000원)를 보유하고 있었다. 최근 ㈜오성전자가 ㈜팔만전자를 합병하면서, ㈜팔만전자의 주주들에게 동일한 가치의 ㈜오성전자 주식을 교부하였다. ㈜오성전자는 전기부터 현무회계법인과 감사계약을 체결한 상태이다.

[답안양식]

상황	수임 또는 유지 가능 여부 (예, 아니오)	독립성 훼손 위협	이유 또는 안전장치
1			
2			
3			

회계감사

【문제 2】 (17점)

다음은 중요성, 감사위험, 감사증거입수방법, 감사증거 등 회계감사 수행에 관련된 전반적 개념에 관한 물음이다.

다음은 (물음 1)과 (물음 2)에 관련된 [상황]이다.

[상황]

다음은 회계감사 수업시간에 이루어진 교수와 학생 간의 대화 내용이다.

(교수) 회계감사에 있어 계획수립은 감사업무에 대한 전반감사전략을 수립하고 감사계획을 개발하는 것과 관련됩니다. ⓐ적절한 계획수립은 다음과 같은 점을 포함하여 재무제표감사에 다양하게 도움을 줍니다. 또한 이때 감사업무 수행에 필요한 중요성을 설정합니다.

(학생) 그렇다면 이때 설정된 중요성은 감사가 종료되는 시점까지 계속 유지되는 것인가요?

(교수) 꼭 그렇지만은 않습니다. ⓑ감사인은 최초에 설정한 중요성을 다르게 결정했을 정보를 감사 중에 알게 된 경우, 재무제표 전체에 대한 중요성을 수정해야 합니다.

(물음 1) 위 대화에서 밑줄 친 ⓐ와 관련하여 적절한 감사계획 수립의 효익을 **세 가지** 서술하시오 (단, 아래 〈예시〉는 제외할 것).

〈예시〉
감사인이 중요한 감사분야에 적합한 주의를 기울임

(물음 2) 위 대화의 밑줄 친 ⓑ와 같이 재무제표 전체에 대한 중요성을 수정해야 하는 상황을 **두 가지** 서술하시오.

(물음 3) 다음은 중요성과 감사위험 및 감사계획에 대한 설명이다. 각 항목별로 설명이 적절한지 여부를 기재하고, 적절하지 않은 경우 그 이유를 서술하시오.

항목	설명
①	중요성 설정 시 개별 이용자별 정보 요구사항은 매우 다양할 수 있으므로 왜곡표시가 특정의 개별 이용자에게 미치는 영향은 고려하지 않는다.
②	명백하게 사소한 금액은 중요하지 않은 금액을 의미하지는 않으며, 필수적으로 설정해야 하는 금액은 아니다.
③	유의적 위험이란 감사인이 판단할 때 감사상 특별한 고려가 요구되는 것으로 식별되고 평가된 항목으로, 고유위험과 통제위험이 유의적으로 높은 위험을 말한다.
④	감사인은 위험평가절차와 동시에 실증절차나 통제테스트를 수행할 수도 있다. 그러나, 위험평가절차 그 자체만으로는 감사의견의 근거가 되는 충분하고 적합한 감사증거를 제공하지는 않는다.
⑤	기업의 전략이란 기업의 경영진 또는 지배기구가 외부적 요인들에 대응하기 위해 기업의 전반적인 계획을 수립하는 것을 말한다.

[답안양식]

항목	적절한가? (예, 아니오)	적절하지 않은 경우, 그 이유
①		
②		
③		
④		
⑤		

회계감사

(물음 4) 회계감사업무 수행 시 감사문서는 적시에 충분하고 적합하게 작성하여야 한다. 감사문서를 적시에 충분하고 적합하게 작성함으로써 얻게 되는 효익 **두 가지**를 서술하시오.

(물음 5) 다음은 감사증거와 감사증거입수방법, 감사문서에 대한 설명이다. 각 항목별로 설명이 적절한지 여부를 기재하고, 적절하지 않은 경우 그 이유를 서술하시오.

항목	설명
①	감사증거란 감사인이 감사의견의 근거가 되는 결론에 도달할 때 이용한 정보로 다른 원천에서 입수한 정보를 말하며, 재무제표의 기초가 되는 회계기록에 포함되어 있는 정보와 구분된다.
②	질문은 중요한 감사증거를 제공하고 왜곡표시의 증거까지도 생성할 수도 있지만, 일반적으로 질문만으로는 경영진주장 수준의 중요한 왜곡표시가 없다는 것에 대한 충분한 감사증거를 제공하지 못한다.
③	감사증거의 충분성과 적합성은 서로 밀접한 관계가 있다. 그래서 감사증거의 질이 높을수록 더 적은 양의 감사증거가 요구된다.
④	유형자산에 대한 실물검사는 자산의 실재성과 권리에 관한 신뢰성 있는 감사증거를 제공할 수 있으나, 평가에 대하여도 반드시 그러한 것은 아니다.
⑤	감사증거의 적합성은 감사절차의 목적, 그리고 적절한 경우 고려 중인 경영진주장과의 논리적인 연결이나 관계에 관한 것이다.

[답안양식]

항목	적절한가? (예, 아니오)	적절하지 않은 경우, 그 이유
①		
⋮		
⑤		

【문제 3】 (10점)

다음의 [상황 1]은 (물음 1)과 관련된다.

[상황 1]

다음은 각 회사별 직전사업연도(말) 재무정보이다.
(단위: 억원)

구분	(주)갑	(주)을	(유)병	(주)정
매출액	120	500	35	420
당기순손익	20	80	(-)13	(-)5
자산총액	50	40	120	90
부채총액	20	20	75	20
종업원수	160	35	12	48
주주(사원)수	8	82	50	3

(물음 1) 위 [상황 1]에서 외부감사법에 따라 당기 외부감사 대상이 되는 회사를 **모두** 기재하시오(단, 상기 재무정보는 별도재무제표 기준이며, 그 외의 상황은 고려하지 않음).

(물음 2) 외부감사법에 따르면 주권상장법인의 감사인이 되려면 특정 요건을 모두 갖추어 금융위원회에 등록한 회계법인만 주권상장법인의 감사인이 될 수 있다. 이러한 제도의 도입취지를 아래 윤리기준의 관점에서 **4줄 이내**로 서술하시오.

> **공인회계사윤리기준 100.1 일부**
> 공인회계사라는 직업이 가지는 중요한 특징 중의 하나는 공익을 보호해야 할 책임이 있다는 것이다.

다음의 [상황 2]는 (물음 3) ~ (물음 5)와 관련된다.

[상황 2]

다음은 현무회계법인의 업무수행이사(사원)와 업무품질관리검토자와의 대화이다.

(업무수행이사) 이번에 ㈜대한에 대해 신규 감사 업무를 수임하고자 합니다. ㈜대한은 3년 전 현무회계법인이 감사인이었고, 주기적 감사인 지정제도에 의해 3년간 타감사인이 감사하였다가 다시 우리쪽에서 수임하고자 합니다. 저희 팀 내 모든 공인회계사는 ㈜대한에 대해 독립성을 준수하고 있고, 이번 기말시즌에 투입할 인원과 각 인원별 투입시간이 충분합니다. 회계법인 내 다른 사원들의 독립성 충족 여부를 확인해주시기 바랍니다.

(업무품질관리검토자) 알겠습니다. 내부 절차에 따라 독립성 충족여부를 확인하겠습니다. ㉠그 외에 감사업무 수용을 위해 추가적으로 검토한 내용이 있을까요?

(업무수행이사) 물론입니다. 해당 부분은 제가 메일로 보내드렸으니 확인바랍니다.

(업무품질관리검토자) 좋습니다. 만약 최종 업무 수임을 하게 되면 감사계약서에 (㉡) 내용은 반드시 기록해 주세요.

(물음 3) 위 [상황 2]의 ㉠과 같이 감사인이 새로운 의뢰인으로부터 감사업무를 수임하기 전에 필요하다고 판단되는 정보를 입수할 것을 요구한다. 업무수행이사가 의뢰인 관계와 감사업무의 수용과 유지에 관해 도달된 결론이 적합한지 여부를 결정하는데 도움을 주는 항목을 **두 가지** 서술하시오(단, 아래 〈예시〉는 제외할 것).

〈예시〉
- 업무팀이 감사업무를 수행할 능력이 있으며 시간과 자원 등 필요한 역량을 갖추었는지 여부
- 회계법인과 업무팀이 관련 윤리적 요구사항을 준수할 수 있는지 여부

(물음 4) 위 [상황 2]의 ㉡에 해당하는 감사계약서에 기록되어야 할 사항을 **네 가지**만 서술하시오.

(물음 5) 위 [상황 2]에서와 같이, 초도감사를 수행할 때 기초잔액과 관련하여 필수적으로 충분하고 적합한 감사증거를 입수해야 하는 사항을 **두 가지** 서술하시오.

【문제 4】 (16점)

주권상장법인 ㈜만세는 현무회계법인에 20×1년 12월 31일로 종료되는 보고기간의 재무제표 감사를 의뢰하였다.

[상황]

다음은 주요업무팀원(책임회계사)과 업무팀원의 대화내용이다.

(책임회계사) ㈜만세는 광범위하고 복잡한 특수관계자 거래가 존재합니다. ㉠이에 따라 복잡성이 증가하여, 중요왜곡표시위험이 높은 항목으로 설정하였습니다. 따라서 특수관계자 거래에 대해 면밀한 검토가 필요합니다. 특히 ㉡12월 중 해외종속기업 DAYOU Inc.에 대한 매출거래가 상당히 발생했던데 이에 대해 검토해보았나요?

(업무팀원) 네, 적절한 감사절차를 수행하였습니다. 또한 회사는 해당 거래를 ㉢제3자와의 거래에 통용되는 조건과 동등한 조건으로 수행되었다고 주장하였고, 이에 따라 필요한 절차를 수행하였습니다. 감사결과 중요하게 왜곡표시된 항목은 발견되지 아니하였습니다.

(책임회계사) 좋습니다. 관련하여 ㉣수행한 감사절차의 성격, 시기 및 범위를 감사문서에 적절히 문서화 바랍니다.

(물음 1) 위 상황에서의 ㉠과 같이 중요왜곡표시위험(RMM)을 초래할 수 있는 특수관계자 거래를 **두 가지** 서술하시오(단, 위 상황에서의 ㉠은 제외할 것).

(물음 2) 업무팀원은 위 상황에서의 ㉡에 대한 감사절차를 아래와 같이 수행하였다.

상황	감사절차
①	분석적절차(추세분석) 결과 12월 매출액은 기중 평균 매출액을 크게 상회하는 매출액으로 적절한 경영진에게 질문하고, 전문가적 의구심을 발휘하여 합리적인 사유인지 확인하였다.
②	매출거래의 발생사실 확인을 위해 관련 매출에 대한 세금계산서를 확인하였고, 확인 결과 적절한 금액의 세금계산서가 공급시기에 맞추어 발급되었음을 확인하였다.
③	12월 DAYOU Inc.에 대한 매출 중 누락된 매출이 존재할 수 있을 것으로 판단되어, 전진법으로 감사절차를 수행하였다.
④	해당 매출에 대한 매출채권의 실재성 및 평가에 대한 확인을 위해 DAYOU Inc.에 외부조회 절차를 수행하였다.
⑤	위 ①~④ 감사절차를 통해 당기 DAYOU Inc.에 대한 매출의 기간귀속에 대해 적절하게 확인하였다.

각 항목별로 감사절차가 적절한지 여부를 기재하고, 적절하지 않은 경우 그 이유를 서술하시오.

[답안양식]

항목	적절한가? (예, 아니오)	적절하지 않은 경우, 그 이유
①		
②		
③		
④		
⑤		

(물음 3) 위 상황 ㉢에서와 같이 제3자와의 거래와 동일한 조건으로 특수관계자 거래를 주장하는 경우의 감사절차를 **세 가지** 서술하시오.

(물음 4) 위 상황 ㉣과 관련하여, 수행한 감사절차의 성격, 시기 및 범위를 감사문서에 문서화할 때 필수적으로 기록해야 할 사항을 **세 가지** 서술하시오.

(물음 5) 위 상황과 관련하여, 당기 현무회계법인은 특수관계자 거래 공시를 핵심감사사항으로 선정하였고 아래와 같이 감사보고서 초안을 작성하였다.

> **핵심감사사항**
>
> 핵심감사사항은 우리의 전문가적 판단에 따라 당기 재무제표에서 가장 유의적인 사항들입니다. 해당 사항들은 재무제표 전체에 대한 감사의 관점에서 의견형성에 영향을 미치지 아니하여, 우리는 이런 사항에 대하여 별도의 의견을 제공하지는 않습니다.
>
> 가. 특수관계자 거래의 표시와 공시
>
> 핵심감사사항으로 결정된 이유
> 연결실체는 특수관계자와의 거래 및 채권, 채무가 재무제표에서 차지하는 비중이 유의적이며, 당기 중 영업활동 이외의 거래 규모가 점차 증가하고 있습니다. 또한, 주석 x에 기재된 바와 같이 특수관계자와의 다수의 거래가 존재함에 따라 특수관계자 거래 및 잔액이 적절히 공시되는 데에 오류 발생가능성이 존재합니다. 이에 우리는 특수관계자 거래의 표시 및 공시를 핵심감사사항으로 식별하였습니다.
>
> 해당 핵심감사사항과 관련하여 우리가 수행한 주요 감사절차는 다음과 같습니다.
> - 주주총회 및 이사회 의사록, 전자공시내역, 세무신고자료 등의 문서 검토를 통해 특수관계자 거래 내역의 완전성 확인
>
> (이하 생략)

위 작성 내용 중 수정하거나 보완이 필요한 부분을 **모두** 지적하고, 올바른 문장을 서술하시오.

[답안양식]

수정 또는 보완이 필요한 부분	올바른 문장

【문제 5】(8점)

현무회계법인은 벤처캐피탈(Venture Capital)인 ㈜대한인베스트먼트의 재무제표에 대한 감사를 수행하고 있다. 감사현장책임자 정병준 회계사는 다음과 같은 상황을 인지하였다.

- ㈜대한인베스트먼트의 자산총액은 약 1,300억원이며, 이중 당기손익-공정가치측정금융자산이 차지하는 비중은 약 70%이다.
- 당기손익-공정가치측정금융자산은 전액 비상장회사에 대한 투자주식에 해당되며, 총 58개 회사의 보통주 취득분에 해당된다.
- ㈜대한인베스트먼트는 비상장투자주식에 대해 외부전문가를 활용하여 공정가치로 평가하였다.

(물음 1) 위 사례에서 감사현장책임자 정병준 회계사는 투자주식 평가를 위해 다음과 같은 감사절차를 수행하였다.

항목	감사절차
①	감사인은 경영진의 회계추정치 도출방법에 대한 통제의 운영효과성을 테스트하고자 하였으나, 경영진에게 질문 결과 통제테스트를 수행하는 것이 비효율적이라고 판단하여 이를 생략하였다.
②	감사인은 투자주식A에 대해 경영진의 회계추정치 도출방법과 추정의 근거가 된 데이터를 테스트하였다. 이를 위해 경영진이 적용한 가정이 전기와 일관성 있는지 여부를 검토하였다.
③	감사인은 투자주식A에 대해 범위추정치를 이용하는 것이 적합하다고 결론을 내려, 입수한 감사증거를 근거로 하여 범위추정치 내의 모든 결과들이 합리적이라고 여겨질 때까지 해당 범위추정치를 좁혀 그 평균값과 경영진의 추정치와 비교하여 왜곡표시를 도출하였다.

위의 각 항목별로 현무회계법인이 수행한 절차가 적절한지 여부를 기재하고, 적절하지 않은 경우 그 이유를 서술하시오.

[답안양식]

항목	적절한가? (예, 아니오)	적절하지 않은 경우, 그 이유
①		
②		
③		

(물음 2) 위 사례에서 현무회계법인은 경영진측 전문가가 제시한 가치평가보고서를 검토하였다. 경영진측 전문가의 업무가 감사목적에 적합한지를 평가할 때 감사인이 고려해야 할 사항 **세 가지**를 서술하시오.

(물음 3) 위 사례에서 현무회계법인은 총 58개 회사에 대한 투자주식 중 일부를 표본추출하여 왜곡표시를 조사하였다. 이는 감사업무 수행에 있어 합리적인 시간 내에 합리적인 비용으로 감사를 수행하기 위하여 필요한 절차 중 하나이다. 이외에 감사업무 수행에 있어 합리적인 시간 내에 합리적인 비용으로 감사를 수행하기 위하여 필요한 절차 **두 가지**를 서술하시오.

【문제 6】 (11점)

한국회계법인의 주요업무팀원인 고민해 회계사는 당기 ㈜대한의 감사인으로서 감사과정에서 다음과 같은 상황에 직면하였다.

- 다음은 비상장법인인 ㈜대한이 제시한 보고기간말 재무상태표이다.

20×1년 12월 31일 현재

(단위: 억원)

자산		부채	
현금성자산	95	외상매입금	112
매출채권	5	전환사채	80
단기대여금	18	기타부채	28
재고자산	106	합계	220
기타유동자산	49	자본	
유형자산	91	자본금	10
무형자산	21	이익잉여금	170
임차보증금	15	합계	180
합계	400	총계	400

- 고민해 회계사는 중요성 설정 시 벤치마크를 총자산으로, 경험률을 3%로 설정하였고, 수행중요성은 전체 중요성의 70%로 설정하였다.
- 명백하게 사소한 금액은 전체 중요성의 5%로 설정하였고, 명백하게 사소한 금액을 판단할 때에는 금액 외의 항목은 고려하지 않는다.

[상황 1] 단기대여금에 대해 감사절차를 수행한 결과, 특수관계자 ㈜민국에 대한 단기대여금 4억원은 전기로부터 이월된 매출채권 대체분이며 전액 대손가능성이 높은 채권으로 확인되었다. 경영진은 이에 동의하여 재무제표를 수정하였으나, 20%은 회수가능성이 충분하다고 판단하여 일부에 대해서만 대손충당금을 설정하였다.

[상황 2] 유형자산에 대한 감가상각비 재계산 결과 5천만원이 과소계상 되었음을 확인하였다. 회사는 이에 대해 추후 자동 조정되는 오류라 주장하여 재무제표를 수정하지 아니하였다.

[상황 3] 전환사채 1건에 대한 금액이며, 회사는 현재가치 평가를 누락하였다. 전환사채에 대해 현재가치 평가결과 72억원이었고 회사는 감사인 평가금액과 동일한 금액으로 재무제표를 수정하였다.

[상황 4] 매출채권은 소액다수로 이루어져 있어 매출채권 잔액의 실재성을 확인하기 위해 금액가중확률표본감사를 수행하였다.
(1) 표본크기 : 800개
(2) 신뢰계수(부당수용위험 5%) = 3 + (과대계상 오류의 수 × 1.5)
(3) 발견된 왜곡표시

거래처	장부금액	감사금액
A	₩800,000	₩500,000
B	600,000	480,000
C	400,000	240,000

(물음 1) 각 독립적인 상황별로 감사절차 결과 발견된 왜곡표시 금액을 산출하시오(단, 위 상황을 제외하고는 다른 왜곡표시는 없다고 가정함).

[답안양식]

상황	(추정)왜곡표시 집계액	근거
1		
2		
3		
4		

회계감사

(물음 2) 위 (물음 1)과 관계없이 미수정왜곡표시가 10억원이라고 가정한 경우, 감사인이 표명할 감사의견 및 감사인의 추가적 고려가 필요한 사항이 무엇인지 기술하시오.

[답안양식]

감사의견	추가적 고려가 필요한 사항

(물음 3) 위 상황과는 별개로 고민해 회계사는 감사절차 수행 결과, 재무제표에 미치는 왜곡표시가 중요하다고 결론을 내렸으나, 전반적이지는 않다고 판단하였다. 왜곡표시가 재무제표에 미치는 영향이 전반적이라고 판단되는 경우 **세 가지**를 서술하시오.

【문제 7】(7점)

다음은 연결(그룹)재무제표 감사 수행에 관련된 전반적 개념에 관한 물음이다.

(물음 1) 다음은 외부감사법에 따른 연결재무제표 감사와 관련된 설명이다.

항목	설명
①	연결재무제표를 감사하는 감사인은 그 직무의 수행을 위하여 필요하면 회사 또는 관계회사의 감사인에게 감사 관련 자료의 제출 등 필요한 협조를 요청할 수 있다. 이 경우 회사 또는 관계회사의 감사인은 지체 없이 이에 따라야 한다.
②	연결재무제표에 대한 감사보고서에 중요한 사항을 적지 아니하거나 거짓으로 적은 책임이 종속회사의 감사인에게 있는 경우에도, 해당 연결재무제표 감사인은 이를 믿고 이용한 제3자에게 손해를 배상할 책임이 있다.
③	감사인은 언제든지 종속회사의 회계에 관한 장부와 서류를 열람 또는 복사하거나 회계에 관한 자료의 제출을 요구할 수 있으며, 그 직무를 수행하기 위하여 특히 필요하면 회사 및 관계회사의 업무와 재산상태를 조사할 수 있다. 이 경우 회사 및 관계회사는 지체 없이 감사인의 자료 제출 요구에 따라야 한다.
④	감사인이 연결재무제표에 대한 감사보고서를 회사에 제출하는 경우 정기총회 개최 1주 전까지 제출해야 한다.
⑤	회사는 연결재무제표를 작성하여 감사인에게 제출하는 경우 정기총회 개최 4주전까지 제출해야 한다.

위의 각 항목별로 설명이 적절한지 여부를 기재하고, 적절하지 않은 경우 그 이유를 서술하시오.

[답안양식]

항목	적절한가? (예, 아니오)	적절하지 않은 경우, 그 이유
①		
②		
③		
④		
⑤		

다음의 [상황]은 (물음 2) ~ (물음 4)와 관련된다.

[상황]

현무회계법인은 주권상장법인인 ㈜만세의 재무제표감사를 2년째 수행하고 있으며, 20×1년 12월 31일로 종료되는 보고기간의 재무제표 감사 중 다음과 같은 상황에 직면하였다.

- ㈜만세는 과거 개별재무제표만 작성해왔으나, 20×1년 10월 중 영국에 본사를 둔 Honest Inc.의 주식 45%를 인수하였음

- 현무회계법인은 20×1년 11월 중 이러한 사실을 인지하였고, ㈜만세는 Honest Inc.에 대해 실질지배력을 보유하였다고 결론내렸음

- 이에 대해 현무회계법인 그룹업무수행이사 김재무 회계사는 그룹감사업무 수용과 유지를 결정하기 위해 그룹업무팀을 구성하였음

(물음 2) 위 상황에서 그룹재무제표 감사업무 수용과 유지 결정 시 그룹업무수행이사는 그룹감사의견의 근거가 되는 연결절차 및 부문재무정보에 관한 충분하고 적합한 감사증거가 입수된다고 합리적으로 기대가능한지 여부를 결정하여야 한다. 이 목적을 위하여, 그룹업무팀이 수행해야 할 감사절차를 <u>1줄 이내</u>로 서술하시오.

(물음 3) 위 상황에서 Honest Inc.에 대해 부문감사인이 감사업무를 수행할 예정인 경우, 그룹업무수행이사가 평가해야 할 사항을 <u>2줄 이내</u>로 서술하시오.

(물음 4) 위 상황에서 그룹재무제표 감사업무 수임(수용) 시 그룹업무수행이사는 그룹경영진과 그룹감사업무의 조건에 합의하여야 한다. 이때 합의해야 할 조건 <u>세 가지</u>를 서술하시오(단, 아래 〈예시〉는 제외할 것).

〈예시〉
해당 재무보고체계를 명시

【문제 8】 (5점)

현무회계법인은 주권상장법인인 ㈜한국의 20×1년 12월 31일로 종료되는 보고기간의 재무제표 감사업무를 수행하였다. 감사종료 시점에 경영진의 서면진술서를 입수하였고, 다음은 그 일부이다.

서면진술서

20×2년 3월 16일

주주 및 이사회 귀중

(…)

우리는 다음 사항을 확인합니다.

- 우리는 20×1년 2월 10일자 감사업무의 조건에서 정해진 바와 같이 한국채택국제회계기준에 따라 재무제표를 작성할 우리의 책임을 완수하였습니다. 특히 재무제표는 이에 따라 공정하게 표시되고 있습니다.
- 공정가치 측정을 포함한 회계추정치 도출 시 우리가 사용한 유의적 가정은 합리적입니다.
- 우리는 부정으로 인하여 재무제표가 중요하게 왜곡표시될 위험에 대하여 우리의 평가결과를 공개하였습니다.
- 특수관계 및 특수관계자 거래는 재무보고체계의 요구사항에 따라 적합하게 회계처리 되고 공시되었습니다.
- 수정이나 공시가 요구되는 재무제표일 후의 모든 후속사건은, 재무보고체계의 요구에 따라 수정되고 공시되었습니다.
- 미수정왜곡표시와 왜곡표시 중 명백하게 사소한 금액은 재무제표 전체에 대한 영향이 중요하지 않습니다. 이에 대한 목록은 별도로 첨부하였습니다.

(이하 생략)

(물음 1) ㈜한국의 재무제표 감사에 대한 감사보고서일은 20×2년 3월 20일이다. 위 서면진술서에서 적절하지 않은 부분을 **모두** 찾고 그 이유를 서술하시오.

[답안양식]

적절하지 않은 부분	적절하지 않은 이유

(물음 2) 서면진술이 비록 필요 감사증거를 제공하지만, 서면진술이 다루는 그 어떠한 사항에 대해서도 서면진술 그 자체는 충분하고 적합한 감사증거를 제공하지 않는다. 그럼에도 불구하고 서면진술을 입수해야 하는 이유를 **3줄 이내**로 서술하시오.

【문제 9】 (10점)

주권상장법인의 감사인은 외부감사법에 따라 외부감사법 제8조(내부회계관리제도의 운영 등)에서 정한 사항을 준수했는지 여부 및 내부회계관리제도의 운영실태에 관한 보고내용을 감사하여야 한다.

현무회계법인은 통신 및 방송장비 제조업을 영위하는 주권상장법인 ㈜국민(자산총액 1조원)의 2024 회계연도 재무제표 및 내부회계관리제도에 대한 통합감사를 수행하고 있다.

(물음 1) 통합감사 수행 시 내부회계관리제도감사와 재무제표감사의 목적이 동일하지 않더라도, 감사인은 각각의 감사목적을 동시에 달성할 수 있도록 통합감사를 계획하고 수행하여야 한다. 통합감사에서의 통제테스트 목적을 내부회계관리제도감사와 재무제표감사 각각의 관점에서 **2줄 이내**로 서술하시오.

[답안양식]

구분	통제테스트 목적
내부회계관리제도감사	
재무제표감사	

다음 상황은 (물음 2)~(물음 3)에 공통으로 적용되는 사항이다.

[상황]

- 업무팀원인 나영만 회계사는 매출 및 매출채권 관련 계정과목을 담당하였고, 최인사 회계사는 급여 등 인건비 관련 계정과목을 담당하였다.
- 회사의 통제환경이 효과적인 것으로 확인되었고, 경영진주장 수준의 중요왜곡표시위험을 평가할 때 통제가 효과적으로 운영되고 있다는 기대가 있어, 통제의 운영효과성에 대한 충분하고 적합한 감사증거를 입수할 수 있도록 통제테스트를 설계하고 수행하고자 한다.

(물음 2) 나영만 회계사는 매출 및 매출채권 관련 계정과목을 담당하였고, 감사절차의 일환으로 회사의 통제환경 및 정보기술(IT)통제에 대해 이해하였다. 다음은 나영만 회계사가 이해한 통제의 일부이다.

- ㈜국민은 재무보고 목적으로 ERP(회사 내부 업무처리 시스템)를 도입하여 사용하고 있음
- 전사 IT팀이 존재하며, 영업팀 내에도 IT담당자가 배치되어 있음
- 신규고객 등록 시 필수입력 정보가 누락될 경우 고객등록 업무 진행이 불가능함
- 신규고객 등록 시 시스템에서 자동으로 고객명 중복 여부를 확인하여 중복 시 최근 정보로 자동으로 교체되며 이를 해당 거래처 담당자에게 알림
- 고객의 신용정보는 시스템에서 자동으로 수집되며, 영업팀 내 IT담당자가 실제 신용정보와 일치하는지 여부를 지속적으로 검토함
- 모든 주문번호는 중복 없이 순차적으로 부여되며, 고객등록이 되지 아니한 업체는 매출주문 처리가 진행되지 않음
- 제품 가격에 대한 시스템 등록 및 승인은 영업팀장만 수행할 수 있음
- 출고지시서상 배송지와 고객정보상 배송지에 차이가 발생하는 경우 영업담당자에게 알림
- 매출관련 매출계정별원장, 매출채권원장 등 보조원장은 시스템에서 자동으로 산출됨

위의 사항에서 통제와 관련하여 식별 가능한 통제미비점을 **세 가지**만 각각 **2줄 이내**로 서술하시오.

(물음 3) 최인사 회계사는 회사의 내부통제 이해 결과 급여 관련 업무 중 일부(급여대장 작성, 4대 보험 신고 및 기타인사업무 관리)를 외부 서비스조직인 ㈜굳피플에 위탁하고 있다. 이와 관련하여 통제테스트를 수행하고자 할 때 수행해야 할 절차 **두 가지**를 서술하시오(단, 아래 〈예시〉는 제외할 것).

〈예시〉
가능한 경우, 유형2 보고서를 입수함

(물음 4) 감사인은 내부회계관리제도 미비점의 심각성을 평가할 때, 동일한 유의적인 거래유형·계정잔액·공시, 관련경영진주장, 또는 내부회계관리제도 구성요소에 영향을 미치는 미비점들이 집합적으로 중요한 취약점이 되는지 여부를 결정하여야 한다. 이때 내부회계관리제도의 중요한 취약점을 나타내는 지표가 될 수 있는 상황 **세 가지**를 서술하시오(단, 아래 〈예시〉는 제외할 것).

〈예시〉
고위 경영진이 저지른 부정을 식별함

- 끝 -

⟨제3회 실전모의고사⟩

2023년도
제58회 공인회계사 2차시험 문제
(난이도 중상)
제3회 GS 모의고사

과목명	회계감사
일자	
제 3교시	16:10 ~ 18:10

출제자 : 공인회계사 손 보 승

회계감사

※ 답안 작성시 유의사항
1. 모든 문제는 2024년 12월 31일 이후 최초로 개시하는 회계연도에 적용되는 회계감사기준에 따라 답하시오.
2. '주식회사 등의 외부감사에 관한 법률'은 '외부감사법'으로, '공인회계사 윤리기준'은 '윤리기준'으로 표현한다.
3. 문제에서 서술하라고 요구한 경우에는 문장의 형태로 답하시고, 답안양식을 제시한 경우에는 답안양식을 준수하여 답하시오.
4. 답의 분량(개수, 줄 등)을 제한한 경우에는 해당 분량을 초과한 부분은 채점에서 고려하지 않는다.

【문제 1】(16점)

다음은 공인회계사가 준수해야 할 윤리기준과 감사인의 법적 책임 등에 대한 물음이다.

(물음 1) 다음은 회계감사 수업시간에 이루어진 학생과 교수의 대화이다.

> **(학생)** 교수님, 공인회계사는 회계·세무·재무에 대한 전문가로서 의뢰인의 이익을 위해 전문성을 발휘하면 되는 것 아닌가요? 방금 말씀하신 독립성 관련 내용을 굳이 지켜야 하나 싶습니다.
>
> **(교수)** 그렇지 않습니다. 공인회계사로서 독립성 등 윤리기준에 대한 내용은 반드시 준수해야 합니다. 업무 범위에서도 공인회계사는 다른 전문가와의 차이가 있습니다.

위 대화를 바탕으로 공인회계사가 윤리기준을 준수해야 하는 이유를 윤리기준에 근거하여 **3줄 이내**로 서술하시오.

(물음 2) 윤리기준에 따르면 독립성 만족을 위해 감사인이 모든 경제적·재무적 관계와 기타 다른 관계로부터 자유로워야 할 필요는 없다고 기술되어 있다. 윤리기준에서 이같이 언급한 이유와 감사인이 준수해야 할 독립성 유지 수준(정도)을 서술하시오.

[답안양식]

구분	설명
이같이 언급한 이유	
준수해야 할 독립성 유지 수준	

(물음 3) 다음은 윤리기준 및 감사인의 독립성 관련 설명이다. 각 항목별로 설명이 적절한지 여부를 기재하고, 적절하지 않은 경우 그 이유를 서술하시오.

항목	설명
①	윤리기준은 등록공인회계사를 대상으로 하고 있으므로 수습회계사는 직접적인 적용 대상은 아니다.
②	공인회계사는 중개인을 내세우거나 권력의 이용 또는 금전 등의 제공에 의하여 자신에게 업무를 위촉할 것을 강요하거나 수임하는 것과 같은 부당한 방법으로 직무상의 경쟁을 하여서는 아니 되나, 중개인 업무의 전부 또는 일부를 인수하는 경우에는 예외적으로 가능하다.
③	공인회계사가 고의성 없이 윤리기준의 어느 규정을 위반하는 경우, 위반 사항의 성격과 심각성에 따라, 위반이 발견되는 즉시 신속하게 위반 사항을 시정하고 필요한 안전장치를 적용하더라도 윤리강령이 준수된 것으로 볼 수 없다. 단, 예외적으로 윤리강령 위반 정도가 경미한 경우에는 윤리강령이 준수된 것으로 볼 수 있다.
④	특정 사항에 대해 국내 법규에서 규정하고 있는 경우, 국내 법규가 윤리기준보다 우선시 된다.

회계감사

[답안양식]

항목	적절한가? (예, 아니오)	적절하지 않은 경우, 그 이유
①		
②		
③		
④		

(물음 4) 다음의 각 독립적인 상황별로 현무회계법인의 외부감사업무 수임가능 여부를 판단하고, 관련 독립성 훼손 위협과 그 이유를 서술하시오(단, 안전장치 강구 후 수임 가능한 경우 안전장치를 서술할 것.).

[상황 1] 현무회계법인 소속공인회계사(사원이 아님)인 강인혜 회계사는 당기 1월 회계법인 퇴사 후, 즉시 ㈜자유의 재무담당임원으로 취임하였다. 현무회계법인은 ㈜자유에 대한 감사업무를 3년째 수행중이며 올해 2월 중 신규 계약을 체결할 예정이다.

[상황 2] ㈜대한은 20×1년 중 취득한 ㈜민국의 주식을 당기손익-공정가치측정 금융자산으로 분류하였고, 이에 대해 현무회계법인이 공정가치평가를 수행하였다. ㈜민국은 당기 현무회계법인에 회계감사업무를 의뢰하였다.

[답안양식]

구분	수임 가능 여부 (예, 아니오)	독립성 훼손 위협	이유 또는 안전장치
[상황 1]			
[상황 2]			

(물음 5) 주권상장기업의 재무제표감사에 대하여, 업무품질관리검토자는 업무품질관리검토 시 추가적으로 고려해야할 사항이 존재한다. 비상장기업과 다르게 주권상장법인에 대해 업무품질관리검토자가 추가적으로 고려해야 할 사항 **두 가지**를 서술하시오(단, 아래 〈예시〉는 제외할 것).

〈예시〉
해당 감사업무와 관련, 회계법인의 독립성에 대한 업무팀의 평가

(물음 6) 주권상장법인의 경우 아래 재무상황이 3개 사업연도 연속된다면, 이는 외부감사법상 증권선물위원회에 의한 감사인 지정사유가 된다.

- 3개 사업연도 연속 영업이익이 0보다 작은 회사
- 3개 사업연도 연속 영업현금흐름이 0보다 작은 회사
- 3개 사업연도 연속 이자보상배율이 1 미만인 회사

최근 위 감사인 지정사유에 대해 직권 지정사유 축소 논의가 이루어지고 있다. 그 이유를 **3줄 이내**로 서술하시오.

【문제 2】(18점)

다음은 중요성, 감사위험, 감사증거입수방법, 감사증거 등 회계감사 수행에 관련된 전반적 개념에 관한 물음이다.

다음은 (물음 1)과 (물음 2)에 관련된 [상황 1]이다.

[상황 1]

다음은 ㈜대한의 감사인인 현무회계법인의 업무수행이사와 주요업무팀원간의 감사계획수립 단계에서의 토의 내용 중 일부이다.

(업무수행이사) 2023년 3월 17일자로 「한국채택국제회계기준 제1001호 재무제표 표시」가 개정되었습니다. 이와 관련하여 전기 대비 어떠한 차이가 있는지 파악해 주시기 바랍니다. 주요 개정사항 중 하나가 부채의 유동·비유동 분류에 대해 일부 공시사항이 추가되었다는 것인데 ㈜대한도 이러한 공시사항을 추가해야할지 알아봐주세요.

(주요업무팀원) 네, 알겠습니다. 그리고 전기에 매출채권에 대해 조회서를 발송하였는데 대부분 소액다수의 거래처여서 너무나 많은 시간과 비용이 발생하였습니다. 당기에도 조회서를 발송해야 할까요?

(업무수행이사) 저도 그 부분에 있어 개선이 필요하다고 생각합니다. ㉠다른 상황들을 고려해 보았을 때 적극적 조회 대신 소극적 조회를 실시해도 큰 문제가 없을 듯합니다. 당기에도 조회서를 발송하되 소극적 조회의 방법으로 발송하도록 합시다. 그 외 당기 감사업무에 있어 발생할 만한 이슈사항에 대해 논의합시다.

(물음 1) 위 [상황 1]과 같이 팀 토의는 주로 기업의 중요왜곡표시위험을 식별하기 위하여 수행한다. 이를 위해 팀 토의 시 업무수행이사와 주요업무팀원이 토의해야 할 사항 **두 가지**를 서술하시오.

(물음 2) 위 [상황 1]의 ㉠에서와 같이 외부조회 절차 수행 시 소극적 조회를 통해 실증감사절차를 수행할 수 있는 필요조건(사항)을 **세 가지** 서술하시오(단, 아래 〈예시〉는 제외할 것).

〈예시〉
소극적 조회절차의 대상이 되는 항목의 모집단이 다수의 동질적이며 소액인 계정잔액이나 거래 또는 조건들로 구성되어 있음

다음은 (물음 3) ~ (물음 5)에 관련된 [상황 2]이다.

[상황 2]

다음은 ㈜대한에 대한 감사절차 수행 중 현무회계법인의 업무수행이사와 주요업무팀원간의 대화 내용 중 일부이다.

(주요업무팀원) 이사님, 매출채권에 대해 표본추출 후 외부조회 절차를 수행하려고 하는데 경영진이 ㈜갑을에 대한 조회서 발송을 거부합니다. 이에 대해 질문 결과 ㈜갑을은 ㈜대한의 주요 고객인데 본인들의 채무를 확인해주는 것에 대해 매우 민감하다고 합니다. 그 외의 다른 합리적인 사유는 없었습니다.

(업무수행이사) 이 부분에 대해서는 제가 [A 감사절차]를 수행하도록 하겠습니다. 혹시 다른 대체적 감사절차는 없나요?

(주요업무팀원) 네, [B]와 같은 사유로 인해서 적극적 조회 및 회신이 불가피한 상황입니다.

(물음 3) 위 [상황 2]에서 수행해야 할 [A 감사절차]를 **두 가지** 서술하시오.

(물음 4) 위 [상황 2]의 [B]에 해당하는 적극적 조회가 반드시 필요한 상황을 **두 가지** 서술하시오.

(물음 5) 위 [상황 2]에서 업무팀원은 ㈜갑을에 대한 매출채권에 대해 아래와 같이 조회서를 설계하였다. 아래는 조회서의 일부이다.

채권채무조회서

㈜갑을 귀하

귀사의 사업이 더욱 번창하시기를 기원하오며, 항상 각별하신 협조에 감사드립니다.

바쁘실줄 아오나 ㈜대한의 회계감사에 필요하여 20×1년 12월 31일 현재의 귀사에 대한 ㈜대한의 채권·채무잔액과 내용을 확인하고자 하오니 귀사의 장부와 대조, 확인하시고 그 상위유무를 아래 확인통지란에 금액과 내용을 기입, 서명·날인하여 회사보관용은 귀사에서 보관하시고 회신용은 즉시 ㈜대한 앞으로 직접 우송하여 주시기 바랍니다. 본 조회내용은 공인회계사법 제20조 및「주식회사의 외부감사에 관한 법률」제9조에 의거 그 비밀이 보장되고 회계감사 목적으로만 이용될 것입니다.

(단위 : 천원)

계정과목	금액	비고
매출채권	100,000	

현무회계법인 대표이사 이충민 (인)

위 작성 내용 중 잘못된 부분을 **모두** 지적하고, 그 이유를 서술하시오(㈜대한의 보고기간말은 20×1년 12월 31일이다.).

잘못된 부분	그 이유

(물음 6) 다음은 감사증거와 감사증거입수방법 및 위험평가절차에 대한 설명이다. 각 항목별로 설명이 적절한지 여부를 기재하고, 적절하지 않은 경우 그 이유를 서술하시오.

항목	설명
①	기업과 독립된 원천에서 입수한 정보는 감사증거로 사용할 수 있지만, 증권분석가의 보고서나 경쟁기업과의 비교데이터는 감사증거는 아니지만 감사증거를 위한 보조적 수단으로 사용될 수 있다.
②	감사인은 위험평가절차 및 관련 활동을 수행하여 입수한 정보를 중요왜곡표시위험에 대한 평가를 뒷받침하는 감사증거로 사용할 수 있다.
③	중요왜곡표시위험을 초래하는 항목의 파악을 위해, 감사인은 가능한 모든 사업위험을 식별하고 평가해야 한다.
④	일반적으로 질문은 질문에 대한 답변을 평가하는 것을 포함하므로 경영진주장 수준의 중요한 왜곡표시가 없다는 것 또는 통제의 운영효과성에 대한 충분한 감사증거를 제공할 수 있다.
⑤	분석적절차에 상위수준으로 요약된 데이터가 이용되는 경우, 분석적절차의 결과는 중요왜곡표시위험의 존재 여부에 대하여 광범위한 초기적 징후만을 제공한다.

[답안양식]

항목	적절한가? (예, 아니오)	적절하지 않은 경우, 그 이유
①		
②		
③		
④		
⑤		

(물음 7) 실증적인 분석적절차 수행 시 기록된 금액이나 비율에 대한 기대치를 도출하고, 그러한 기대치가 개별적으로 또는 다른 왜곡표시와 합쳐져서 재무제표를 중요하게 왜곡시킬 수 있는 왜곡표시를 식별할 정도로 충분히 정확한지 여부를 평가해야 한다. 이러한 평가를 위해 관련되는 사항(요소)을 **두 가지** 서술하시오 (단, 아래 〈예시〉는 제외할 것).

〈예시〉
정보가 세분될 수 있는 정도

【문제 3】(10점)

다음은 비상장법인 ㈜한국의 20×1년 12월 31일로 종료되는 보고기간의 재무제표 감사에 관련된 상황이다.

[상황]

㈜한국은 의약품 제조 및 판매업을 영위하는 회사로, 주로 도매상과 약국 등에 의약품을 판매하는 회사이다. 회사는 20×1년부터 약국 영업사원의 대거 퇴사로 인해 매출이 감소하자 매출 증대를 위해 매입세금계산서를 필요로 하는 도매상을 섭외하였다.

회사는 섭외한 도매상에 실물재고의 이동이 없는 허위 세금계산서를 발행하고 ERP에 정상매출인 것처럼 전산입력하여 외관상 정상거래로 위장하였으며, ERP에는 출고처리되어 재고로 잡혀있지 않으나 창고에 실재하고 있는 재고에 대해서는 창고 내 별도 장소에 보관하는 등 이중장부 작성 등을 통해 매출과 재고자산을 관리하였다.

감사인은 매출액 관련 분석적 절차를 수행한 결과 월별 매출 추이에서 상반기 대비 하반기 매출이 다소 높은 것을 파악하여 회사 담당자와 인터뷰를 수행하였다. 인터뷰 결과, 회사는 상반기 대비 하반기에 환자의 병원 방문이 많은 등 계절적 요인에 의한 결과라고 설명하였고 이에 감사인은 추가 검증을 위해 표본을 추출하여 매출 관련 기간귀속 검사를 실시하였다. 이 과정에서 회사가 허위 매출에 대해서도 주문서, 거래명세서, 세금계산서, 인수증 등 관련 거래 증빙을 모두 구비, 제시하였고 감사인은 일부 의심스러운 항목을 발견하였다.

(물음 1) 감사인은 문서검사에 있어 문서의 진위에 대한 전문가로서 훈련을 받지 않았으며, 그렇게 기대될 수도 없다. 만약 위 상황과 같이 문서가 진실하지 아니하다고 믿어지는 상황을 식별한 경우, 수행해야 할 감사절차를 **두 가지** 서술하시오.

(물음 2) 위 상황과 관련하여 감사인이 매출채권과 재고자산에 대해 각 계정과목별 **가장** 중점적으로 확인해야 할 경영진주장 **한 가지**와 그 이유를 서술하시오.

①	실재성
②	완전성
③	권리와 의무
④	평가와 배분
⑤	분류
⑥	표시

[답안양식]

계정과목	경영진주장	이유
매출채권		
재고자산		

(물음 3) 위 상황과 관련하여 감사인이 경영진주장 수준에서 추가감사절차의 범위를 변경하고자 할 때 적용가능한 구체적인 방법을 **두 가지**만 서술하시오.

(물음 4) 위 상황과 관련하여 감사업무를 계속하여 수행할 수 없다고 결론 내렸을 때 수행해야 할 감사절차를 **세 가지** 서술하시오.

【문제 4】 (17점)

현무회계법인은 ㈜만세의 20×1년 12월 31일로 종료되는 보고기간의 재무제표 감사를 수행 중이다. 다음은 공통된 정보이다.

- ㈜만세는 모바일 플랫폼 사업을 영위하며 재고자산과 매출원가항목은 존재하지 않는다.
- 재무제표 전체에 대한 중요성은 20,000원이며, 중요하고 전반적인 금액은 25,000원, 수행중요성은 전체 중요성의 70%로 설정하였다.
- 명백하게 사소한 금액은 전체 중요성의 5%로 설정하였고, 명백하게 사소한 항목의 판단은 오직 각 세부 항목별 금액으로만 판단한다.
- 모든 화폐단위는 「원」이다.

업무팀원 나천재 회계사는 부채의 완전성에 대한 감사절차를 수행하고 있다.

다음의 [상황 1]은 (물음 1) ~ (물음 2)와 관련된다.

[상황 1]

- 나천재 회계사는 부외부채 테스트를 위해 20×2년 1월 회사의 주거래통장의 출금내역에 대해 아래와 같이 정리하였다.

거래일자	출금액	적요
1월 5일	3,000	A거래처 외상대금
1월 10일	14,000	12월 급여
1월 11일	5,500	12월 임차료
1월 16일	2,000	12월 신용카드대금
1월 20일	800	B거래처 외상대금
1월 21일	600	사무용품비(오이소)
1월 21일	9,000	신년 회식비(메가치킨)
1월 30일	300	C거래처 외상대금

- ㈜만세의 외상대금 지급정책은 익월말 지급하는 것을 원칙으로 한다.

회계감사

(물음 1) 회사가 위 [상황 1]의 출금내역과 관련하여 당기에 어떠한 회계처리도 수행하지 않았을 때, 식별된 부외부채 금액(왜곡표시 집계액)을 산정하시오.

[답안양식]

식별된 부외부채 금액 (왜곡표시 집계액)	산정 근거

(물음 2) 회사가 위 (물음 1)에서 도출한 왜곡표시에 대해 재무제표를 수정하지 않았을 경우 표명할 감사의견과 그 이유를 서술하시오.

업무팀원 한똑똑 회계사는 유형자산에 대한 감사절차를 수행하고 있다. 다음의 [상황 2]는 (물음 3) ~ (물음 4)와 관련된다.

[상황 2]

- 한똑똑 회계사는 아래와 같이 유형자산의 총괄표를 작성하였다.

계정과목	기초	증가	감소	기말
비품	12,000	3,000	1,000	14,000
감가상각누계액	(4,000)	(2,500)	(500)	(6,000)

- 회사의 유형자산은 비품만 존재하며 5년간 정액법으로 월할 상각하고, 잔존가치는 없다.
- 당기 유형자산 증가분과 감소분은 신규 취득분과 처분 항목이며 타계정대체 항목은 없다.
- 한똑똑 회계사는 회사의 소모품원장을 아래와 같이 입수하였다.

거래일자	금액	적요
3월 1일	1,200	전산장비 구매
5월 15일	800	프린터 카트리지 구매
8월 10일	50	A4용지 구매
9월 1일	1,500	서버 구매
12월 12일	990	TV 구매

(물음 3) 한똑똑 회계사는 유형자산의 감가상각비에 대해 실증적 절차로서의 분석적절차를 수행하기로 하였다. 감사인의 독립적 기대치를 산출하여 회사의 감가상각비와 비교하는 방법을 수행할 때, 감사인의 독립적 기대치와 회사계상 감가상각비와의 차이를 도출하고, 회사 계상 감가상각비에 대해 감사결론을 도출하시오 (단, 회사의 유형자산 취득과 처분은 당기 중 고르게 발생하였다고 가정함).

[답안양식]

구분	금액
감사인의 독립적 기대치	
회사계상 감가상각비와의 차이	
감사결론 (적정함, 적정하지 않음)	

(물음 4) 회사의 회계정책상 자산화 가능한 소모품비 중 1,000원 이상의 경우 유형자산으로 계상하도록 하고 있다. 위 [상황 2]의 소모품원장을 바탕으로 회사 유형자산의 과대계상 또는 과소계상 여부를 판단하고, 그 금액을 도출하시오.

[답안양식]

과소계상 또는 과대계상 여부	과소계상 또는 과대계상 금액
예시 : 과대계상	예시 : 100

업무팀원 유동차 회계사는 재고자산의 실재성에 대한 감사절차를 수행하고 있다. 다음의 [상황 3]은 (물음 5) ~ (물음 6)와 관련된다.

[상황 3]

① 유동차 회계사는 재고자산의 실재성 관련 감사증거를 입수하기 위해 재고자산 실사입회를 계획하였다. 실사입회 계획 시 실사입회의 시기, 장소 및 관련 내부통제의 성격 등 전반적인 항목들을 계획하였다.
② 재고자산이 여러 장소에 산재되어 있어, 다른 업무팀원의 도움을 받아 동시에 실사 입회하기로 하였고, 실사 입회 장소는 미리 통보하지 않고 실사 입회 전날 통보하였다.
③ 실사 입회 당일 담당자 입회하에 수행하였고, 실사 후 관련 자산반납 확인을 문서화하였다.
④ 재고자산 실사 입회 때 재고자산을 조사하여 재고자산의 실재성과 권리를 확인하고 진부화되었거나 손상된, 또는 장기 보유 중인 재고자산을 식별하였다.
⑤ 일부 실사 입회가 불가능한 항목이 발견되어, 다른 일자에 실사 입회를 수행하려 하였으나 회사의 귀책으로 입회절차를 수행하지 못하였다. 이에 대체적 감사절차인 문서검사를 통해 실재성을 확인하였다.

(물음 5) 위 [상황 3]에서 수행한 재고자산 실사입회 감사절차 중 옳지 않은 항목을 **모두** 지적하고, 그 이유를 서술하시오.

[답안양식]

항목	이유

(물음 6) 회계감사기준에서는 재고자산의 실사(실물검사)보다는 실사 입회에 대한 내용을 강조하고 있다. 재고자산 실사 입회의 특징을 재고자산 실사와의 차이점 위주로 설명하고, 실사 입회의 장단점 그리고 단점을 보완하기 위한 감사절차를 **각각 2줄 이내**로 서술하시오.

(1) 실사 입회의 특징

(2) 실사 입회의 장단점

(3) 실사 입회의 단점을 보완하기 위한 절차

【문제 5】(9점)

현무회계법인은 ㈜유월의 20×1년 12월 31일로 종료되는 보고기간의 재무제표 감사를 수행 중이다.

다음은 실증절차 수행 후 업무수행이사와 업무팀원간의 대화이며 (물음 1) ~ (물음 3)과 관련된다.

> **(업무팀원)** 최종 실증절차 결과 집계된 왜곡표시는 이메일로 송부 드렸습니다.
>
> **(업무수행이사)** 확인했습니다. 경영진에게 왜곡표시를 반영한 수정 후 재무제표를 보내달라고 요청해주세요. ㉠단, 절대로 수정분개를 제시하여서는 안 됩니다.
>
> **(업무팀원)** 알겠습니다. 다른 부분은 사실적 왜곡표시라 경영진도 수정할 것 같은데, ㉡매출채권의 평가 관련해서는 경영진이 차기에 높은 확률로 회수될 수 있다고 주장하고 있어 수정을 거절할 것으로 예상됩니다.

(물음 1) 위 대화에서의 ㉠과 같이 감사인이 왜곡표시를 수정분개 형식으로 제시하여서 안 되는 이유를 **1줄 이내**로 서술하시오.

(물음 2) 위 대화에서와 같이 경영진이 감사인과 커뮤니케이션한 왜곡표시 등 모든 왜곡표시를 수정함으로써 얻을 수 있는 효익을 **두 가지** 서술하시오.

(물음 3) 위 대화에서의 ㉡과 같은 왜곡표시는 왜곡표시의 분류(구분) 관점에서 어떠한 종류의 왜곡표시인지 설명하고, 회사가 감사인이 커뮤니케이션한 왜곡표시의 일부 또는 전부에 대하여 수정을 거절하는 경우 수행해야 할 절차를 서술하시오.

다음은 실증절차 수행 후 업무수행이사와 업무팀원간의 대화이며 (물음 4) ~ (물음 5)와 관련된다.

> **(업무팀원)** 왜곡표시에 대해 회사와 커뮤니케이션 완료하였고, 일부 미수정 왜곡표시를 제외하고는 왜곡표시가 모두 수정되었습니다. 미수정왜곡표시는 수행중요성에 크게 미달합니다. 그러나 ㈜유월은 당기에 처음 외부감사를 받는 거라, 기초 재고자산에 대해 어떤 감사증거도 제시하지 못하였습니다.
>
> **(업무수행이사)** 그 부분은 어쩔 수 없는 부분이었습니다. 기초 재고자산 금액은 중요한 금액이기도 하니 의견표명에 있어 [A] 또는 [B] 방법을 적용해야 합니다. 이 부분은 제가 품질관리이사와 함께 논의해 보도록 하겠습니다.

(물음 4) 위 대화를 바탕으로 [A]와 [B]에 들어갈 올바른 감사의견 표명방법을 서술하시오.

(물음 5) 위 대화에서와 같이 감사인은 초도감사 시 기초잔액에 당기재무제표에 중요하게 영향을 미치는 왜곡표시가 포함되었는지 여부를 검토하여야 한다. 기초잔액에 대한 왜곡표시 확인을 위한 감사절차를 **두 가지** 서술하시오(단, 아래 〈예시〉는 제외할 것).

〈예시〉
다음 절차 중 하나 이상을 수행함
1) 전기재무제표가 감사를 받은 경우, 기초잔액에 관한 증거를 입수하기 위해 전임감사인의 감사조서를 검토함
2) 당기에 수행된 감사절차가 기초잔액과 관련된 증거를 제공하는지 여부를 평가함
3) 기초잔액에 관한 증거를 입수하기 위하여 특정의 감사절차를 수행함

【문제 6】 (7점)

다음은 주권상장법인인 ㈜대한의 감사인인 현무회계법인의 업무수행이사와 업무팀원간의 감사종료 단계에서의 대화 내용 중 일부이다.

(업무팀원) 당기 ㉠감사에 있어 몇 가지 유의적 발견사항이 존재하여 지배기구와 논의해야 합니다. 이 부분은 저희가 지배기구와 서면 또는 대면으로 커뮤니케이션 하겠습니다.

(업무수행이사) 좋습니다. 관련 내용 커뮤니케이션 수행 후 저에게 어떻게 협의하였는지 보고해주세요.

(물음 1) 위 대화에서의 ㉠과 같이 지배기구와의 커뮤니케이션 사항 중 감사에서의 유의적 발견사항이 될 수 있는 사항 **두 가지**를 서술하시오(단, 아래 〈예시〉는 제외할 것).

〈예시〉
감사 중 직면한 유의적 어려움이 있다면 그 내용

(물음 2) 지배기구와의 커뮤니케이션 수행 시 반드시 서면으로 커뮤니케이션해야 할 사항 **세 가지**를 서술하시오.

(물음 3) 감사과정 전체 중 지배기구와의 커뮤니케이션이 필요한 사항을 **두 가지**만 서술하시오(단, 아래 〈예시〉는 제외할 것).
[답안양식]

관련 감사절차	지배기구와의 커뮤니케이션이 필요한 사항
예시: 부정 관련 감사절차	예시: 감사인이 경영진이 연루된 부정이라고 의심하는 경우

【문제 7】 (13점)

계산기 제조업을 영위하는 주권상장법인인 ㈜합격은 종속기업 ㈜노력, ㈜성실을 보유하고 있다. 현무회계법인은 ㈜합격의 연결재무제표에 대한 그룹감사를 수행하고 있다.

다음은 (물음 1) ~ (물음 3)에 관련된 [상황 1]이다.

[상황 1]

〈부문 정보〉

(단위: 억원)

구분	㈜합격	종속기업	
		㈜노력	㈜성실
매출액	300	40	70
세전손익	90	(-)30	(-)10
당기순손익	50	(-)35	(-)20
자산 총계	1,000	90	180
부채 총계	600	120	150

- ㈜노력은 모회사인 ㈜합격이 생산한 계산기 판매 및 유통을 위해 20×1년 중 신규 설립된 법인으로, ㈜합격은 20×1년 ㈜노력에 내부거래를 통해 100억원의 매출(1건)을 발생시켰다. ㈜합격과 ㈜노력간의 자금이동 내역은 자본금 납입 외에는 없다.
- 현무회계법인은 ㈜노력에 대해 재무적 유의성은 없지만 내부거래 매출의 발생사실에 대해 중요왜곡표시위험이 높다고 판단하여 유의적 부문으로 결정하였다.
- ㈜노력과 ㈜성실에 대한 감사는 백호회계법인이 수행하기로 하였고, 그룹감사인은 부문감사인에게 ㈜합격과 ㈜노력의 내부거래에 대해 중점적인 검토를 요청하였다.

(물음 1) ㈜노력의 부문감사인인 백호회계법인 입장에서 가장 중점적으로 검토해야 할 계정과목 **한 가지**와 해당 계정과목과 관련된 경영진주장 **두 가지**를 제시하고, 각 경영진주장별 수행해야 할 감사절차를 **1줄 이내**로 서술하시오.

[답안양식]

계정과목 :

경영진주장	감사절차

(물음 2) 그룹감사인인 현무회계법인은 부문감사인인 백호회계법인이 수행한 감사절차와 그 결론을 커뮤니케이션 하였다. 현무회계법인이 커뮤니케이션 평가 시 수행해야 할 절차 **두 가지**를 서술하시오.

다음은 (물음 3)에 관련된 [상황 2]이다.

[상황 2]

- ㈜합격은 20×2년 별도재무제표 작성 시 보유중인 ㈜성실 지분을 종속기업투자주식으로 계상하고 원가법을 적용하였다.
- 20×2년 노조파업, 경기악화, 가격경쟁 가속 등의 사유로 자본잠식이 발생하는 등 ㈜성실의 재무상황이 악화되었음에도 회사는 ㈜성실에 대한 매출지원을 확대하면 종속회사의 재무상황이 개선될 것으로 판단하고 20×2년 12월 31일 종속기업투자주식에 대해 회수가능액을 추정하지 않고 손상차손도 인식하지 않았다.
- 기업회계기준서 제1036호(자산손상)에 따르면 회사는 자산에서 유입되는 실제 순현금흐름이나 실제 영업손익이 당초 예상 수준에 비해 유의적으로 악화되거나, 당기 실적치와 미래 예상치를 합산한 결과, 자산에 대한 순현금유출이나 영업손실이 생길 것으로 예상되는 경우에는 자산손상의 징후가 발생한 것으로 보고, 이러한 징후가 하나라도 있다면 정식으로 회수가능액을 추정하여야 한다.

(물음 3) 현무회계법인은 [상황 2]의 종속기업투자주식의 회수가능액에 대해 독립적인 추정치를 도출하여 왜곡표시를 도출하고자 한다. 감사인의 독립적인 추정치가 점추정치인 경우와 범위추정치인 경우 각각 왜곡표시 도출 방법을 서술하시오.

회계감사

[답안양식]

상황	왜곡표시 도출 방법
점추정치를 도출한 경우	
범위추정치를 도출한 경우	

(물음 4) 다음은 그룹재무제표 감사에 대한 설명이다.

항목	설명
①	부문감사인은 그룹감사를 위해 부문재무정보에 대한 업무를 수행하고 전반적인 감사 발견사항이나 결론 또는 의견에 대하여 책임을 진다.
②	부문중요성은 재무정보에 대한 감사나 검토가 수행될 부문만을 대상으로 설정되며 그 외의 부문은 설정하지 않는다.
③	그룹감사의 목적으로 부문감사인이 감사를 수행할 예정인 경우, 그룹업무팀은 부문 수준에서 결정된 수행중요성의 적합성을 평가하여야 한다. 이때 부문 수준에서 결정된 수행중요성은 부문중요성보다 반드시 낮게 설정하여야 한다.
④	모든 부문중요성의 합계는 그룹재무제표 전체에 대한 중요성을 초과할 수 없다.
⑤	부문감사인은 부문의 재무정보일과 부문의 감사보고서일 사이에 발생하여 그룹재무제표의 수정이나 공시가 요구될 수 있는 부문에서의 사건을 식별하기 위해 설계된 절차를 수행하여야 한다.

위의 각 항목별로 설명이 적절한지 여부를 기재하고, 적절하지 않은 경우 그 이유를 서술하시오.

[답안양식]

항목	적절한가? (예, 아니오)	적절하지 않은 경우, 그 이유
①		
⋮		
⑤		

【문제 8】 (6점)

주권상장법인의 감사인은 외부감사법에 따라 외부감사법 제8조(내부회계관리제도의 운영 등)에서 정한 사항을 준수했는지 여부 및 내부회계관리제도의 운영실태에 관한 보고내용을 감사하여야 한다.

현무회계법인은 유통업을 영위하는 주권상장법인 ㈜O마켓(자산총액 1조원)의 2024 회계연도 재무제표 및 내부회계관리제도에 대한 통합감사를 수행하고 있다.

(물음 1) 현무회계법인은 내부회계관리제도 감사를 위해 통제테스트를 수행하고자 한다. 통제테스트 수행 시 설계효과성 테스트와 운영효과성 테스트 각각의 목적과 사용되는 감사증거 수집방법(감사기술)을 **모두** 서술하시오.

[답안양식]

구분	테스트 목적	감사증거 수집방법 (가능한 모든 감사기술)
설계효과성의 테스트		
운영효과성의 테스트		

(물음 2) 감사인은 기업의 내부회계관리제도의 효과성에 대하여 의견을 형성한 후, 외부감사법령에 따라 내부회계관리제도 운영실태보고서의 필수 요소에 대한 경영진의 표시내용을 평가하여야 한다. 이때 경영진에게 내부회계관리제도 운영실태보고서를 수정하도록 요청하여야 하는 경우를 서술하시오.

회계감사

【문제 9】 (4점)

「자본시장과 금융투자업에 관한 법률」에서는 주권상장법인의 중간재무제표에 대해 감사인의 검토를 받도록 규정하고 있다. 중간재무제표에 대한 검토업무는 감사보다는 낮은 수준의 확신인 소극적 확신을 제공한다.

(물음) 다음은 중간재무제표 검토와 관련된 설명이다.

항목	설명
①	주권상장법인의 경우 기말재무제표 감사인과 중간재무제표 검토인은 반드시 동일해야 한다.
②	최근 사업연도말 현재의 자산총액이 5천억원 이상인 주권상장법인은 분반기재무제표에 대한 회계법인의 검토의견을 받아야 하며, 그 외의 법인은 분반기재무제표에 대한 회계법인의 검토의견이 불필요하다.
③	질문과 분석적절차를 제외한 기타검토절차에서 검사나 재계산의 방법은 사용되지 않는다.
④	중간재무제표 검토업무는 통제테스트를 수행하지 않는다.
⑤	중요성의 관점에서 회계처리기준에 따라 표시되기 위해 중요한 수정이 필요하다는 사실을 알게 된 경우 반드시 서면으로 커뮤니케이션 해야한다.

위의 각 항목별로 설명이 적절한지 여부를 기재하고, 적절하지 않은 경우 그 이유를 서술하시오.

[답안양식]

항목	적절한가? (예, 아니오)	적절하지 않은 경우, 그 이유
①		
②		
③		
④		
⑤		

- 끝 -

⟨제4회 실전모의고사⟩

1/16

2024년도
제58회 공인회계사 2차시험 문제

(난이도 상)

GS 모의고사 1회

과목명	회계감사
일자	
제3교시	16:10 ~ 18:10

출제자 : 공인회계사 손 보 승

회계감사

※ 답안 작성시 유의사항
1. 모든 문제는 2024년 12월 31일 이후 최초로 개시하는 회계연도에 적용되는 회계감사기준에 따라 답하시오.
2. '주식회사 등의 외부감사에 관한 법률'은 '외부감사법'으로, '공인회계사 윤리기준'은 '윤리기준'으로 표현한다.
3. 문제에서 서술하라고 요구한 경우에는 문장의 형태로 답하시고, 답안양식을 제시한 경우에는 답안양식을 준수하여 답하시오.
4. 답의 분량(개수, 줄 등)을 제한한 경우에는 해당 분량을 초과한 부분은 채점에서 고려하지 않는다.

【문제 1】 (17점)

다음은 회계감사 개요, 윤리기준, 공인회계사법, 외부감사법 등 회계감사 전반에 대한 물음이다.

(물음 1) 다음은 회계감사 수업시간에 이루어진 학생과 교수의 대화이다.

> **(교수)** 이번 법 개정으로 앞으로는 7인 이상의 공인회계사만으로도 회계법인 설립이 가능해졌습니다.
>
> **(학생)** 회계법인의 설립요건이 완화된다면 ⓐ감사품질 관점에서 악영향이 있지 않을까요?
>
> **(교수)** 물론 그럴 가능성도 있지만, 꼭 그렇지만은 않습니다. (ⓑ). 따라서 감사품질이 높아지는 효과도 있습니다.

위 대화에서 학생이 ⓐ와 같이 대답한 이유와 ⓑ에 들어갈 알맞은 문장을 감사품질 관점에서 **각각 2줄 이내**로 서술하시오.

(물음 2) 다음 각 독립적인 상황별로 한국회계법인의 감사업무 수임이 가능한지 여부와 그 이유를 서술하시오(단, 모든 감사대상회사는 주권상장법인임).

[상황 1] 한국회계법인은 전기부터 ㈜대한은행과 감사계약을 체결하고 있다. 한국회계법인의 사원인 김투명 회계사는 10년 전 ㈜대한은행의 100% 모회사인 ㈜민국은행으로부터 2억원의 주택담보대출을 받았으며, 당기 담보대출을 연장하였다(단, 시장금리 변화로 당초 대출금리보다 2%p 낮은 금리를 적용하였고, ㈜대한은행은 ㈜민국은행에 중요한 경우임).

[상황 2] 한국회계법인은 당기 ㈜만세은행과 감사계약을 체결하였다. 계약 체결 이후 한국회계법인의 업무수행이사인 나잘해 회계사는 ㈜만세은행의 자회사인 ㈜천세은행 계좌에 3억원을 입금하였다(단, 해당 계좌는 전기 이전에 개설한 보통예금 계좌임).

[상황 3] 한국회계법인은 당기 ㈜국제와 감사계약을 체결하고자 한다. 당기 한국회계법인의 사원이었던 강이직 회계사가 회계법인 퇴사 후 ㈜국제의 자매회사(공동의 통제하에 있는 회사)인 ㈜국내의 재무책임임원으로 취임하였다.

[상황 4] 한국회계법인은 당기 ㈜새우와 감사계약을 체결하였다. 감사계약과 함께 세무조정 및 법인세 신고대리 및 이연법인세자산 계산용역을 함께 수임하였다(단, 감사의 서면동의서를 입수하였음).

[답안양식]

구분	수임 가능 여부 (예, 아니오)	이유
[상황 1]		
[상황 2]		
[상황 3]		
[상황 4]		

회계감사

(물음 3) 한국회계법인의 사원인 손홍만 회계사는 ㈜글로벌의 재무제표 작성 및 자금관리 업무를 수임하였다. ㈜글로벌은 Global Inc.의 자회사로 한국에서는 임직원 없이 중개무역업무만 수행하여, 별도의 회계 및 자금조직이 존재하지 않아 관리 업무를 한국회계법인이 대행하고자 한다. 이때 (1) 어떠한 윤리강령 준수에 위협이 발생할 수 있는지 <u>모두</u> 기재하고, 이에 대한 (2) 안전장치를 <u>세 가지</u>만 서술하시오.

(물음 4) 외부감사법상 감사인 선임에 있어 감사대상회사의 감사 또는 감사위원회는 각종 권리와 의무가 존재한다. 감사인 선임 시점에서 ⓐ<u>감사 또는 감사위원회가 문서화할 사항을 세 가지</u> 서술하고, 이와 관련하여 ⓑ <u>후속적으로 수행해야 할 절차</u>와 ⓒ<u>이 제도가 달성하고자 하는 목적(궁극적 취지)</u>을 각각 **1줄 이내**로 서술하시오.

[답안양식]

구분	내용
ⓐ 문서화 할 사항	① ② ③
ⓑ 후속 절차	
ⓒ 목적(궁극적 취지)	

(물음 5) 다음은 감사인(공인회계사)의 법률적 책임에 대한 설명이다. 각 항목별로 설명이 적절한지 여부를 기재하고, 적절하지 않은 경우 그 이유를 서술하시오(단, 공인회계사법과 외부감사법을 우선적으로 적용한다.).

항목	설명
①	공인회계사와 회계법인은 2 이상의 사무소를 둘 수 없다.
②	공인회계사는 그 직무상 알게 된 비밀을 누설하여서는 아니 되나, 법규에 의해 정보의 공개가 요구되는 경우 고용주의 허락 없이도 공개할 수 있다.
③	감사인이 그 임무를 게을리하여 회사에 손해를 발생하게 한 경우에는 그 감사인은 회사에 손해를 배상할 책임이 있으나, 감사보고서일로부터 8년 이내에 청구권을 행사하지 아니하면 소멸한다(단, 감사 계약 시 그 기간을 연장한 경우는 제외).
④	회계법인은 한국공인회계사회에 손해배상공동기금을 적립하여야 하나, 법적 요건을 갖춘 배상책임보험에 가입한 경우, 공동기금 중 연간적립금을 적립하지 아니할 수 있다.

[답안양식]

항목	적절한가? (예, 아니오)	적절하지 않은 경우, 그 이유
①		
②		
③		
④		

회계감사

【문제 2】 (15점)

다음은 재무제표에 대한 감사 전반에 사용되는 감사위험, 감사증거, 감사계획, 소규모기업 재무제표에 대한 감사 등에 관한 물음이다.

(물음 1) 적발위험은 감사위험을 수용가능한 낮은 수준으로 감소시키기 위하여 감사인이 결정하는 감사절차의 성격, 시기 및 범위와 관계가 있다. 그러므로 적발위험은 감사절차와 그 적용에 대한 효과성의 함수이다. 감사절차와 그 적용의 효과성을 높이는데 도움이 되고 감사인이 부적합한 감사절차를 선택하거나, 감사결과를 잘못 해석할 가능성을 감소시키는 데 도움이 되는 사항을 <u>두 가지</u>만 서술하시오.

(물음 2) 유의적 위험이란 감사인이 판단할 때 감사상 특별한 고려가 요구되는 것으로 식별되고 평가된 중요왜곡표시위험을 말한다. 감사인은 식별된 위험 중에 유의적이라고 판단되는 것이 있는지를 결정하여야 하며, 이때 해당 위험과 관련하여 식별된 통제의 영향은 배제하여야 한다. (1) <u>유의적 위험 판단 시 최소한의 고려사항 중 두 가지</u>만 서술하고, 경영진주장 수준의 위험평가절차 수행 시 평가된 중요왜곡표시위험이 유의적이라고 결정한 경우 수행해야 할 감사절차를 (2) <u>내부통제 측면</u>과 실증절차 측면에서 각각 <u>2줄 이내</u>로 서술하시오.

[답안양식]

구분	내용
(1) 고려사항	
(2) 감사절차	① 내부통제 측면 ② 실증절차 측면

(물음 3) 다음은 감사계획 및 감사증거에 대한 설명이다. 각 항목별로 설명이 적절한지 여부를 기재하고, 적절하지 않은 경우 그 이유를 서술하시오.

항목	설명
①	기업이 종업원들에게 연말 재고자산의 실사 시 수량을 정확하게 파악하여 기록하도록 설정한 통제활동은 재고자산 계정잔액의 실재성과 완전성이라는 경영진주장과 직접적으로 연결된다.
②	감사증거로 사용되는 정보가 기업의 독립된 외부의 원천에서 얻어지는 정보라면 신뢰성이 높다.
③	감사인은 일부의 거래유형과 계정잔액 및 공시에 대한 추가감사절차를 먼저 시작한 후, 남아있는 모든 추가감사절차에 대한 계획을 수립할 수도 있다.
④	대부분의 서면진술은 자체로 충분하고 적합한 감사증거를 제공하지 않지만, 예외적으로 서면진술이 다루는 일부 사항에 대해서는 그 자체로서 충분하고 적합한 감사증거를 제공할 수 있다.

[답안양식]

항목	적절한가? (예, 아니오)	적절하지 않은 경우, 그 이유
①		
②		
③		
④		

※ 다음은 (물음 4)와 (물음 5)에 대한 추가자료이다.

회계감사기준위원회는 2022년 12월 27일 감사기준서 1200 「소규모기업 재무제표에 대한 감사」를 신설한 회계감사기준 개정안을 의결하였으며 금융위원회는 2023년 2월 15일 동 개정을 승인하였다.

감사기준서 1200 '소규모기업 재무제표에 대한 감사'는 소규모기업의 재무제표를 감사하는 감사인이 준수하여야 할 요구사항을 정함을 목적으로 한다.

아래 물음은 감사기준서 1200 「소규모기업 재무제표에 대한 감사」(이하 '소규모기업 감사기준서')를 우선 적용한다(단, 소규모기업 감사기준서 외의 감사기준서를 「일반 감사기준서」로 정의한다.).

(물음 4) 소규모기업 감사기준서에서는 소규모기업의 기준의 적용대상을 질적 요건과 양적 요건으로 나누었다. 이 중 소규모기업의 적용대상에서 제외되는 질적 요건을 **세 가지**만 서술하시오(단, 아래 예시는 제외할 것).

〈예시〉
주권상장법인

(물음 5) 소규모기업 감사기준서를 적용하여 감사를 수행하는 도중에 감사 대상 기업이 소규모기업의 조건을 충족하지 못하게 된 경우, 감사인은 일반 감사기준서를 적용하여 감사를 수행하여야 한다. 이를 위하여 수행하여야 할 절차를 서술하시오(단, 아래 예시는 제외할 것).

〈예시〉
다음을 포함하여 이미 수행한 업무가 충분하고 적합한지 평가함
1) 기업과 기업 환경의 이해를 포함한 위험평가절차
2) 이미 설계하였거나 수행한 추가감사절차
3) 문서화

【문제 3】 (13점)

㈜A는 제조업을 영위하고 있는 주권상장법인으로서 내부회계관리제도감사를 포함한 통합감사 대상이며, 보고기간말은 12월 31일이다.

(물음 1) 한국회계법인의 손 회계사는 ㈜A의 내부회계관리제도가 효과적으로 설계되었는지 평가하고 있다. 다음은 ㈜A의 매출활동 및 대금회수 프로세스에 대한 정보기술에 대한 통제를 포함한 업무기술서 중 일부이다(단, ㈜A는 선적지 인도기준으로 매출을 인식함).

[업무기술서]

항목	설명
①	신규고객 등록 시 고객 정보의 등록, 변경, 삭제 권한은 신용평가 부서에만 부여되며, 승인된 고객정보만 고객 마스터에 반영되도록 설정되어 있다.
②	매월 임원진 회의를 통해 제품 기준가격이 결정되며, 영업부서 담당자는 변동된 제품 기준가격 정보를 ERP에 입력 후 영업팀장의 승인을 획득한다. 변경된 제품가격은 승인 즉시, 시스템상 이후 생성되는 판매지시서에 자동으로 반영된다.
③	시스템상 승인된 판매지시서가 없는 항목에 대해서는 출고지시서가 생성되지 않도록 설정되어 있으며, 창고 담당자는 승인된 판매지시서와 ERP상 재고 수량을 비교 후 출고 가능한 품목에 대해 출고지시서를 작성하고 출고부서 팀장의 승인 후 출고가 이루어지도록 한다.
④	회계팀 담당자는 전자형태로 된 고객으로부터의 인수증을 시스템으로 확인 후, 판매지시서상 수량과 단가 정보가 매출전표로 생성되도록 처리하며, 회계팀장의 승인을 획득하면 분개장에 기록된다.
⑤	시스템(CMS)을 통해 자동으로 대금 회수를 처리하는 경우, 대금 회수 즉시 외상매출금 반제전표가 생성되고 계정별원장 등 보조원장에 자동으로 반영된다.

회계감사

손 회계사는 업무기술서의 통제활동 중 **두 가지**가 미흡하다고 판단하고 있다. 미흡한 통제활동에 해당하는 항목번호를 기재하고, 손 회계사가 ㈜A의 경영진에게 권고할 수 있는 개선안을 각 항목별로 **한 가지**만 **3줄 이내**로 서술하시오.

[답안양식]

미흡한 항목	권고 개선안

(물음 2) 정보기술의 사용은 통제활동이 실행되는 방식에 영향을 준다. 기업이 정보의 완전성과 시스템이 처리하는 데이터의 보안을 유지하고 있고, 효과적인 정보기술 일반통제와 응용통제를 포함하고 있는 경우, 감사인의 관점상 정보기술시스템에 대한 통제는 효과적이다. 다음은 정보기술 일반통제와 응용통제에 대한 설명이다.

항목	설명
①	정보기술 응용통제는 다수의 응용소프트웨어와 일반통제의 효과적인 작동을 지원하는 정책과 절차이다.
②	일반통제는 거래나 기타 재무정보의 개시, 기록, 처리 및 보고에 사용되는 절차들과 관계가 있다.
③	일반적으로 일반통제는 경영진주장과 직접 연계되지는 않는다.
④	내부회계관리제도 감사에서 프로그램 변경, 프로그램에 대한 접근 및 컴퓨터 운영에 대한 일반통제가 효과적이고 지속적으로 테스트된다면, 그리고 자동화된 응용통제가 감사인이 정한 출발점 이후 변경이 없었다는 것을 감사인이 결정한다면, 감사인은 자동화된 응용통제에 대하여 전기에 수행한 구체적인 운영테스트를 반복하지 않아도 해당 자동화된 응용통제가 계속해서 효과적이라고 결론내릴 수 있다.

각 항목별로 설명이 적절한지 여부를 기재하고, 적절하지 않은 경우 그 이유를 서술하시오.

[답안양식]

항목	적절한가? (예, 아니오)	적절하지 않은 경우, 그 이유
①		
②		
③		
④		

(물음 3) 위 (물음 1)의 [업무기술서] 내 ⑤번 항목에 대해 손 회계사는 자동화된 통제는 일관성 있게 반복되므로, 이에 대하여는 그 테스트 범위를 확대하는 것이 불필요하다고 결론내렸다. 이를 위해 필요한 요건을 **세 가지** 서술하시오.

【문제 4】 (15점)

한국회계법인은 주권상장법인인 ㈜A에 대해 다음과 같이 실증절차를 계획하고 수행하였다.

항목	설명
(A)	**〈유형자산 계정〉** 유형자산 담당자인 김치밀 회계사는 유형자산의 감가상각비에 대한 <u>분석적절차(overall test)</u>를 수행하였고, 기대치와 재무제표상 금액과의 차이가 허용가능한 수준을 초과하였다. 이에 감가상각비를 재계산하여 감가상각비 관련 왜곡표시를 식별하였다. 이러한 왜곡표시는 사실적 왜곡표시에 해당된다.
(B)	**〈차입금 계정〉** 차입금 담당자인 손홍만 회계사는 재무제표일 현재 차입금 잔액이 존재하는 모든 금융기관뿐만 아니라 당기에 자금 거래가 발생한 모든 금융기관에 대해 조회서를 발송하였다. 이후 일부 미회수 조회처에 대해 대체적 절차로 금융기관이 발급한 부채증명원을 통하여 실제 잔액을 확인하였다(단, 회사의 차입금은 전액 금융기관에 대한 차입금임).
(C)	**〈재고자산 계정〉** 재고자산 담당자인 김나박 회계사는 보고기간말 현재 <u>제3자가 보관, 통제</u>하고 있는 재고자산이 우크라이나에 존재하였음을 확인하였고 현재 해당 국가에 전쟁 중인 상황을 고려, 창고명세서를 통하여 재고자산의 실재성을 확인하였다. 재고자산에 대한 중요왜곡표시위험이 낮고, 해당 재고자산이 중요성 기준에 현저히 미달하여 질문 외 추가적인 감사절차는 수행하지 아니하였다.
(D)	**〈인건비 계정〉** 인건비 담당자인 이국민 회계사는 재무제표상 인건비 계상액의 완전성 확인을 위해 전 직원에 대한 급여대장을 징구하여 재무제표상 급여성 항목의 계정과목(급여, 노무비, 경상연구개발비, 개발비 등)의 금액과의 일치함을 확인하였고, 급여대장상 인원에서 <u>일정 표본을 추출</u>하여 인사기록카드와 대사하여 가공직원 여부를 확인하였다.

(물음 1) 위의 각 항목별로 그룹업무팀이 수행한 절차가 적절한지 여부를 기재하고, 적절하지 않은 경우 그 이유를 서술하시오.

항목	적절한가? (예, 아니오)	적절하지 않은 경우, 그 이유
(A)		
(B)		
(C)		
(D)		

(물음 2) 항목 (A)의 밑줄친 부분과 관련하여 실증절차로서의 분석적절차 수행 시 기록된 금액이나 비율에 대한 감사인의 기대치가 도출될 데이터의 신뢰성을 평가하여야 한다. 이때 데이터(정보)의 신뢰성을 결정하는 요소를 <u>세 가지</u>만 서술하시오.

회계감사

(물음 3) 다음은 항목 (B)와 관련하여 업무수행이사와 차입금 담당자 손홍만 회계사와의 대화이다.

> **(업무수행이사)** 감사조서 검토 결과 회사는 중요성 금액을 초과하는 차입금을 전액 단기차입금으로 분류하였음에도 불구하고 해당 항목에 대해 공정하게 표시하고 있다고 결론 내렸던데 다시 한번 확인해주세요.
>
> **(손홍만 회계사)** 제가 감사조서에도 기록하였듯 중요성 금액 이상의 장기차입금이 단기차입금으로 분류된 것이 사실 입니다. 그러나 회사의 차입금이 재무제표에서 차지하는 비중이 작고, 포괄손익계산서나 다른 주요 비율에 영향을 미치지 않아 중요한 왜곡표시로 분류하지 않았습니다. 또한 비유동부채를 유동부채로 분류한 상황이기에 저의 결론은 합리적이라고 생각합니다.

위 대화에서 손홍만 회계사의 판단이 적절한지 여부를 판단하고 그 이유를 서술하시오.

(물음 4) 항목 (C)의 밑줄친 부분과 관련하여 창고관리업체가 보관·통제하고 있는 재고자산이 바르게 실사되고 적절하게 보호되는지 확인하기 위해 해당 업체의 내부통제 효과성을 테스트하고자 한다. 이때 사용 가능한 테스트 방법을 **한 가지**만 서술하시오(단, 해당 창고관리업체는 어떠한 형태의 감사도 받지 아니하였음).

(물음 5) 항목 (D)의 밑줄친 부분과 관련하여 이국민 회계사는 통계적 표본감사 기법을 활용하여 표본을 추출하였다.

(요구사항 1) 통계적 표본감사와 비통계적 표본감사를 구분하는 기준 **두 가지**를 서술하시오.

(요구사항 2) 아래 설명이 적절한지 여부를 기재하고, 적절하지 않은 경우 그 이유를 **2줄 이내**로 서술하시오.

항목	설명
①	일반적으로 표본추출 시 통계적 표본감사가 비통계적 표본감사보다 표본규모가 더 크다.
②	통계적 표본감사의 경우, 표본항목들은 각 표본단위가 알려진 확률에 따라 선정되는 방식으로 추출되며, 비통계적 표본감사의 경우에는 판단에 의하여 표본을 추출한다.
③	표본규모에 영향을 미치는 요소들이 표본규모에 미치는 영향은 상황이 유사할 경우 통계적 또는 비통계적 방법에 관계없이 유사할 것이다.
④	표본감사는 반드시 전체항목보다 적은 수의 항목에 대하여 감사절차를 적용하여야 한다.

[답안양식]

항목	적절한가? (예, 아니오)	적절하지 않은 경우, 그 이유
①		
②		
③		
④		

회계감사

【문제 5】 (11점)

한국회계법인은 설립 후 최초 외부감사인을 선임한 ㈜A에 대해 초도감사를 수행하고 있다. ㈜A는 전세계를 상대로 해상 무역업을 영위하고 있고, 보고기간말은 12월 31일이다.

(물음 1) 재고자산 담당자인 고민해 회계사는 ㈜A에 대한 기초 재고자산 잔액에 당기재무제표에 중요하게 영향을 미치는 왜곡표시가 포함되었는지 여부에 대하여 충분하고 적합한 감사증거를 입수하고자 한다. 이러한 상황에서 기초잔액과 관련된 충분하고 적합한 감사증거를 입수하기 위해 필요한 감사절차의 성격과 범위에 미치는 요소를 **두 가지**만 서술하시오(단, 아래 예시는 제외할 것).

〈예시〉
당기재무제표에 대한 기초잔액의 유의성

다음은 (물음2) ~ (물음3) 관련된 상황이다.

[상황]

- 회사와의 감사계약이 20X1년 4월 20일에 체결되었음을 고려하여 재고자산 실사입회를 4월 30일자로 수행하였고, 1월 1일부터 4월 30일까지의 입출고내역을 입수하여 전체 입출고 항목 중 비통계적 표본추출방법으로 표본을 추출하여 선적서류와의 비교 및 대사를 통해 재고자산의 실재성과 완전성을 확인하였다.
- 당기 1월부터 3월까지의 매출원장을 입수하여 실제 판매단가와 표준 판매단가를 비교하여 평가에 대한 감사증거를 입수하였다.
- 재고자산에 대한 기간귀속 테스트를 위해 보고기간말 전후 10일간의 매출원장을 입수하여 실제 인도일자와 수익인식시점이 일치하는지를 확인하였다.
- 위와 같은 감사절차에도 불구하고 고민해 회계사는 기초 재고자산에 대한 충분하고 적합한 감사증거 입수에 실패하였다.

(물음 2) 위 실증절차 중 잘못된 항목을 **두 가지**만 고르고 올바른 감사절차를 서술하시오.

[답안양식]

잘못된 항목	올바른 감사절차

(물음 3) 다음은 위 감사결론에 따른 감사보고서 초안 중 일부이다(단, 재고자산 금액은 중요하지만 전반적이지는 않고, 다른 항목은 공정하게 표시됨).

재무성과에 대한 한정의견
우리의 의견으로는 별첨된 손익계산서는 이 감사보고서의 한정의견근거 단락에서 기술된 사항이 미칠 수 있는 영향을 제외하고는, 20X1년 12월 31일로 종료되는 보고기간의 재무성과 내용을 한국채택국제회계기준에 따라 중요성의 관점에서 공정하게 표시하고 있습니다.

재무상태에 대한 의견
우리의 의견으로는 별첨된 재무상태표는 회사의 20X1년 12월 31일 현재의 재무상태를 한국채택국제회계기준에 따라 중요성의 관점에서 공정하게 표시하고 있습니다.

재무성과에 대한 한정의견 근거를 포함한 감사의견근거
우리는 20X1년 4월 20일에 회사의 감사인으로 선임되었기 때문에, 보고기간 개시일 현재의 재고자산 실사에 입회하지 못하였습니다. 우리는 대체적인 방법으로도 20X0년 12월 31일 현재 보유 중인 재고자산 단가에 대하여 만족할 만한 결과를 얻지 못하였습니다. 기초 재고자산이 재무성과의 결정에 영향을 미치기 때문에, 우리는 손익계산서에 보고된 연간손익에 수정을 요하는 사항이 있는지 여부를 결정할 수 없었습니다.

위 감사보고서 초안 내용 중 수정이 필요한 항목을 **모두** 고르고 그 이유를 서술하시오(단, 동일한 내용(이유)으로 수정이 필요한 경우 하나의 항목으로 봄).

[답안양식]

수정이 필요한 항목	그 이유

(물음 4) 위 상황과는 별도로 계속감사의 경우 전기재무제표에 대해 전임감사인의 감사의견 변형으로 인하여 당기재무제표에 대한 감사의견이 변형되는 경우가 있다. 어떠한 경우 이러한 상황이 발생하는지 서술하시오.

【문제 6】 (11점)

㈜H는 주권비상장법인으로서 당기 주권상장을 위해 증권선물위원회에 감사인 지정신청을 하여 한국회계법인과 감사계약을 체결하였다.

- ㈜H는 오토바이를 통한 퀵커머스 사업을 수행하고 있어 국내의 오프라인 점포에서 판매되는 모든 물품에 대해 당일배송 서비스를 제공하고 있다.
- 실시간으로 각 오프라인 점포에서 ㈜H의 시스템에 주문을 입력하면, ㈜H는 최근접 배송기사를 배정하고, 배정된 배송기사가 점포에 방문하고 물품을 인수 후 고객에게 전달하는 방식이다.
- ㈜H는 단순 배송중개인으로 배송사고에 대한 책임이 없으며, 결제된 배송수수료를 배송기사에게 전달하되 플랫폼 사용료 명목으로 배송수수료의 약 30%를 배송기사에게 부과한다. ㈜H는 배송수수료의 30%를 매출로 인식하고 있다.

다음은 한국회계법인의 매출 및 매출채권 계정담당 회계사인 한똑똑과 ㈜H의 대표이사와의 대화이다.

(한똑똑) 배송기사로부터 수수료 30%를 부과하는 것으로 알고 있습니다. 같은 업종 다른 경쟁사와 비교할 때 30%는 다소 높은 것으로 판단됩니다. 이렇게 높게 책정하는 이유가 있을까요?

(대표이사) 저희는 업계 1위이며, 저희가 배송기사를 대신하여 영업수단을 제공한다는 점에서 충분히 합리적인 비율이라고 생각합니다. 또한 배송기사들은 저희 브랜드인 「스피드」가 적힌 옷을 입고 배송하는 대가로 일정 비율을 광고비 명목으로 지급하고 있습니다. 그래서 배송기사들의 불만은 전혀 없습니다.

(한똑똑) 광고비 명목으로 어느 정도 지급하고 있나요?

(대표이사) 배송기사들에게 지급하는 광고비는 배송수수료의 25%로 책정되어 있습니다. 모든 배송수수료는 이동거리, 무게, 부피에 따라 객관적으로 결정되니 아무 문제가 없습니다.

(물음 1) 위 상황에서 감사인인 한똑똑 회계사가 추가적으로 수행해야 할 감사절차를 **3줄 이상** 서술하시오.

(물음 2) 위 (물음 1)의 추가적인 감사절차를 통해 한똑똑 회계사는 회사에 부정의 징후가 존재한다고 판단하고 있다. (1)그렇게 판단한 이유와 이로 인한 (2)재무제표 효과를 각각 **4줄 이내**로 서술하시오.

(물음 3) 한똑똑 회계사는 추가적인 실증절차를 통해 ㈜H에 대해 재무제표상 왜곡표시를 식별하였다. 이때 수행해야 할 (1)회계감사기준에 따른 감사절차와 (2)외부감사법에 따른 의무를 각각 **3줄 이내**로 서술하시오 (단, 경영진이 연루되지는 않음).

(물음 4) 한국회계법인은 최종 감사절차 수행 후 대표이사에게 이러한 왜곡표시를 수정할 것을 요청하였으나, 회사의 대표이사는 왜곡표시로 판단하지 않았고 이에 대한 구체적인 내용을 서면진술로 제공할 계획이다. 이러한 상황에서 감사인이 수행할 감사절차를 **3줄 이내**로 서술하시오.

【문제 7】(10점)

(물음 1) 다음은 주권상장법인인 ㈜A의 연결재무제표에 대한 감사보고와 관련된 물음이다. 다음은 감사의견이 적정이며 표준연결감사보고서 중 본론에 위치하는 문장 일부를 발췌한 것이다. 제시된 내용에서 수정이 필요한 부분을 **모두** 찾아 어떻게 수정해야 할지를 서술하시오(단, ㈜A는 통합감사의 대상이 아님).

---

① 감사기준에 따른 감사의 일부로서 우리는 감사의 전 과정에 걸쳐 전문가적 판단을 수행하고 전문가적 의구심을 유지하고 있습니다. 우리는 또한:

② 상황에 적합한 감사절차를 설계하기 위하여 감사와 관련된 내부통제를 이해하고 합니다. 그러나 이는 내부통제의 효과성에 대한 의견을 표명하기 위한 것이 아닙니다.

③ 재무제표를 작성하기 위하여 경영진이 적용한 회계정책의 적합성과 경영진이 도출한 회계추정치와 관련 공시의 합리성에 대하여 평가합니다.

④ 경영진의 회계의 계속기업전제 사용의 적절성과, 입수한 감사증거를 근거로 계속기업으로서의 존속능력에 대하여 유의적 의문을 초래할 수 있는 사건이나 상황과 관련된 중요한 불확실성이 존재하는지 여부에 대하여 결론을 내립니다. 중요한 불확실성이 존재한다고 결론을 내리는 경우, 우리는 의견을 변형시킬 것을 요구받고 있습니다. 우리의 결론은 감사보고서일까지 입수된 감사증거에 기초하나, 미래의 사건이나 상황이 연결회사의 계속기업으로서 존속을 중단시킬 수 있습니다.

⑤ 공시를 포함한 연결재무제표의 전반적인 표시와 구조 및 내용을 평가하고 연결재무제표가 기초가 되는 거래와 사건을 공정한 표시가 달성될 수 있는 방식으로 표시하고 있는지 여부를 평가합니다.

회계감사

⑥ 연결재무제표에 대한 의견을 표명하기 위해 기업의 재무정보 또는 그룹내의 사업활동과 관련된 충분하고 적합한 감사증거를 입수합니다. 우리는 그룹감사의 지휘, 감독 및 수행에 대한 책임이 있으며 감사의견에 대한 일부 책임이 있습니다.

⑦ 우리는 여러 가지 사항들 중에서 계획된 감사범위와 시기 그리고 감사 중 식별된 유의적 내부통제 미비점 등 유의적인 감사의 발견사항에 대하여 경영진과 커뮤니케이션합니다.

⑧ 우리는 지배기구와 커뮤니케이션한 사항들 중에서 당기 연결재무제표감사에서 가장 유의적인 사항들을 핵심감사사항으로 결정합니다. 법규에서 해당 사항에 대하여 공개적인 공시를 배제하는 경우를 제외하고는, 우리는 감사보고서에 이러한 사항들을 기술합니다.

[답안양식]

잘못된 부분	수정내용
① ~ ⑧ 중 선택	

(물음 2) 계속기업으로서 존속능력과 관련하여 중요한 불확실성의 식별은 이용자가 재무제표를 이해하는 데 중요한 사항이다. 계속기업으로서의 존속능력에 대하여 유의적 의문을 초래할 만한 사건이나 상황이 식별되었을 때 감사보고서에 강조사항문단이 포함될 수 있는 경우는 어떠한 경우인지 서술하시오(단, 계속기업 전제는 적합한 것으로 가정).

(물음 3) 감사인은 식별된 왜곡표시가 감사에 미치는 영향과 미수정왜곡표시가 재무제표에 미치는 영향을 평가한다. 각 항목별 설명이 적절한지 여부를 기재하고, 적절하지 않은 경우 그 이유를 **2줄 이내**로 서술하시오.

항목	설명
①	감사인은 분류의 왜곡표시가 다른 왜곡표시를 평가하는 데 적용된 중요성 수준을 초과하는 경우에도 재무제표 전체의 관점에서 중요하지 않다고 결론을 내리는 상황도 있다.
②	감사인은 최종 집계한 모든 왜곡표시에 대해 반드시 적시에 지배기구와 커뮤니케이션을 해야한다.
③	경영진이 감사인과 커뮤니케이션한 왜곡표시 등 모든 왜곡표시를 수정하는 것은, 경영진이 정확한 회계장부와 회계기록을 유지할 수 있게 하고, 과거 보고기간과 연관된 중요하지 않은 식별된 왜곡표시가 누적되어 향후 재무제표가 중요하게 왜곡표시 될 위험을 감소시킨다.
④	개별적으로 중요하지 아니한 다수의 미수정 왜곡표시들이 존재하는 경우, 감사인은 개별 미수정왜곡표시들의 세부적인 사항보다는 미수정왜곡표시의 건수와 전반적인 금액적 영향을 커뮤니케이션할 수 있을 것이다.

[답안양식]

항목	적절한가? (예, 아니오)	적절하지 않은 경우, 그 이유
①		
②		
③		
④		

【문제 8】 (8점)

주권상장법인인 ㈜A는 종속기업(B, C, D)을 보유하고 있다. 현무회계법인은 ㈜A의 연결재무제표에 대한 그룹감사를 수행하고 있다.

〈부문 정보〉

(단위: 억원)

구분	A	종속기업		
		B	C	D
매출액	1,200	500	400	3
세전손익	240	20	(-)90	(-)30
당기순손익	100	8	(-)85	(-)30
자산 총계	5,000	80	2,000	300
부채 총계	3,000	20	500	120

- 상기 재무정보는 별도재무제표 기준이며, 부문 B의 매출은 전액 내부거래임(그 외 연결실체간의 내부거래(매출·매입 및 채권·채무 등)는 없음)
- 현무회계법인은 그룹중요성을 그룹매출의 1%로, 그룹에 대한 개별적인 재무적 유의성을 판단하는 기준을 외부 매출액의 0.5%로 결정함

(물음 1) 다음은 그룹업무팀이 부문재무정보에 대하여 수행할 업무유형의 결정과 관련하여 수행한 감사절차이다.

항목	설명
①	A는 현무회계법인에서 감사절차를 수행하므로 별도 추가절차 없이 현무회계법인이 정한 품질관리 정책을 준수하였는지 검토할 예정이다.
②	B는 우크라이나 소재로 금액적으로 유의적이지는 않으나 최근 전쟁으로 인하여 계속기업가정에 중요한 불확실성이 존재한다고 판단하여 유의적 부문으로 판단하였다. 다만, 회계팀이 한국에 있고, 재고자산과 유형자산이 존재하지 않는 서비스업을 영위하고 있기에 현지에 방문하지 않고 한국에서 현무회계법인이 계속기업가정에 대한 감사절차만 수행하기로 하였다.
③	C는 베트남 소재 회사로 재무보고체계가 달라 베트남에 소재해 있는 한국인 회계법인에 재무보고체계 전환 및 부문재무제표에 대한 감사를 의뢰하였다. 해당 회계법인의 업무수행이사에게 질의서 발송 및 회신 결과 경력이 10년 이상이고 한국 및 베트남 회계사 자격증 소지자로 적격성 있는 감사인으로 판단하였다.
④	D는 생산공장이 있는 미국 소재 회사로, 담당자 질문 결과 당기 여름 허리케인과 매미떼의 습격을 받아 가동이 중단된 상태이며, 누적된 결손으로 미국을 철수할 계획이다. 이에 관련 이사록 검토결과 차기내 미국법인을 청산할 것으로 결의하였고, 청산기준으로 재무제표를 작성하였다. 추가적으로 현재 D 소유의 공장부지가 현재 매물로 나와있음을 현지 공인중개사를 통해 확인하여 그룹수준의 분석적 절차만을 수행할 예정이다.

위의 각 항목(①~④)별로 그룹업무팀이 수행한 절차가 적절한지 여부를 기재하고, 적절하지 않은 경우 그 이유를 서술하시오.

[답안양식]

항목	적절한가? (예, 아니오)	적절하지 않은 경우, 그 이유
①		
②		
③		
④		

(물음 2) 그룹업무팀이 회계감사기준에 따른 최소한의 그룹감사절차로는 그룹감사의견의 근거가 되는 충분하고 적합한 감사증거를 입수하지 못할 것이라고 판단하여, 추가적인 부문에 대해 특정 감사 또는 검토절차를 수행하려고 한다. 이때 (1)추가적인 부문의 산정 방식과 (2)감사 또는 검토의 수행주체를 서술하시오.

(물음 3) 현무회계법인이 부문감사인을 활용하여 감사절차를 수행하였을 때, 그룹재무제표에 대한 감사증거의 충분성과 적합성에 대한 평가의 일환으로 부문감사인의 커뮤니케이션을 평가하여야 한다. 이 경우 그룹업무팀이 수행해야 할 감사절차를 서술하시오.

- 끝 -

〈제5회 실전모의고사〉

1/16

2024년도
제58회 공인회계사 2차시험 문제

(난이도 상)

GS 모의고사 2회

과목명	회계감사
일자	
제 3교시	16:10 ~ 18:10

출제자 : 공인회계사 손 보 승

회계감사

※ 답안 작성시 유의사항
1. 모든 문제는 2024년 12월 31일 이후 최초로 개시하는 회계연도에 적용되는 회계감사기준에 따라 답하시오.
2. '주식회사 등의 외부감사에 관한 법률'은 '외부감사법'으로, '공인회계사 윤리기준'은 '윤리기준'으로 표현한다.
3. 문제에서 서술하라고 요구한 경우에는 문장의 형태로 답하시고, 답안양식을 제시한 경우에는 답안양식을 준수하여 답하시오.
4. 답의 분량(개수, 줄 등)을 제한한 경우에는 해당 분량을 초과한 부분은 채점에서 고려하지 않는다.

【문제 1】 (18점)

다음은 회계감사 개요, 윤리기준, 외부감사법, 감사품질 등 회계감사 전반에 대한 물음이다.

(물음 1) 다음은 외부감사법 제6조의 내용 일부이다.

> 외부감사법 제6조
> ① 회사의 대표이사와 회계담당 임원(회계담당 임원이 없는 경우에는 회계업무를 집행하는 직원을 말한다. 이하 이 조에서 같다)은 해당 회사의 재무제표를 작성할 책임이 있다.
> ② 회사는 해당 사업연도의 재무제표를 작성하여 대통령령으로 정하는 기간 내에 감사인에게 제출하여야 한다.
>
> (중략)
>
> ④ 주권상장법인인 회사 및 대통령령으로 정하는 회사는 제2항에 따라 <u>감사인에게 제출한 재무제표 중 대통령령으로 정하는 사항을 증권선물위원회에 제출하여야 한다.</u> (이하 생략)

위 밑줄친 내용과 같이 주권상장법인 등이 감사인에게 제출한 재무제표를 증권선물위원회에도 제출하도록 규정한 이유를 **3줄 이내**로 서술하시오.

(물음 2) 다음 각 독립적인 상황별로 한국회계법인의 감사업무 수임(또는 감사계약 유지)이 가능한지 여부와 그 이유 또는 안전장치를 서술하시오.

[상황 1] 한국회계법인의 사원인 이두원 회계사는 상장회사 ㈜B의 상근감사직을 수행하고 있다. 한국회계법인은 ㈜B의 관계기업인 ㈜C에 대한 외부감사업무를 수임하고자 한다(단, ㈜B는 ㈜C에 중요한 영향력을 행사할 수 있음).

[상황 2] 한국회계법인의 감사거래처 ㈜민국은 신임 재무책임자(CFO)를 선발하고자 한다. 이에 감사인인 한국회계법인에게 재무책임자로서 필요한 역량에 대한 자문을 받았고, 이에 따라 ㈜민국은 자체적으로 최종 재무책임자를 선발하였다. 최종 CFO로 선발된 박재무 회계사는 3년 전 한국회계법인의 사원(파트너)으로 약 20년간 재직한 경험이 있다(단, 박재무 회계사는 ㈜민국의 인증업무에 관여한 이력이 없음).

[상황 3] 한국회계법인의 사원 강지오 회계사는 당기 「근로자퇴직급여 보장법」에 따른 퇴직연금 운용사를 ㈜오늘은행에서 ㈜내일은행으로 변경하였다. 한국회계법인은 ㈜내일은행과 전기부터 3년간 감사계약을 체결 중이다(단, 운용사 변경시점에서의 퇴직연금 잔액은 1억원임).

[상황 4] 한국회계법인은 당기 ㈜한국카드와 감사계약을 체결하고자 한다. 한국회계법인의 사원 방대한 회계사는 지난달 ㈜한국카드에 납부해야 할 신용카드 대금을 현재까지 연체하고 있다.

[답안양식]

구분	수임(유지) 가능 여부 (예, 아니오)	이유 또는 안전장치
[상황 1]		
[상황 2]		
[상황 3]		
[상황 4]		

(물음 3) 다음은 윤리기준에 대한 설명이다. 각 항목별로 설명이 적절한지 여부를 기재하고, 적절하지 않은 경우 그 이유를 서술하시오.

항목	설명
①	개업공인회계사는 공인회계사 교체로 인해 야기되는 윤리강령 준수에 대한 위협이 발생한 경우, 해당 위협을 제거하거나 수용가능한 수준이하로 감소시키는데 필요한 안전장치를 강구하고 이를 적용하여야 한다.
②	공인회계사가 고의성이 없이 이 윤리기준의 어느 규정을 위반하는 경우, 위반 사항의 성격과 심각성에 따라, 위반이 발견되는 즉시 신속하게 위반 사항을 시정하고 필요한 안전장치를 적용한 경우에는 윤리강령이 준수된 것으로 볼 수 있다.
③	공인회계사는 중요한 윤리적 갈등이 발생한 경우 소속기관내 타구성원이나 내부감시기구 등에 자문을 구할 수 있으며, 내부적으로 윤리적 갈등이 해결될 수 없는 경우 해당 사안과 관련된 의뢰인의 내부감시기구나 한국공인회계사회 또는 법률전문가에게 조언을 요청할 수 있다.
④	공인회계사는 자신의 통제하에 있는 직원과 자문 등 지원을 제공하는 구성원이 공인회계사의 비밀유지의무를 반드시 지키도록 모든 합리적인 조치를 취하여야 한다.

[답안양식]

항목	적절한가? (예, 아니오)	적절하지 않은 경우, 그 이유
①		
②		
③		
④		

다음은 (물음 4)와 관련된 상황이다.

> 회계감사는 재무제표에 포함된 정보위험을 감소시켜 불특정 다수의 투자자들이 합리적으로 의사결정을 할 수 있도록 하는 것을 목적으로 하기 때문에 감사품질을 높게 유지하는 것이 매우 중요하다. 어떠한 회사를 누가 감사하도록 하느냐 하는 감사인 선임 관련제도는 감사인의 독립성과 적격성에 많은 영향을 미친다. 우리나라는 1980년대 초까지 배정방식으로 감사인을 선임하다가 감사대상회사가 임의로 감사인을 선임할 수 있는 자유수임방식으로 변경하여 오늘에 이르고 있다. 자유수임방식은 감사인이 항상 교체 압력에 노출되어 있을 뿐만 아니라 낮은 품질의 감사를 원하는 회사들의 경우 부적격한 감사인을 선임할 가능성을 내포하고 있다. 자유수임제의 이러한 약점을 보완하기 위해 여러 제도를 마련하고 있다.

(물음 4) 위와 관련하여 외부감사법상 감사인의 독립성을 향상시키기 위해 채택하고 있는 제도를 유착위협과 압력위협 관점에서 각각 **두 가지 및 세 가지씩 2줄 이내로 서술**하시오(단, 예시는 제외할 것).

[답안양식]

구분	제도	내용
유착위협	(예시) ① 감사인 지정제도	(예시) 국가(증권선물위원회)가 감사인을 지정하는 제도
	②	
	③	
압력위협	①	
	②	
	③	

(물음 5) 계속감사의 경우, 감사인은 매 보고기간마다 새로운 감사계약서 또는 기타 합의서를 발송하지는 않을 것이라고 결정할 수 있을 것이다. 그러나 상황의 변화에 따라 감사업무 조건이 수정되어야 하는지 여부 그리고 기존 감사업무조건을 기업에 다시 알릴 필요가 있는지 여부를 평가하여야 한다. 감사인이 위와 같은 평가가 필요한 경우 **세 가지**를 각각 **2줄 이내**로 서술하시오(단, 아래 〈예시〉는 제외할 것).

〈예시〉
기업이 감사의 목적과 범위를 오해하고 있다는 징후

【문제 2】 (9점)

다음은 재무제표에 대한 감사 전반에 사용되는 감사증거, 위험평가절차, 감사업무의 수용과 유지 등에 관한 물음이다.

(물음 1) 감사인(검토인)은 감사(검토)목적을 달성하기 위해 다양한 감사증거입수방법을 활용한다. 아래 세부 감사(검토)목적별 합리적 확신을 얻고자 할 때 적합한 감사증거입수방법을 답안양식에 따라 아래에서 **모두** 선택하시오.

① 검사
② 관찰
③ 외부조회
④ 재계산
⑤ 재수행
⑥ 분석적절차
⑦ 질문

[답안양식]

구분		감사증거 입수방법
재무제표 감사	위험평가절차	
	통제테스트	
	실증절차	
통합감사	설계효과성 테스트	
	운영효과성 테스트	
재무제표 검토		

회계감사

(물음 2) 회계감사기준에서 사용하는 분석적절차란 재무데이터와 비재무데이터간의 개연적인 관계를 분석하여 재무정보를 평가하는 것을 의미한다. 수행된 분석적절차의 결과, 감사인이 다른 관련정보와 일관성이 없거나 기대치와 유의적인 금액만큼 차이가 있는 변동이나 관계를 식별한 경우, 그 차이에 대해 수행해야 할 절차를 서술하시오.

(물음 3) 회계법인이 새로운 의뢰인으로부터 감사업무를 수임하기 전에, 그리고 기존 감사업무의 유지 여부를 결정할 때, 또 기존 의뢰인으로부터 새로운 감사업무의 수임을 고려할 때 필요하다고 판단되는 정보를 입수할 것을 요구한다. 업무수행이사가 의뢰인 관계와 감사업무의 수용과 유지에 관해 도달된 결론이 적합한지 여부를 결정하는 데 도움을 주는 정보를 의뢰인과 감사인(업무팀) 측면에서 각각 **두 가지**씩 서술하시오.

[답안양식]

구분	도움을 주는 정보
의뢰인	
감사인(업무팀)	

(물음 4) 감사인은 감사계획수립 이후 계획된 감사범위와 시기의 개요에 관하여 지배기구와 명확하게 커뮤니케이션하여야 한다. 이때 계획된 감사범위와 시기에 대해 지배기구와 커뮤니케이션할 구체적인 사항을 **세 가지**만 서술하시오(단, 아래 〈예시〉는 제외할 것).

〈예시〉
- 감사와 관련 있는 내부통제에 대한 감사인의 접근 방식

【문제 3】(11점)

㈜A는 제조업을 영위하고 있는 주권비상장법인으로서 보고기간말은 12월 31일이다.

(물음 1) 한국회계법인의 손 회계사는 ㈜A의 내부통제가 효과적으로 설계되었는지 평가하고 있다. 다음은 ㈜A의 매입활동 및 자금관련 프로세스에 대한 정보기술에 대한 통제를 포함한 업무기술서 중 일부이다.

[업무기술서]

항목	설명
①	공급업체 등록은 오직 구매팀 담당자가 등록하고, 구매팀장의 승인을 얻어 최종 공급업체로 등록되며 공급업체의 업체명, 주소, 대표자, 담당자 연락처, 계좌번호 등이 변경된 경우, 반드시 담당자의 변경 요청 후 구매팀장의 승인이 있어야 한다.
②	구매팀 담당자의 구매주문서 작성 시 표준단가의 일정 범위를 벗어나는 경우, 변경이 불가능하며, 오직 대표이사의 특별승인절차에 의해서만 가능하다.
③	원재료 입고 시 검수팀 담당자가 ERP에 수량, 크기, 무게, 온도 등의 정보를 입력하면 자동으로 합격 여부 및 구매주문서 수량과의 일치 여부도 확인되어 자동으로 검수조서가 생성, ERP를 통해 회계팀 등 타부서로 전달된다.
④	회계팀 담당자는 ERP에 기록된 검수조서와 구매요청서, 구매주문서를 확인하여 매입전표를 작성하고 회계팀장의 승인을 얻어 ERP 내 분개장에 기록된다.
⑤	환율정보는 매일 오전에 자동으로 인터페이스 되며, 다른 환율정보와 비교하는 시스템이 존재한다. 이때 발생한 외환 관련 손익은 자동으로 계산되어 분개장에 반영된다.

회계감사

손 회계사는 업무기술서의 통제활동 중 **두 가지** 항목이 미흡하다고 판단하고 있다. 미흡한 통제활동에 해당하는 항목번호를 기재하고, 손 회계사가 ㈜A의 경영진에게 권고할 수 있는 개선안을 각 항목별로 **한 가지**만 **3줄 이내**로 서술하시오.

[답안양식]

미흡한 항목	권고 개선안

(물음 2) 다음은 내부통제의 구성요소에 대한 설명이다. 각 항목별로 설명이 적절한지 여부를 기재하고, 적절하지 않은 경우 그 이유를 서술하시오.

항목	설명
①	통제환경은 감사인이 다른 통제들의 효과성을 평가하는 데 영향을 미침으로써 감사인이 중요왜곡표시위험을 평가하는 데 영향을 줄 수는 있으나, 통제환경 그 자체가 중요한 왜곡표시를 예방하거나 이를 발견하고 수정하지는 않는다.
②	기업의 정보시스템에서 생성된 정보의 질은 경영진이 기업활동을 관리, 통제할 때 적합한 의사결정을 내리고 신뢰할 수 있는 재무보고서를 작성하는 능력에 영향을 미친다.
③	커뮤니케이션은 재무보고에 대한 내부통제와 관련된 개인의 역할과 책임에 대한 이해를 제공하는 것을 수반하며 이는 정책매뉴얼, 회계 및 재무보고매뉴얼 등의 형태를 취할 수 있다. 또한, 커뮤니케이션은 서면의 형태뿐만 아니라 경영진의 행동을 통하여도 이루어질 수 있다.
④	물리적 통제는 자산과 기록의 접근에 대한 안전설비와 같은 적절한 안전장치 등 자산의 물리적 보안 등을 말하며, 컴퓨터 프로그램과 데이터 파일에 대한 접근의 승인 등은 물리적 통제가 아닌 정보기술 통제에 속한다.
⑤	다수의 통제활동이 각각 동일한 목적을 달성하는 경우, 그러한 목적에 관계된 모든 통제활동을 이해해야 한다.

[답안양식]

항목	적절한가? (예, 아니오)	적절하지 않은 경우, 그 이유
①		
②		
③		
④		
⑤		

(물음 3) 통제테스트 수행 시 감사인이 특정 통제의 운영효과성과 관련하여 전기의 감사에서 얻은 감사증거를 이용하기로 계획한 경우, 감사인은 전기의 감사 후 해당 통제에 유의적인 변화가 발생하였는지에 관한 감사증거를 입수하여야 한다. 이때 (1)전기부터 계속적으로 유지해야 할 해당 감사증거의 속성과, (2)그러한 속성이 계속 유지되는 경우와 그렇지 않은 경우 수행해야 할 감사절차를 각각 **2줄 이내**로 서술하시오.

[답안양식]

항목	설명
(1) 감사증거의 속성	
(2) 감사절차	1) 유지되는 경우 2) 유지되지 않는 경우

【문제 4】 (6점)

한국회계법인은 사무용품 제조업을 영위하는 주권상장법인 ㈜O에 대한 실증절차를 계획하고 수행하였다. ㈜O의 보고기간말은 12월 31일이고, 다음은 감사인의 계획하고 수행한 실증절차이다.

한국회계법인의 현금및현금성자산 계정담당자는 아래와 같은 실증절차를 계획하고 수행하였다.

- 분석적절차 결과 현금및현금성자산의 잔액이 업계 평균 비중보다 현저하게 높게 계상되어 있어, 기말감사업무 철수일까지의 통장입출금내역을 검토하여 해당 현금및현금성자산의 잔액이 유지되고 있는지 확인하였다.
- 보고기간말에 근접하여 대규모의 은행간 대체거래가 발생하여, 카이팅이 의심되어 이에 대한 감사절차로 회사가 작성한 은행계정조정표를 검토하였다.
- 미회수된 금융기관조회서에 대해 감사인이 직접 회신에 대한 독촉을 수행하였고, 이에 감사인은 조회서를 전수로 회수하여 재무제표와의 차이를 확인하였다.

한국회계법인의 차입금 계정담당자는 아래와 같은 실증절차를 계획하고 수행하였다.

- 차입금 관련 이자비용에 대한 분석적절차(Overall Test) 결과 회사의 장부금액보다 감사인의 기대치가 유의적인 금액 이상으로 크게 도출되었다. 이에 차입금이 과대계상 되었을 것으로 판단하였고, 이에 대한 세부테스트로 부외부채 테스트(Subsequent Payment Test)를 수행하기로 하였다.
- 차입금 중 일반 개인으로부터의 차입금이 존재하여, 채권채무조회서를 발송하였고 해당 개인이 ㈜O와의 특수관계자임을 고려하여 계약서 및 이자 지급내역 및 원천징수 여부를 확인하여 차입금의 발생사실을 확인하였다.
- 부외부채 테스트(Subsequent Payment Test) 결과 1월 10일 ㈜P에게 외상대금을 지급한 것으로 확인되었다. 당기 매입채무원장 확인 결과 해당 거래처에 대한 잔액이 존재하지 않아 식별된 왜곡표시로 판단하였다(단, 해당 왜곡표시는 명백하게 사소한 금액을 초과함).

(물음 1) 한국회계법인의 업무수행이사는 위 감사절차 검토결과 미흡한 절차가 다수 존재한다고 판단하고 있다. 위 감사절차 중 가장 미흡한 감사절차 **세 가지**를 지적하고, 업무팀원에게 권고할 수 있는 올바른 감사절차를 각각 **4줄 이내**로 서술하시오(단, 위에서 언급하지 않은 감사절차는 모두 적절하게 수행되었다고 가정함).

[답안양식]

잘못된 감사절차	올바른 감사절차

회계감사

(물음 2) 한국회계법인의 재고자산 계정담당자는 재고자산의 평가에 대한 검토를 위해 아래와 같은 사실을 파악하였다.

- ㈜O는 아래와 같이 재고자산에 대한 활동성에 따라 평가충당금을 계상하는 회계정책을 취하고 있다.

활동성	평가충당금
0% ~ 15%	100%
15% ~ 30%	80%
30% ~ 50%	50%
50% 이상	0%

(활동성 = 출고수량/(기초수량+입고수량))

- 아래는 ㈜O의 재고자산수불부 중 일부이다.

(금액 단위 : 원)

품명	수량			단가	
	기초	입고	출고	기초	매입
A	5	30	10	100	120
B	15	20	25	120	130
C	10	50	20	180	220

- ㈜O는 재고자산에 대한 선입선출법을 적용하고 있고, 재무제표상 평가충당금을 설정하지 아니하였다.

㈜O는 재고자산에 대한 선입선출법을 적용하고 있고, 재무제표상 평가충당금을 설정하지 아니하였다. 위 자료를 바탕으로 재고자산에 대한 왜곡표시 금액을 계산하시오(단, 위 자료에서 언급하지 않은 사항은 고려하지 아니함).

(물음 3) 다음은 한국회계법인의 업무수행이사와 유형자산 계정담당자 박 회계사와의 대화이다.

(업무수행이사) 이번에 유형자산의 취득 관련 완전성 확인을 위해 어떠한 감사절차를 수행하였나요?

(박 회계사) 회사는 회계정책 상 유형자산의 정의를 충족하는 개별 품목별 100만원 이상의 취득 건에 대해서는 유형자산으로 계상하고, 그 미만의 금액은 비용으로 인식합니다. 그래서 회사의 판매비와 관리비 내 소모품비 또는 이와 유사한 성격의 비용계정을 검토하여 100만원 이상의 건이 없는지 확인하여 유형자산의 취득 관련 완전성 측면에서의 감사절차를 수행하였습니다.

(업무수행이사) 잘 했는데, 현재 절차에서 약간의 보완절차가 필요하군요. 단, 유형자산에 대한 중요왜곡표시위험이 높지 않으니 문서검사는 생략합시다.

박 회계사가 수행한 감사절차 중 보완이 필요한 부분을 지적하고 올바른 감사절차를 **4줄 이내**로 서술하시오.

【문제 5】 (16점)

한국회계법인은 건설업을 영위하는 ㈜C에 대해 계속감사를 수행하고 있고 통합감사 대상이 아니다(단 보고기간말은 20x1년 12월 31일임).

- ㈜C는 시행사 ㈜Y가 시행하는 아파트 개발사업에 시공사로 참여하였고 개발사업 중 ㈜Y의 유동성이 부족해지자 지속적으로 자금을 대여하였다.
- 사업이 종료된 후에도 ㈜Y의 대여금 변제재원이 부족하자, ㈜C는 ㈜Y가 보유하고 있던 소송채권을 양도받았다.
- ㈜C가 양수한 소송채권은 분양계약 후 분양해지(미입주)한 세대에 대해 손해배상 청구 금액이며, 추후 법원의 판결에 따라 회수가능액이 결정된다.

한국회계법인의 송 회계사는 다음과 같은 방식으로 감사절차를 수행하였다.

- 경영진에게 연루된 소송 관련 채권·채무에 대한 질문을 수행하였고, 이에 대한 확인을 위해 경영진의 회의록을 입수하여 검토하였다.
- 추가로 회사의 분개장을 입수하여, 지급수수료 계정 중 법률비용과 관련된 비용을 검토하여 위 소송채권 외의 소송 및 배상청구는 없는 것으로 확인하였다.
- 송 회계사는 ㈜C가 양수한 소송채권에 대해 중요왜곡표시위험이 있다고 평가하였고, 외부 법률고문과의 직접적인 커뮤니케이션이 필요하다고 판단하여 소송채권 관련 질의서 작성 후 직접 질의서를 발송하였다(질의서 발송 전 비밀유지 의무를 위해 회사로부터 서면 동의를 받음).

(물음 1) 한국회계법인의 업무수행이사 김 회계사는 송 회계사의 감사절차가 적절하지 않다고 판단하고 있는데, 그 이유가 무엇인지 **3줄 이내**로 서술하시오.

(물음 2) 한국회계법인의 송 회계사는 질의서(질문서) 발송 시 일반질문서를 발송하였다. (1)어떠한 경우에 세부질문서 대신 일반질문서를 발송하며, (2)일반질문서에 포함되어야 할 내용 세 가지를 서술하시오.

다음은 (물음 3) ~ (물음 7)와 관련된 상황이다.

- ㈜C는 양수한 소송채권에 대해 채권 전문 평가기관인 ㈜한국채권평가에 평가업무를 의뢰하였고, 보고기간말 현재 평가보고서상 평가된 금액대로 최초 양수금액인 200억원의 소송채권에 대한 대손충당금 60억원을 계상하였다.
- 한국회계법인은 소송채권에 대해 유의적 위험이 있다고 판단하였고, 추가적인 감사절차를 수행하고자 한다.
- ㈜C는 위 단일의 소송채권 외 다른 소송채권은 존재하지 않는다.

(물음 3) 한국회계법인은 위 소송채권에 대한 평가된 중요왜곡표시위험에 대응하는 절차로서 점추정치를 경영진의 추정방식과 다른 방식으로 도출하고자 할 때 수행해야 할 절차를 서술하시오.

회계감사

(물음 4) 다음은 공정가치에 대한 추정치 등 회계추정치와 관련 공시에 대한 설명이다. 각 항목별로 설명이 적절한지 여부를 기재하고, 적절하지 않은 경우 그 이유를 서술하시오.

항목	설명
①	회계추정치 도출 시 외부의 객관적인 데이터와 가정만을 사용하여 중립성을 유지한다면 경영진의 편의를 제거할 수 있다.
②	공정가치로 측정된 회계추정치의 경우에도, 서로 다른 시장참여자는 서로 다른 가정을 사용할 것이므로 그 차이가 발생될 수 있다.
③	경영진이 사용한 가정에 대한 감사인의 평가는 감사인이 감사 때 이용가능한 정보에만 근거한다.
④	개별 회계추정치가 합리적인지 여부에 대한 결론을 도출할 목적에서 보면 경영진의 편의가능성 징후 그 자체도 왜곡표시를 구성할 수 있다.

[답안양식]

항목	적절한가? (예, 아니오)	적절하지 않은 경우, 그 이유
①		
②		
③		
④		

(물음 5) 한국회계법인이 위 소송채권에 대한 평가업무를 수행한 ㈜한국채권평가의 수행업무를 활용하고자 한다. 이와 관련하여 ㈜한국채권평가에 대해 우선적으로 수행해야 할 감사절차를 **세 가지** 서술하시오.

(물음 6) 한국회계법인의 감사보고서일은 20x2년 3월 13일이며, 4월 중 해당 소송채권에 대한 소송사건이 3월 3일에 최종 판결되었음을 인지하였다. 이러한 상황에서 감사인이 우선적으로 수행해야 하는 감사절차를 서술하시오(단, 한국회계법인은 모든 감사절차를 준수했다고 가정).

(물음 7) 위 (물음 6)에 대한 감사절차 결과 감사문서에 추가해야 할 사항을 **세 가지** 서술하시오.

【문제 6】 (15점)

㈜F는 주권상장법인으로서 내부회계관리제도감사를 포함한 통합감사 대상이며, 보고기간말은 12월 31일이다. 당기 ㈜F의 감사인 한국회계법인은 감사범위의 제한으로 인하여 ㈜F 재무제표에 대하여 의견을 거절한 감사보고서를 발행할 예정이다.

(물음 1) 다음은 ㈜F 재무제표에 대하여 의견을 거절한 감사보고서 중 일부이다. 제시된 감사보고서에서 수정이 필요한 부분을 **모두** 찾아 어떻게 수정해야 할지를 서술하시오(단, 수정이 필요한 부분이 없는 경우 "**없음**"으로 기재할 것).

독립된 감사인의 감사보고서

주식회사 F의 주주 및 이사회 귀중

의견거절

우리는 주식회사 F(이하 "회사")의 재무제표에 대한 감사계약을 체결하였습니다. 해당 재무제표는 20X3년 12월 31일 현재의 재무상태표, 동일로 종료되는 보고기간의 포괄손익계산서, 자본변동표, 현금흐름표 그리고 중요한 회계정책 정보를 포함한 재무제표의 주석으로 구성되어 있습니다.

우리는 이 감사보고서의 의견거절근거 단락에서 기술된 사항의 유의성 때문에 재무제표에 대한 감사의견의 근거를 제공하는 충분하고 적합한 감사증거를 입수할 수 없었습니다.

우리는 또한 회계감사기준에 따라,「내부회계관리제도 설계 및 운영 개념체계」에 근거한 회사의 20X3년 12월 31일 현재의 내부회계관리제도를 감사하였으며 부적정의견을 표명하였습니다. 우리는 20X3년 재무제표 감사에 적용된 감사절차의 성격 시기 및 범위를 결정하는데 있어 식별된 중요한 취약점을 고려하였으며, 이 감사보고서는 식별된 중요한 취약점으로부터 영향을 받지 아니합니다.

의견거절근거

우리는 회사가 취득한 종속기업투자자산, 대여금, 선급금 등에 대하여 거래의 타당성, 회수가능성 평가 및 회계처리의 적정성 판단을 위한 충분한 감사증거를 확보하지 못하였습니다.

--- 중 략 ---

재무제표감사에 대한 감사인의 책임

우리의 책임은 대한민국의 회계감사기준에 따라 회사의 재무제표를 감사하고 감사보고서를 발행하는데 있습니다. 그러나 우리는 이 감사보고서의 의견거절근거 단락에서 기술된 사항의 유의성 때문에 해당 재무제표에 대한 감사의견의 근거를 제공하는 충분하고 적합한 감사증거를 입수할 수 없었습니다.

--- 이하 생략 ---

[답안양식]

잘못된 문단	수정내용
의견거절	
의견거절근거	
감사인의 책임	

회계감사

(물음 2) 한국회계법인이 추가로 입수한 정보는 다음과 같다.

- 계속기업 가정에 대한 중요한 불확실성 관련 경영진의 평가를 주석에 기재하였고, 감사인은 계속기업으로서의 존속능력에 유의적 의문을 제기할 만한 중요한 불확실성이 존재한다고 결정하였다.
- 재무제표일과 감사보고서일 사이에 유의적인 후속사건이 발생하였고, 이를 주석에 기재하였다.

한국회계법인이 감사보고서에 아래와 같은 추가문단을 기재하고자 할 때, 각각 감사보고서 내에 기재 가능한 문단을 고르고, 그 이유를 서술하시오(단, 추가 문단을 포함시킬 필요가 있다고 고려할 수 있는 상황에서는 해당 문단을 포함함)

문단	기재 가능 여부 (예, 아니오)	이유
① 계속기업 관련 중요한 불확실성		
② 강조사항		
③ 기타사항		
④ 핵심감사사항		

(물음 3) 감사인은 재무제표의 작성에 있어 경영진의 회계의 계속기업전제 사용의 적합성에 대하여 충분하고 적합한 감사증거를 입수하고 결론을 내리며, 입수된 감사증거에 기초하여 계속기업으로서의 존속능력에 대한 중요한 불확실성이 존재하는지 여부에 대하여 결론을 내려야 한다. 다음은 계속기업 관련 감사절차에 대한 설명이다. 각 항목별로 설명이 적절한지 여부를 기재하고, 적절하지 않은 경우 그 이유를 서술하시오.

항목	설명
①	감사인이 경영진이 적용한 회계의 계속기업전제를 고려할 때의 주요 부분은 계속기업으로서의 존속능력에 대한 경영진의 평가이며, 경영진이 수행한 분석 부족을 바로잡는 것은 감사인의 책임이 아니다.
②	감사인은 경영진이 평가한 기간(최소 재무제표일로부터 12개월) 후의 기간에 대해서는 계속기업으로서의 존속능력에 대해 어떠한 감사절차도 수행할 의무가 없다.
③	재무보고체계에서 중요한 불확실성을 정의하지 않더라도, 감사인은 중요한 불확실성이 존재하는지 결정하여야 한다.
④	다수의 불확실성을 수반하는 상황에서도 감사인이 각각의 불확실성에 대하여 충분하고 적합한 감사증거를 입수하였다면 적정의견을 표명하여야 한다.

[답안양식]

항목	적절한가? (예, 아니오)	적절하지 않은 경우, 그 이유
①		
②		
③		
④		

【문제 7】 (8점)

주권상장법인인 ㈜A는 국내외 종속기업 5개를 보유하고 있다. 현무회계법인은 ㈜A의 연결재무제표에 대한 그룹감사를 수행하고 있다. ㈜A의 보고기간말은 12월 31일이다.

- 그룹업무팀은 ㈜A와 각 종속기업을 부문으로 식별하였다. 부문의 개별적인 재무적 유의성을 판단하는 벤치마크를 총자산으로 정하고 총자산의 15%를 초과하는 부문을 유의적 부문으로 간주하기로 하였다.
- 부문 ㈜A와 ㈜C는 개별적인 재무적 유의성을 가진다. ㈜A는 현무회계법인이 직접 재무제표에 대한 감사를 수행하고, ㈜C는 프랑스에 설립되어 있는 법인으로 현지 회계법인을 부문감사인으로 활용하기로 하였다.
- 나머지 부문은 유의적이지 않은 부문이다. 따라서 그룹업무팀은 그룹수준의 분석적절차를 수행할 예정이다.

(물음 1) 다음은 부문 ㈜C에 대하여 수행할 감사절차의 항목 중 일부이다.

① 부문수준의 중요왜곡표시위험 식별
② 부문중요성 설정
③ 부문재무제표 전체에 대한 중요성
④ 부문재무정보에 대한 감사의견

그룹업무팀과 부문감사인 중 위 감사절차에 대해 수행 가능한 주체를 아래 답안양식에 맞추어 기재하시오(단, 모두 가능한 경우 중복하여 기재함).

[답안양식]

수행 주체	감사절차
그룹업무팀	
부문감사인	

(물음 2) 다음은 그룹업무팀인 나 회계사가 수행한 연결절차에 대한 감사절차이다.

항목	설명
①	㈜F는 그 유의성으로 인하여 주요 통제에 대한 통제테스트가 필요한 상황이라 통제테스트는 그룹업무팀이 수행하였고, 그 외 감사절차는 부문감사인이 수행하도록 하였다.
②	㈜A는 보고기간말이 11월 30일인 ㈜D의 재무제표를 조정 없이 연결절차를 수행하였다. 그룹업무팀은 해당 회계처리를 수용하였다(단, 12월 31일자의 재무제표의 작성은 실무적으로 불가능함).
③	㈜M은 재고자산에 대해 선입선출법을 적용하여 그룹수준의 회계정책과 다르지만 당기말 현재 재고자산 잔액이 존재하지 않으므로 회계정책에 대한 수정 없이 연결조정분개를 수행한 ㈜A의 회계처리를 수용하였다.
④	그룹재무제표에 모든 부문들이 포함되어 있는지에 대해 평가하기 위해 전기 연결범위에 대한 정보와 당기 ㈜A 보유 지분증권의 변동내역을 확인하여 완전성을 확인하였다.

각 항목별로 설명이 적절한지 여부를 기재하고, 적절하지 않은 경우 그 이유를 서술하시오.

[답안양식]

항목	적절한가? (예, 아니오)	적절하지 않은 경우, 그 이유
①		
②		
③		
④		

(물음 3) 현무회계법인은 ㈜C의 부문감사인이 수행한 감사문서를 검토하였다.

- 부문감사인은 ㈜C의 재무제표에 대해 충분하고 적합한 감사증거를 입수하였고, 그룹재무보고체계에 따라 공정하게 표시하였다고 결론내렸다.
- 그러나, 감사문서 및 후속사건 검토결과 재고자산의 평가충당금이 과소계상되었음을 확인하였다.
- 해당 왜곡표시는 그룹 수준의 중요성을 현저하게 미달하지만, 부문재무제표 전체에 대한 중요성을 초과한다.
- 부문재무제표에 대한 감사보고서는 아직 발행 전이나, 서면진술을 입수한 상황이고 서면진술에는 해당 사항이 미수정왜곡표시에서 제외되어 있다.

위 상황에서 그룹업무팀인 현무회계법인이 커뮤니케이션해야 할 대상과 그 내용을 **2줄 이내**로 서술하시오.

【문제 8】(17점)

다음은 주권상장법인인 ㈜A의 내부회계관리제도에 대한 감사 및 감사보고와 관련된 물음이다(단, ㈜A는 통합감사의 대상이다.).

(물음 1) 다음은 감사의견이 적정이며 강조사항이나 기타사항이 포함되지 않은 내부회계관리제도 표준감사보고서 중 일부이다. 제시된 표준감사보고서에서 수정이 필요한 부분을 **모두** 찾아 어떻게 수정해야 할지를 서술하시오.

독립된 감사인의 감사보고서

주식회사 A
주주 및 이사회 귀중

내부회계관리제도에 대한 감사의견

우리는「내부회계관리제도 설계 및 운영 개념체계」에 근거한 주식회사 A의 내부회계관리제도를 감사하였습니다.

우리의 의견으로는 회사의 내부회계관리제도는 20X1년 12월 31일 현재「내부회계관리제도 설계 및 운영 개념체계」에 따라 효과적으로 설계 및 운영되고 있습니다.

--- 중 략 ---

내부회계관리제도에 대한 경영진과 지배기구의 책임

경영진은 효과적인 내부회계관리제도를 설계, 실행 및 유지할 책임이 있으며, 내부회계관리제도의 효과성에 대한 평가에 책임이 있습니다.

지배기구는 회사의 내부회계관리제도의 감시에 대한 책임이 있습니다.

회계감사

내부회계관리제도감사에 대한 감사인의 책임

우리의 책임은 우리의 감사에 근거하여 회사의 내부회계관리제도 및 운영실태보고서에 대한 의견을 표명하는데 있습니다. 우리는 회계감사기준에 따라 감사를 수행하였습니다. 이 기준은 우리가 중요성의 관점에서 내부회계관리제도가 효과적으로 유지되는지에 대한 합리적 확신을 얻도록 감사를 계획하고 수행할 것을 요구하고 있습니다.

절차의 선택은 중요한 취약점이 존재하는지에 대한 위험평가를 포함하여 감사인의 판단에 따라 달라집니다. 내부회계관리제도 감사는 내부회계관리제도에 대한 이해의 획득과 평가된 위험에 근거한 내부회계관리제도의 설계 및 운영에 대한 테스트 및 평가를 포함합니다.

--- 이하 생략 ---

[답안양식]

잘못된 문단 또는 부분	수정내용

(물음 2) 내부회계관리제도는 업무수행의 목적에 따라 적용하여야 할 기준이 각각 다르다. 내부회계관리제도의 관리·운영, 운영실태 보고, 외부감사인의 감사 목적으로 적용해야 할 준거기준 또는 업무수행기준을 각각 기재하시오.

항목	준거기준 또는 업무수행기준
(예시) 재무제표감사인의 내부회계관리제도 검토	(예시) 내부회계관리제도 검토기준
내부회계관리제도의 관리·운영	
대표자의 내부회계관리제도 설계 및 운영실태 평가	
외부감사법에 따른 감사	

(물음 3) 감사인은 테스트 대상 통제를 선정하기 위해 유의적인 거래유형, 계정잔액 및 공시와 관련경영진주장을 식별하는 것의 일환으로, 재무제표의 중요한 왜곡표시를 야기할 잠재적 왜곡표시의 가능한 원천을 결정하여야 한다. 감사인이 잠재적 왜곡표시의 가능한 원천을 이해하는데 가장 효과적인 방법을 제시하고, 이러한 방법의 구체적인 내용을 서술하시오.

(물음 4) 감사인이 통제테스트 수행 시 각각의 테스트 대상 통제에 대하여, 통제가 효과적이라고 감사인을 설득하는데 필요한 증거는 통제와 연관된 위험에 따라 다르다. 다음은 통제와 연관된 위험에 영향을 미치는 요소이다. 각 요소가 통제가 효과적이라고 감사인을 설득하는데 필요한 증거에 미치는 영향을 '증가' 또는 '감소'로 기재하시오(예를 들어 더 많은 감사증거가 요구되거나 보다 신뢰성 있고 관련성 있는 감사증거를 입수해야 한다면 '증가'로 표기).

① 운영되는 통제의 빈도수가 높음
② 해당 통제가 다른 통제의 효과성에 의존하는 정도가 높음
③ 통제의 자동화 정도가 높음
④ 통제의 복잡성 및 통제의 운영과 연계하여 내릴 수 있는 판단의 유의성이 높음

[답안양식]

요소	입수해야 할 감사증거의 수준에 미치는 영향
①	
②	
③	
④	

회계감사

(물음 5) 감사인은 회사의 내부회계관리제도의 설계 및 운영 효과성에 대해 수행한 감사업무를 근거로 하나 이상의 내부회계관리제도 미비점을 식별하였는지 여부를 결정하여야 하며, 통합감사의 절차로서 재무제표감사의 연계성을 고려하여야 한다. 이에 대한 각 항목별 설명이 적절한지 여부를 기재하고, 적절하지 않은 경우 그 이유를 **2줄 이내**로 서술하시오.

항목	설명
①	감사인은 재무제표감사와 관련하여 평가된 통제위험의 수준이나 평가된 중요왜곡표시위험에 관계없이, 모든 관련경영진주장에 대하여 실증절차를 수행하여야 한다.
②	부정이나 오류로 인한 중요한 왜곡표시의 수정을 반영하기 위해 이전에 발행된 재무제표를 재작성하는 경우 중요한 취약점의 지표에 해당한다.
③	평가기준일 현재 내부회계관리제도에 대한 중요한 취약점이 발견되지 아니하였다면, 별도의 후속사건 감사절차는 필수 사항이 아니다.
④	특정 통제가 중요한 취약점으로 결정되었을 때, 중요한 왜곡표시를 예방 또는 발견·수정할 정도의 정밀한 수준으로 운영되는 보완통제가 존재한다면 해당 통제는 중요한 취약점이 아니라고 결정할 수 있다.

[답안양식]

항목	적절한가? (예, 아니오)	적절하지 않은 경우, 그 이유
①		
②		
③		
④		

(물음 6) 통합감사에 있어 내부회계관리제도감사와 재무제표감사의 목적이 동일하지 않더라도, 감사인은 각각의 감사목적을 동시에 달성할 수 있도록 통합감사를 계획하고 수행하여야 한다. 통합감사시 수행하는 통제테스트 설계 시 내부회계관리제도감사와 재무제표감사에서의 설계목적을 아래 답안양식에 맞게 서술하시오.

[답안양식]

구분	설계 목적
내부회계관리제도감사	
재무제표감사	

(물음 7) 연결내부회계관리제도감사가 본격적으로 시행됨에 따라 연결 대상범위에 대해 연결내부회계관리제도 평가·보고 대상범위 선정 가이드라인을 제정하였다. 다음은 연결내부회계관리제도 평가·보고 대상범위 선정 가이드라인에 대한 요약된 설명이다.

단계	선정절차	양적 기준	질적 기준
1단계	유의적 부문 선정	매출 등 주요 지표의 15% 초과	부정위험이 높은 부문 등
2단계	개별적으로 중요 왜곡표시 가능성이 낮지 않은 부문	중요성 금액의 4배	그룹 통제의 운영 효과성이 낮은 부문 등
3단계	타 부문 합산시 중요 왜곡표시 가능성이 낮지 않은 부문	중요성 금액의 8배	부문의 중요 왜곡표시위험 수준 등

이에 더하여 상장회사와 감사인들이 가이드 라인을 쉽게 이해·적용할 수 있도록 각 단계별로 구체적인 사례도 함께 제시하고 있다. 이러한 가이드라인의 제정 취지를 **2줄 이내**로 서술하시오.

- 끝 -

MEMO

정답 및 해설

제1회 실전모의고사 (2023년 제1회 GS모의고사)

【문제 1】 (17점)

물음1

감사품질은 적발위험과 보고위험에 따라 결정된다. 표준감사시간이 도입되면 회사의 특성에 따른 최소 투입시간이 설정되며, 해당 시간 이상 감사업무에 투입해야 하므로 적발위험이 감소할 수 있다. 따라서 표준감사시간은 감사품질을 제고하기 위해 감사시간을 충분히 투입하도록 하는 데 그 취지가 있다.
(취지를 묻는 문제에서는 도입의 기대 효과(효익)를 중심으로 서술하면 된다.)
(배점 2점)

> **참고** 회계개혁에서 표준감사시간이 도입된 의미
>
> 감사인의 낮은 독립성과 충분하지 못한 감사시간 투입이 부실감사의 주요 원인으로 대두됨
> 학계 연구결과에 따르면 회계감사의 품질은 '회계오류·부정을 발견할 수 있는 가능성(detect breach)'과 이를 '보고할 수 있는 가능성(report breach)'에 따라 결정되는데, 회계오류·부정을 발견할 수 있는 가능성은 감사인의 정당한 주의(due care)가 높아질수록 증가하고 발견된 회계오류·부정을 보고할 가능성은 감사인 독립성(independence)이 높아질수록 증가함
> → 감사인의 정당한 주의를 강화하기 위해 표준감사시간제도가 도입됨
> (표준감사시간 상세지침, 한국공인회계사회)

물음2

(윤리기준 140.7)
① 법규에 의해 정보의 공개가 허용되고 의뢰인 또는 고용주로부터 공개를 허락 받은 경우
② 다음과 같이 법규에 의해 정보의 공개가 요구되는 경우
　1) 소송절차에 따라 문서를 제시하거나 기타증거로 제시하는 경우
　2) 이미 알려진 법규위반 사실을 해당 공공기관에 공개하는 경우
③ 법규에 의해 정보의 공개가 금지되지 아니한 경우로서, 정보의 공개에 대하여 전문가적인 권리 또는 의무가 있는 경우
　1) 한국공인회계사회 또는 감독기관의 품질관리 감리의무를 준수하기 위한 경우
　2) 한국공인회계사회 또는 감독기관의 질의 또는 조사에 응하기 위한 경우
　3) 소송에서 공인회계사의 직업상의 이해관계를 보호하기 위한 경우
　4) 기술적 기준 및 윤리적 요구사항을 준수하기 위한 경우
(배점 3점, 이 중 3가지 서술하면 정답)

물음3

상황	가능여부 (예, 아니오)	안전장치
(1)	예	1) 보수의 산정근거와 관련하여 의뢰인에게 서면으로 된 사전동의서를 징구함 2) 개업공인회계사가 수행한 업무결과를 이용할 것으로 예정된 자에게 수행한 업무의 내용과 함께 보수의 산정근거를 제시함 3) (회계법인 내부의) 품질관리 정책과 절차를 마련함 4) 개업공인회계사가 수행한 업무를 객관적인 제3자가 검토함

(2)	예	1) 기본적 안전장치 : 의뢰인에게 통보하고 이러한 상황에 대하여 모든 의뢰인의 동의를 받음
		2) 추가적 안전장치
		  ① 업무수행팀의 분리 운영
		  ② 정보에 대한 접근금지
		  ③ 업무수행팀 구성원에게 기밀유지와 보안문제에 대한 명확한 지침 제공
		  ④ 회계법인의 파트너와 직원에게 기밀유지약정서에 대한 서명 요구
		  ⑤ 안전장치의 적용상황에 대하여, 해당 의뢰인에 대한 업무에 참여하지 아니하는 상급자가 정기적으로 검토 실시

(배점 4점, 각 배점 2점 - 가능여부 판단 0.5점, 각 안전장치 개당 0.5점)

물음4

상황	수임가능여부 (예, 아니오)	독립성 훼손위협	이유 또는 안전장치
[상황 1]	예	이기적 위협	1) 감사위원회 등 내부감시기구와 연체보수의 규모에 관하여 논의 2) 해당 인증업무에 참여하지 않은 공인회계사를 추가로 투입하여 인증업무팀이 수행한 업무를 검토하거나 필요한 경우 조언을 제공 3) 연체보수가 대출에 상응하게 되는지와 회계법인 재선임의 적절성 검토
[상황 2]	예	유착위협	1) 해당 개인을 인증업무팀에서 제외시킴 2) 가능하면 해당 구성원이 그 직계가족(또는 측근가족)의 책임하에 있는 사항들을 다루지 않도록 인증업무의 책임을 조정 3) 회계법인 소속 구성원이 독립성 및 공정의 준수와 관련된 문제를 회계법인내의 상급자에게 전달하도록 하는 정책과 절차를 마련
[상황 3]	예	이기적 위협	㈜대한은행은 금융기관으로서 해당 적금은 금융기관과의 정상적인 금융거래 채권·채무 중 재무제표를 감사하거나 증명하는 업무를 수행하는 계약을 체결하기 전에 발생한 채권에 해당하므로 감사업무수임이 가능하다. (참고 : 공인회계사법 시행령 제14조) 금융기관과의 정상적인 금융거래 채권·채무 중 재무제표를 감사하거나 증명하는 업무를 수행하는 계약을 체결하기 전에 발생한 채권 또는 채무는 금액과 상관없이 독립성 훼손이 되는 채권 또는 채무에서 제외한다. (한국공인회계사회 답변 사항)

(배점 6점, 각 배점 2점 - 가능여부 판단 0.5점, 독립성 훼손 위협 0.5점, 이유 또는 안전장치 1점(부분점수 0.5점))

> **참고** 채권채무 관련 규정 개정 사유
>
> 공인회계사가 직무 수행기간 중에 발생한 주택담보대출의 만기 연장이나 주택 분양에 따른 집단대출 등 공인회계사나 그 배우자에게 편의를 제공하여 직무 수행에 영향을 미치는 것으로 볼 수 없는 금융상품 계약으로 발생한 채권·채무 관계에 있는 자에 대하여 재무제표 감사·증명 업무를 수행하는 것은 그 업무의 독립성을 훼손할 염려가 없으므로 공인회계사의 직무제한 범위에서 제외함.

[물음5]

(윤리기준 290.178)
세무업무
회계법인 등이 재무제표감사의뢰인에게 세무신고서의 작성, 세액산정 또는 세무계획수립 목적의 가치평가업무(세무규정의 준수, 세무계획의 수립, 공식적인 세무의견의 제공 및 세금분쟁 해결의 지원 등 광범위한 업무 포함)를 제공한 경우, 이러한 가치평가는 일반적으로 세무당국 등 외부의 검토를 받도록 되어 있기 때문에 독립성에 심각한 위협을 발생시키지 않을 것이다.
(배점 2점, 세무업무만 기술하면 0.5점)

【문제2】 (17점)

[물음1]

[A] : 총매출, 총자산 등 다른 기준을 벤치마크로 적용
[B] : 과거 실적에 기초하여 정상적 수준으로 조정된 세전이익을 벤치마크로 적용(또는 비경상적 항목인 투자주식 평가손실을 제외한 조정된 값을 벤치마크로 적용)
(배점 2점, 각 1점)

[물음2]

(기준서 320-A11)
1) 법규 또는 해당 재무보고체계가 어떤 항목의 측정이나 공시에 대한 이용자의 기대에 영향을 미치는지 여부
2) 기업이 속한 산업에 관련된 주요 공시
3) 재무제표에 별도로 공시되는 회사사업의 특정측면에 주의가 집중되는지 여부
(배점 3점, 각 1점)

물음3

항목	적절한가? (예, 아니오)	적절하지 않은 경우, 그 이유
①	아니오	중요왜곡표시위험이란 감사의 착수 이전에 재무제표가 중요하게 왜곡표시 되어 있을 위험으로, 고유위험과 통제위험으로 구성된다.
②	예	
③	예	
④	아니오	전반감사전략을 수립하는 과정은 특정 감사분야에 배치할 자원, 특정 감사분야에 할당할 자원의 양, 자원의 배치시기, 자원을 관리, 지휘 및 감독하는 방법의 결정에 도움을 준다. (전반감사전략 수립 – 인적자원관리 / 감사계획 개발 – 감사절차의 성·시·범 결정)
⑤	아니오	토의에서 내려진 모든 결정을 반드시 모든 업무팀원들에게 알릴 필요가 있는 것은 아니다. (참고 : 기준서 315-A23) 어떤 토의에 모든 업무팀원들을 참석시키는 것이 항상 필요하거나 실무적인 것은 아니며 (예를 들어, 여러 장소에서 수행되는 감사의 경우), 또한 토의에서 내려진 모든 결정을 반드시 모든 업무팀원들에게 알릴 필요가 있는 것도 아니다.

(배점 5점, 각 1점 – 적절성 판단 및 이유까지 서술해야 정답으로 인정)

물음4

(기준서 500-11)
1) 감사인은 그러한 사항을 해결하기 위해 감사절차에 어떠한 변경이나 추가가 필요한지 결정해야 한다.
2) 그러한 사항이 감사의 다른 측면에 미치는 영향을 고려하여야 한다.
(배점 2점, 각 1점)

물음5

항목	적절한가? (예, 아니오)	적절하지 않은 경우, 그 이유
①	아니오	실증적인 분석적절차는 일반적으로 시간의 경과에 따라 예측가능성이 높아지는 대규모의 거래에 더 적합하다. (520-A6)
②	아니오	감사의견의 근거가 되는 합리적인 결론을 도출하는데 도움을 주는 절차는 감사종료시점의 분석적절차이다. (530-A17) (또는) 실증적인 분석적절차는 관련성이 있고 신뢰할 수 있는 감사증거를 입수하는데 도움을 주는 절차이며 필수적 절차는 아니다. (520-3)
③	아니오	외부조회에 대한 회신은 반드시 감사인이 직접 회수해야한다.
④	예	
⑤	예	

(배점 5점, 각 1점 – 적절성 판단 및 이유까지 서술해야 정답으로 인정)

【문제3】 (15점)

물음1

적절한가? (예, 아니오)	수행해야 할 절차	검토보고서에 제외해야 할 내용
예	감사업무 조건이 변경된 경우, 감사인과 경영진은 새로운 업무조건에 합의하고 계약서 또는 기타 적절한 형태의 합의서에 이를 기록한다. (기준서 210-16)	1) 당초 감사업무 2) 당초 감사업무에서 수행되었던 절차 (기준서 210-A34)

(배점 3점, 적절여부 0.5점, 절차 1.5점, 제외내용 1점)

물음2

(기준서 200-A54)
1) 감사결과 입수된 감사증거의 충분성과 적합성 → 예시
2) 감사인이 수행한 감사절차
3) (감사인의 전반적인 목적에 비추어 해당 감사증거에 대한 평가를 기초로 한) 감사보고서의 적합성
(배점 2점, 각 1점)

물음3

경영진은 통제를 무력화하여 회계기록을 조작하고 부정한 재무제표를 작성할 수 있는 능력이 있기 때문에, 부정을 저지를 특별한 위치에 있고, 경영진에 의한 통제무력화의 위험은 모든 기업에 존재한다. 이 같은 통제무력화는 예측불가능하게 발생될 수 있기 때문에 유의적 위험이다.
〈기본서 참고내용〉
경영진의 기본적인 능력 : 내부통제를 무력화 하여 부정한 재무제표 작성 가능
→ 모든 기업에 (경영진은 존재하기 때문에) 경영진에 의한 통제무력화 위험 존재
→ 통제무력화는 예측불가능하게 발생(언제든 발생할 수 있음)
→ 부정으로 인한 중요왜곡표시위험↑
∴ 유의적 위험(SR)
(배점 2점, 주요 키워드 기재 여부에 따라 부분점수 0.5점~1점 가능)

물음4

1) 총계정원장에 기록된 분개와 재무제표 작성시 이루어진 조정사항의 적절성을 테스트한다.
2) 회계추정치에 편의가 있는지 검토하고, 편의가 있다면 이를 유발하는 환경이 부정으로 인한 중요왜곡표시위험을 나타내는 것인지 여부를 평가한다.
3) 기업의 정상적인 사업과정을 벗어나는 거래, 또는 기업과 그 환경에 대한 감사인의 이해와 감사 중에 입수한 정보에 근거했을 때 비경상적으로 보이는 유의적 거래의 경우, 그러한 거래가 부정한 재무보고를 수행하거나 자산횡령을 은폐하기 위하여 체결되었음을 나타내는 것인지 여부를 평가한다.
(배점 3점, 각 1점)

물음5

1) 회사의 요청에 따라 증권선물위원회가 지정한 자를 감사인으로 선임한 경우
2) 증권선물위원회의 요구에 따라 감사인을 선임 또는 변경선임하는 경우
3) 주권상장법인, 대형비상장주식회사 또는 금융회사가 아닌 회사가 직전 사업연도의 감사인을 다시 선임한 경우 → 예시
(배점 2점, 각 1점)

물음6

감사 전 재무제표를 제출하게 함으로써 회사의 재무제표 작성책임을 명확화하고 외부감사의 신뢰성(감사인이 재무제표를 대신 작성하여 자기검토위협이 발생하는 것을 완화) 제고를 위해 감사 전 재무제표 제출 시 증권선물위원회에 제출한다.
(배점 3점, 회사의 재무제표 작성책임(또는 자기검토위협으로 인한 독립성 훼손)이 key word)

【문제4】 (10점)

물음1

상황	적절한가? (예, 아니오)	적절하지 않은 경우, 그 이유
①	아니오	전진법 방식에 의한 문서검사는 매입 증빙서류에서 적정량의 표본을 추출하여 보조부(재무제표) 기록을 확인하는 방식이다.
②	아니오	재고자산의 수량 검증에는 적절한 방법이나, 단가 검증을 위해서는 원가흐름 가정에 대한 검토, 전기와의 회계정책의 일관성 등을 테스트 하여야한다.
③	아니오	기간귀속은 재무제표일 후의 거래도 확인해야 한다. 따라서 차기 1월 도착지 인도건 중 당기 매출거래에 반영될 품목이 없는지도 확인해야 한다.
④	예	
⑤	아니오	보통예금(현금및현금성자산)에 대해서는 전수조회가 원칙이다. 따라서 일부가 아닌 전수로 외부조회서를 발송해야 한다.

(배점 5점, 각 1점, 부분점수 없음)

물음2

재무제표 발행일	수행해야 할 감사절차
×2년 3월 25일	1) 경영진(적절한 경우 지배기구 포함)과 이 사항을 토의함 2) 재무제표의 수정이 필요한지 여부를 결정함 3) 재무제표의 수정이 필요하다고 결정했다면, 경영진이 재무제표에 이 사항을 어떻게 다룰 계획인지에 대하여 질문함
×2년 3월 31일	1) 경영진(적절한 경우 지배기구 포함)과 이 사항을 토의함 2) 재무제표의 수정이 필요한지 여부를 결정함 3) 재무제표의 수정이 필요하다고 결정했다면, 경영진이 재무제표에 이 사항을 어떻게 다룰 계획인지에 대하여 질문함

(배점 3점, 각 1.5점 – 감사절차 1개당 0.5점)

물음3

재무제표 발행일	수행해야 할 감사절차
×2년 3월 25일	1) 감사인은 경영진(지배기구를 포함)에게 감사보고서에 대한 차후의 의존을 방지할 조치를 취할 것이라고 통보하여야 한다. 2) 그러한 통보에도 불구하고 경영진 또는 지배기구가 필요한 조치를 취하지 않으면, 감사인은 해당 감사보고서에 대한 의존을 방지하기 위한 적합한 조치를 취하여야 한다.
×2년 3월 31일	1) 감사인은 경영진(지배기구를 포함)에게, 필요한 수정을 하기 전에는 재무제표를 제3자에게 발행하지 말라고 통보하여야 한다. 2) 이렇게 했음에도 불구하고 필요한 수정 없이 재무제표가 발행된 경우, 감사인은 해당 감사보고서에 대한 의존을 못하게 하기 위한 적합한 조치를 취하여야 한다.

(배점 2점, 각 1점 - 감사절차 1개당 0.5점)

【문제5】 (7점)

물음1

1) 감사인측 전문가의 업무가 유의적인 가정과 방법을 수반하고 있다면 그 상황에서 그러한 가정과 방법의 관련성과 합리성
2) 감사인측 전문가의 업무에 유의적인 원천데이터의 사용이 수반된다면 그러한 원천데이터의 관련성과 완전성 및 정확성
3) 감사인측 전문가가 발견한 사항이나 결론의 관련성과 합리성 및 다른 감사증거와의 일관성

(배점 3점, 각 1점)

물음2

1) 행위의 성격 및 그 행위가 발생한 상황을 이해한다.
2) 재무제표에 미칠 수 있는 영향을 평가하기 위한 추가적인 정보를 입수한다.

(배점 2점, 각 1점)

물음3

문단의 종류 (문단 제목)	근거
강조사항	재무제표에 적절하게 표시되거나 공시되어 있지만, 재무제표를 이해하는 데 근본이 될 정도로 중요한 사항이므로(해당 기업의 재무상태에 유의적인 영향을 미쳤거나 계속해서 영향을 미치고 있는 주요 재해)

(배점 2점 - 문단의 종류 0.5점, 근거 1.5점)

【문제6】 (6점)

구분	감사의견	문단 또는 단락 (없음, 강조사항, 기타사항, 계속기업 관련 중요한 불확실성/중복기재 가능)
예시	적정의견	기타사항, 계속기업 관련 중요한 불확실성
[상황 1]	적정의견	강조사항, 기타사항
[상황 2]	적정의견	계속기업 관련 중요한 불확실성, 기타사항
[상황 3]	한정의견	기타사항
[상황 4]	적정의견	강조사항, 기타사항
[상황 5]	부적정의견	기타사항
[상황 6]	적정의견	없음

(초도감사의 경우 반드시 기타사항 문단(전기재무제표 감사 유무 및 감사의견)이 포함된다.)
(배점 6점, 각 1점)

【문제7】 (12점)

〈물음1〉

항목	적절한가? (예, 아니오)	적절하지 않은 경우, 그 이유
㈜대한	예	
X	아니오	재무적 유의성을 판단하는 기준은 외부 매출액(2,600 = 1,500 + 300 + 800)의 10%인 260억원이나, X의 매출액은 300억원이므로 유의적 부문임
Y	예	
Z	아니오	재무적 유의성을 판단하는 기준은 외부 매출액(2,600 = 1,500 + 300 + 800)의 10%인 260억원이나, Z는 연결재무제표 관점에서 매출액이 없음

(배점 4점, 각 1점)

〈물음2〉

(기준서 600-40)
1) 그룹감사와 관련된 윤리적 요구사항, 특히 독립성 요구사항 → 예시
2) 그룹업무팀이 자신의 업무를 활용할 것을 알고 있는 부문감사인이 그룹업무팀에 협조할 것을 확인해 주도록 하는 요청
3) 부문의 재무정보에 대한 감사나 검토를 수행하는 경우, 부문중요성(그리고 적용가능한 경우, 특정 거래유형, 계정잔액 또는 공시에 대한 중요성 수준들) 및 한도기준
4) 부문감사인의 업무와 관련성이 있는 부정이나 오류로 인한, 그룹재무제표의 식별된 유의적인 중요왜곡표시위험
5) 그룹경영진이 작성한 특수관계자 목록 및 그룹업무팀이 알고 있는 기타의 특수관계자
(배점 3점, 각 1점)

물음3

(기준서 600-31)
1) 그룹업무팀은 해당 위험에 대응하여 수행할 추가감사절차의 적합성을 평가하여야 한다.
2) 그룹업무팀은 부문감사인에 대한 이해를 바탕으로 하여 추가감사절차에 관여할 필요가 있는지 여부를 결정하여야 한다.
(배점 2점, 각 1점)

물음4

상황	적절한가? (예, 아니오)	적절하지 않은 경우, 그 이유
①	아니오	그룹업무팀이 하나 이상의 부문재무정보에 대하여 충분하고 적합한 감사증거를 입수할 수 없어 그룹감사의견을 변형시키는 경우, 해당 상황을 적절히 설명하기 위해 부문감사인을 언급하는 것이 필요한 경우가 있다. (600-A9)
②	예	(참고 : 기준서 600-A8) 부문감사인은 그룹감사를 위하여 부문재무정보에 대한 업무를 수행하고 이에 대한 전반적인 감사 발견사항이나 결론 또는 의견에 대하여 책임을 지지만, 그룹감사의견에 대한 책임은 그룹업무수행이사나 해당 그룹업무수행이사가 소속된 회계법인에 있다.
③	아니오	그룹업무수행이사는 그룹감사의견의 근거가 되는 연결절차 및 부문재무정보에 관한 충분하고 적합한 감사증거가 입수된다고 합리적으로 기대가능한지 여부를 결정하여야 한다. 이 목적을 위하여, 그룹업무팀은 유의적일 것 같은 부문을 식별하는 데 충분하도록 해당 그룹과 부문 및 그 환경을 이해하여야 한다. (600-12)

(배점 3점, 각 1점)

【문제8】 (6점)

물음1

항목	이유
①	승인되지 않은 출고지시서 중 출고된 수량이 존재할 수 있으므로 당기 모든 출고지시서를 모집단으로 산정한다.
②	표본규모 결정 시 허용이탈률도 고려하여야 한다.
③	발생한 이탈에 표본위험의 허용치를 가산한 최대이탈률과 허용이탈률을 비교하여야 한다. (최대이탈률(UDR) = 이탈률(SDR) + 표본위험의 허용치)

(배점 4.5점, 각 1.5점)

물음2

상황	감사절차
추출된 항목에 대하여 감사절차를 적용할 수 없을 경우	대체항목에 대하여 감사절차를 수행하여야 한다.
추출된 항목에 대하여 설계된 감사절차 또는 적절한 대체적 절차를 적용할 수 없는 경우	규정된 통제로부터의 이탈로 취급하여야 한다.

(배점 1.5점 - 1개만 정답 시 0.5점)

【문제9】 (10점)

물음1

(기준서 1100-7)
1) 효과적인 내부회계관리제도를 설계, 실행 및 유지할 책임
2) 적합하고 이용가능한 준거기준을 사용하여 기업의 내부회계관리제도의 효과성을 평가할 책임
3) 감사보고서에 첨부되는 보고서에 내부회계관리제도에 대한 경영진 평가 (내부회계관리제도 운영실태보고서를 말함)를 제공할 책임
4) 충분한 평가와 문서화를 통해 기업의 내부회계관리제도의 효과성에 대한 기업의 평가를 뒷받침할 책임
5) 다음 사항을 감사인에게 제공할 책임 → 예시
  ① 기록, 문서, 기타사항 등 내부회계관리제도에 대한 경영진 평가와 관련하여 경영진이 알고 있는 모든 정보에 대한 접근
  ② 감사인이 내부회계관리제도감사 목적으로 경영진에게 요청하는 추가적인 정보
  ③ 감사인이 감사증거를 입수하기 위하여 필요하다고 결정한 기업 내부의 관계자들에 대한 제한없는 접근

(배점 1.5점, 각 0.5점)

물음2

항목	통제미비점인가? (예, 아니오)	통제미비점이 있는 경우, 개선안
①	아니오	
②	예	기존 업체와의 수의계약이 아닌, 입찰 등의 절차를 거쳐 최적의 공급자를 탐색한다.
③	예	구매담당자가 아닌 검수담당자가 수행한다(업무분장 미비).
④	아니오	
⑤	예	검수담당자가 아닌 독립적인 제3자가 검증하도록 한다(업무분장 미비).

(배점 4점 - ①④번 각 0.5점, 그 외 각 1점, 통제미비점의 경우 개선안 오답 시 점수 없음)

[물음3]

항목	수정할 사항
①	없음
②	없음
③	중요한 취약점은 재무제표 감사 시 감사의견 변형사유가 아니다. 또는 중요한 취약점이 되는 경우 내부회계관리제도 감사의견 변형사유가 될 수 있다.
④	유의적 미비점이면 당기에 미시정된 경우 반복하여 커뮤니케이션한다.
⑤	감사보고서가 발행되기 이전 반드시 서면으로 커뮤니케이션한다.
⑥	없음

(배점 4.5점 - ③④⑤ 각 1점, 나머지 문항 각 0.5점)

제2회 실전모의고사 (2023년 제2회 GS모의고사)

【문제 1】 (16점)

물음1

차원	품질관리항목
전사적 조직(감사인)	**품질관리기준** 준수 여부에 대한 **감리** 및 품질관리수준에 대한 **평가**
개별감사업무	**감사보고서**의 **회계감사기준**의 준수 여부에 대한 **감리**

(배점 2점, 각 1점, 굵게 표시한 키워드가 들어가면 정답)

물음2

[A] : 외부감사법(주식회사 등의 외부감사에 관한 법률)
[B] : 공인회계사법
(배점 2점, 각 1점)

물음3

감사반은 독립된 법인이 아니며, 일반적으로 회계법인보다 인원이 적어 충분한 인원과 시간을 투입하기 어려울 수 있다. 또한 별도의 품질관리부서(심리실) 구비가 어렵기 때문에 감사품질 측면에서도 회계법인에 비해 낮을 수 있고, 별도 자본금이나 준비금 규정이 없어 추후 손해배상 책임 이행력이 낮을 수 있다.
→ 그 외 적격성 측면에서 감사반의 특성을 서술하면 정답 인정
(배점 2점, 내용에 따라 부분점수 0.5점씩 차등 가능)

물음4

상황	가능여부 (예, 아니오)	안전장치
(1)	예	1) 담당공인회계사 자신 또는 당해 회계법인의 자산과 의뢰인 자산을 분리하여 보관함 2) 의뢰인 자산은 오로지 의도된 목적에만 사용하도록 함 3) 의뢰인 자산과 그 자산에서 발생하는 이익이나 배당수입 등에 대한 수지보고서를 정기적으로 작성 비치함 4) 의뢰인 자산의 보관 및 회계와 관련된 모든 법규를 준수함
(2)	아니오	없음 (참고 : 고위경영자를 모집해 주는 경우) 회계법인은 일반적으로 다수의 지원자들의 전문적 자질을 검토해주는 업무와 그들이 해당 직위에 적합한지에 대한 조언을 제공할 수 있다. 또한 회계법인은 일반적으로 인증의뢰인이 구체적으로 제시한 선발기준을 따르는 경우에 한하여 최종 면접 후보자를 선발해 줄 수 있다. 회계법인은 어떠한 경우에도 경영의사결정을 하여서는 아니되며, 고용에 대한 의사결정은 의뢰인이 하여야 한다(윤리기준 290.203).

(배점 4점, 각 배점 2점 - 가능여부 판단 0.5점, 각 안전장치 개당 0.5점)

물음5

구분	수임가능여부 (예, 아니오)	독립성 훼손위협	이유 또는 안전장치
[상황 1]	아니오	자기검토위협	민·형사 소송에 대한 자문업무를 수행하는 경우 외부감사법상 수임이 불가하다. (참고 : 재무제표감사의뢰인에게 소송지원서비스를 제공하는 경우로 볼 수도 있음 – 이 경우 "자문"이 아닌 단순 지원의 형태로 제시되어야 함) 1) 소송지원서비스를 제공하는 회계법인의 구성원이 의뢰인을 대신하여 경영의사결정을 하는 행위를 금지하는 정책과 절차 2) 당해 서비스를 수행함에 있어서 인증업무팀의 구성원이 아닌 다른 전문가의 활용 3) 독립적인 전문가와 같은 제3자의 관여 소송지원서비스의 일환으로 제공된 추정치가 재무제표에 반영되는 금액이나 공시에 영향을 주는 경우, 자기검토위협이 발생한다. 회계법인 등은 이러한 독립성 훼손위협의 심각성을 평가하여야 하며, 해당 위협이 명백하게 경미한 경우외에는 해당 위협을 제거하거나 수용가능한 수준이하로 감소시키는데 필요한 안전장치를 강구하고 적용하여야 한다(윤리기준 290.194).
[상황 2]	예	이기적 위협	계약을 체결하기 전에 약관에 따라 구입하거나 정상적인 가액으로 구입한 회원권·시설물이용권 등 채권이므로 감사업무 수임이 가능하다 (금액 상관없음).
[상황 3]	예	이기적 위협	상속이나 증여, 또는 합병으로 인하여 인증의뢰인과 직접적인 재무적 이해관계를 가지게 되거나 또는 중요한 간접적인 재무적 이해관계를 가지게 되는 경우 가능한 빠른 시일 내에 재무적 이해관계를 청산(주식 처분)하는 경우 감사업무 수임이 가능하다.

(배점 6점, 각 배점 2점 – 가능여부 판단 0.5점, 독립성 훼손 위협 0.5점, 이유 또는 안전장치 1점(부분점수 0.5점))

【문제 2】 (17점)

물음1

(기준서 300-2)
1) 감사인이 중요한 감사분야에 적합한 주의를 기울임 → 예시
2) 감사인이 잠재적 문제를 적시에 식별하고 해결함
3) 감사인이 감사업무를 적절히 조직화하고 관리함으로써 효율적이고 효과적인 감사가 수행되게 함
4) 예상되는 위험에 대응하기 위해 적합한 수준의 역량과 적격성을 갖춘 업무팀원을 선정하고, 적절하게 업무를 배정하는 것을 도움
5) 업무팀원에 대한 지휘 및 감독과 업무결과에 대한 검토가 용이하게 이루어지도록 함
6) 해당되는 경우, 부문감사인 및 전문가가 수행한 업무의 조정을 도움
(배점 3점, 각 1점)

물음2

(기준서 320-A14)
1) 감사 중에 발생된 상황의 변화
2) 새로운 정보 또는 추가감사절차의 수행에 따른 기업과 사업에 대한 이해의 변화
(배점 2점, 각 1점)

물음3

항목	적절한가? (예, 아니오)	적절하지 않은 경우, 그 이유
①	예	(참고 : 기준서 320-2) 재무제표 이용자에게 중요한 사항인지 여부는 집단으로서 이용자들의 공통적인 재무정보 수요를 고려하여 판단한다. 개별 이용자별 정보 요구사항은 광범위하게 다양할 수 있으므로 왜곡표시가 특정의 개별 이용자에게 미치는 영향은 고려하지 않는다.
②	예	
③	아니오	유의적 위험 판단 시 해당 위험과 관련하여 식별된 통제의 영향은 배제하여야 한다.
④	예	(참고 : 기준서 315-5) 감사인은 재무제표 및 경영진주장 수준의 중요왜곡표시위험의 식별과 평가에 대한 근거를 제공하기 위하여 위험평가절차를 수행하여야 한다. 그러나, **위험평가절차 그 자체만으로는 감사의견의 근거가 되는 충분하고 적합한 감사증거를 제공하지는 않는다.** (참고 : 기준서 315-A2) 감사인은 위험평가절차 및 관련 활동을 수행하여 입수한 정보를 중요왜곡표시위험에 대한 평가를 뒷받침하는 감사증거로 사용할 수 있다. 뿐만 아니라, 그러한 위험평가절차가 구체적으로 실증절차나 통제테스트로 계획되지 않은 경우에도, 감사인은 거래유형, 계정잔액 또는 공시, 그리고 이들과 관련된 경영진주장에 대한 감사증거와, 그리고 통제의 운영효과성에 대한 감사증거를 얻을 수 있을 것이다. **또, 감사인은 그렇게 하는 것이 효율적이라면 위험평가절차와 동시에 실증절차나 통제테스트를 수행할 수도 있다.**
⑤	아니오	기업의 목적이란 기업의 경영진 또는 지배기구가 외부적 요인들에 대응하기 위해 기업의 전반적인 계획을 수립하는 것을 말한다. 경영진이 기업의 목적을 달성하기 위해 적용하는 접근방법이 기업의 전략이다.

(배점 5점, 각 1점, 적절성 판단 및 이유까지 서술해야 정답으로 인정)

물음4

(기준서 230-A1)
1) 감사품질을 높이는 데 도움을 줌
2) 입수한 감사증거 및 도달된 결론에 대하여 감사보고서가 확정되기 전에 효과적으로 검토하고 평가하는 데 도움을 줌
(배점 2점, 각 1점)

물음5

항목	적절한가? (예, 아니오)	적절하지 않은 경우, 그 이유
①	아니오	감사증거란 감사인이 감사의견의 근거가 되는 결론에 도달할 때 이용한 정보로 다른 원천에서 입수한 정보를 말하며, 재무제표의 기초가 되는 회계기록에 포함되어 있는 정보를 포함한다.
②	예	
③	예	
④	아니오	유형자산에 대한 실물검사는 자산의 실재성에 관한 신뢰성 있는 감사증거를 제공할 수 있으나, 유형자산에 관한 기업의 권리와 의무, 평가에 대하여도 반드시 그러한 것은 아니다.
⑤	아니오	위 설명은 감사증거의 관련성에 대한 설명이다. 감사증거의 적합성은 감사증거의 질적 척도며 감사의견의 근거가 되는 결론을 뒷받침할 때 감사증거의 관련성과 신뢰성을 말한다.

(배점 5점, 각 1점 - 적절성 판단 및 이유까지 서술해야 정답으로 인정)

【문제 3】 (10점)

물음1

외부감사 대상 : (주)갑(매출액, 종업원수), (주)을(매출액), (유)병(자산, 부채, 사원수)
((주)정의 경우 매출액 기준만 충족하며 다른 기준은 충족하지 않음, 매출액 500억원 미만이므로 다른 요건도 충족해야 함)
(배점 2점, 각 0.5점 - '(주)정'을 기재하지 않아야 0.5점 득점)

구분	주식회사	유한회사
상장법인	주권상장법인 또는 주권상장법인이 되려는 회사	-
비상장법인 (직전 사업연도(말) 기준)	1) 직전 사업연도(말) 자산총액 또는 매출액이 500억원 이상인 회사	
	2) 다음 중 2개 이상 해당 ① 자산총액 : 120억원 이상 ② 부채총액 : 70억원 이상 ③ 매출액: 100억원 이상 ④ 종업원 수 : 100명 이상	2) 다음 중 3개 이상 해당 ① 자산총액 : 120억원 이상 ② 부채총액 : 70억원 이상 ③ 매출액: 100억원 이상 ④ 종업원 수 : 100명 이상 ⑤ 사원수 : 50명 이상

물음2

주권상장법인의 경우 다른 일반적인 비상장법인에 비해 다양한 재무제표 이용자가 존재한다. 그래서 만약 감사실패 시 이에 따른 사회적비용도 그만큼 크게 발생하여 공익에 해가 될 가능성이 더 높아진다. 따라서 규모 등 일정 요건(적격성)을 갖춘 회계법인만 주권상장법인을 감사하도록 하여 감사실패의 가능성을 줄이고자 한다.
(배점 2점, 부분점수 0.5점씩 가능)

물음3

(기준서 220-A8)
1) 주요 주주, 주요 경영진 및 지배기구의 성실성
2) 업무팀이 감사업무를 수행할 능력이 있으며 시간과 자원 등 필요한 역량을 갖추었는지 여부 → 예시
3) 회계법인과 업무팀이 관련 윤리적 요구사항을 준수할 수 있는지 여부 → 예시
4) 당기 또는 이전에 감사업무를 수행하는 중에 발생한 유의적 사항들과 그러한 사항들이 의뢰인과의 관계유지에 대하여 시사하는 점
(배점 2점, 각 1점)

물음4

(기준서 210-10)
1) 재무제표감사의 목적과 범위
2) 감사인의 책임
3) 경영진의 책임
4) 재무제표 작성을 위한 해당 재무보고체계의 식별
5) 감사인에 의해 발행될 보고서의 예상되는 형태와 내용에 대한 언급
6) 해당 보고서가 예상되는 형태와 내용과 다를 수 있는 상황이 존재할 수 있다는 기술
(배점 2점, 각 0.5점)

물음5

(기준서 510-3)
1) 당기재무제표에 중요하게 영향을 미치는 왜곡표시가 기초잔액에 포함되었는지 여부
2) 기초잔액에 반영된 적합한 회계정책이 당기재무제표에 일관되게 적용되었는지 여부 또는 회계정책이 변경되었다면 해당 재무보고체계에 따라 적절하게 처리되고 적절하게 표시 및 공시되었는지 여부
(배점 2점, 각 1점)

【문제 4】 (16점)

물음1

(기준서 550-2)
1) 특수관계자들은 그 성격상 광범위하고 복잡한 관계 및 구조를 통해 사업을 수행하고 이에 따라 특수관계자 거래의 복잡성이 증가하는 경우 → 위 상황에서의 ㉠
2) 정보시스템이 해당 기업과 그 특수관계자들간의 거래와 잔액을 식별하거나 요약하는 데 효과적이지 않을 경우
3) 특수관계자 거래가 정상적인 시장의 계약조건 하에서 수행되지 않을 경우
(배점 2점, 각 1점)

물음2

항목	적절한가? (예, 아니오)	적절하지 않은 경우, 그 이유
①	예	
②	아니오	세금계산서는 부가가치세법상 공급자가 작성한 내부 감사증거이기 때문에 감사증거의 신뢰성이 떨어진다. 따라서 다른 신뢰성 높은 감사증거를 입수해야 한다.
③	예	
④	아니오	특수관계자에 대한 외부조회는 감사증거로서의 신뢰성이 떨어질 수 있다(특히 평가 주장). 따라서 차기 입금내역 확인 등 외부조회가 아닌 다른 절차를 수행해야 한다. (참고 : 기준서 550-A32) 특수관계자가 감사인에게 회신하는 데 기업이 영향을 미칠 가능성이 있다고 감사인이 판단하는 경우에는 이러한 감사절차의 유효성이 떨어진다.
⑤	아니오	기간귀속에 대한 테스트는 재무제표일 전후에 대해 감사증거를 입수해야 한다. (∵재무제표일 후(차기) 매출 중 당기 매출이 계상되었을 가능성이 있음) (추가적으로 전기 재무제표일 전후에 대한 감사증거 입수도 정답이 될 수 있음)

(배점 5점, 각 1점)

물음3

(기준서 550-A44)
1) 해당 주장의 근거가 되는 유의적 가정의 합리성을 평가함(가정의 합리성)
2) 해당 주장을 뒷받침하는 내·외부 데이터의 원천을 검증하고, 데이터의 정확성, 완전성 및 관련성을 결정하기 위해 이를 테스트함(근거의 신뢰성)
3) 해당 주장을 뒷받침하기 위한 경영진의 절차가 적합한지 고려함(절차의 적합성)
(배점 3점, 각 1점)

물음4

(기준서 230-9)
1) 테스트한 특정 항목이나 사항에 대하여 식별한 특성
2) 감사업무의 수행자 및 그 수행업무의 종료일
3) 수행된 감사업무를 검토한 사람, 검토일 및 검토범위
(배점 3점, 각 1점)

물음5

수정 또는 보완이 필요한 부분	올바른 문장
당기 재무제표에서	당기 재무제표 감사에서
의견형성에 영향을 미치지 아니하여,	우리의 의견형성 시 다루어졌으며,

핵심감사사항은 재무제표가 아닌 재무제표 감사업무 수행에 있어서의 유의적 사항이며, 감사의견과도 관련이 깊다.
(배점 3점, 각 1.5점)

참고 〈핵심감사사항 요약〉

항목	설명
정의	감사인의 전문가적 판단에 따라, 당기 재무제표감사에서 가장 유의적인 사항
목적	수행된 감사에 대하여 투명성을 제고 → 감사보고서에서의 커뮤니케이션 가치를 향상
효익 (목적 달성 수단) **2017**	1) 의도된 이용자들이 기업과 감사받은 재무제표에서 유의적경영진판단 분야를 이해하는데 도움이 될 수 있다. 2) 당기 재무제표감사에서 가장 유의적인 사항들을 이해하는 데 도움이 될 수 있도록 추가적인 정보를 제공한다. 3) 기업, 감사받은 재무제표, 또는 수행된 감사와 관련한 특정 사항에 관하여 의도된 이용자에게 경영진과 지배기구에 더 많이 관여할 수 있는 근거를 제공할 수도 있다. → 효익을 통해 목적(감사보고서에서의 커뮤니케이션 가치를 향상)을 달성
선정기준	지배기구와 커뮤니케이션한 사항 중에서 선택(복수 가능) (유의적감사인주의를 요구한 사항 → 가장 유의적인 사항)
유의적감사인주의 결정시 고려사항 (KAM고려사항) **2021** **2018**	1) 중요왜곡표시위험이 더 높게 평가되거나 유의적 위험으로 식별된 분야 2) 추정불확실성이 높은 것으로 식별된 회계추정치를 포함하여, 유의적경영진판단이 수반된 재무제표 분야와 관련되는 유의적감사인판단 3) 보고기간 중 발생한 유의적인 사건이나 거래가 감사에 미치는 영향 → 당기 재무제표감사에서 가장 유의적인 사항들인지 결정(전기×)
기본문단 기재사항	1) 별도 단락의 소제목 :「핵심감사사항」 2) 핵심감사사항은 감사인의 전문가적 판단에 따라 [당기] 재무제표감사에서 가장 유의적인 사항임 3) 해당 사항은 재무제표 전체에 대한 감사의 관점에서, 재무제표 전체에 대한 감사의견을 형성할 때 다루어진 사항이며, 감사인은 이 사항에 대하여 별도의 의견을 제공하지 않음
개별 핵심사항의 기술 문단	1) 관련 공시의 언급(주석× 참조) 2) 감사에서 가장 유의적인사항 중 하나로 고려되어 핵심감사사항으로 결정된 이유 3) 감사인이 수행한 절차 및 그 결과(감사절차)

【문제 5】 (8점)

물음1

항목	적절한가? (예, 아니오)	적절하지 않은 경우, 그 이유
①	예	
②	아니오	경영진이 적용한 가정이 전기와의 일관성 측면이 아닌 해당 재무보고체계의 측정목적에 비추어 합리적인지 여부를 검토하여야 한다. 기준서 540-13 경영진의 회계추정치 도출방법과 그러한 추정의 근거가 된 데이터를 테스트함. 이 과정에서 감사인은 다음 사항을 평가하여야 한다. 1) 측정 방법이 해당 상황에 적합한지 여부 2) 해당 재무보고체계의 측정목적에 비추어 합리적인지 여부
③	아니오	감사인이 범위추정치를 도출한 경우 경영진의 추정치와 감사인의 범위추정치 중 최인근값과의 차이를 도출한다. (참고 : 기준서 540-13) 만약 감사인이 범위추정치를 이용하는 것이 적합하다고 결론을 내리면, 입수한 감사증거를 근거로 하여 범위추정치 내의 모든 결과들이 합리적이라고 여겨질 때까지 해당 범위추정치를 좁힘 기준서 540-A116 감사인은 입수된 감사증거에 기초하여 해당 감사증거가 경영진의 점추정치와는 다른 회계추정치를 나타내고 있다고 결론을 내릴 수 있을 것이다. 감사증거가 이러한 점추정치를 뒷받침하는 경우, 감사인의 점추정치와 경영진의 점추정치의 차이는 왜곡표시를 구성한다. 감사인은 감사인의 범위추정치를 이용하는 것이 충분하고 적합한 감사증거를 제공한다고 결론을 내린 경우, 감사인의 범위추정치를 벗어나는 경영진의 점추정치는 감사증거로 뒷받침되지 않을 것이다. 이때 왜곡표시는 경영진의 점추정치와 감사인의 범위추정치 중 최인근값과의 차이와 같거나 크다.

(배점 3점, 각 1점)

물음2

(기준서 500-A49)
1) 해당 전문가의 발견사항이나 결론의 관련성과 합리성, 다른 감사증거와의 일관성, 그리고 이들이 재무제표에 적합하게 반영되었는지 여부
2) 해당 전문가가 유의적 가정과 방법을 사용한 경우, 그러한 가정과 방법의 관련성과 합리성
3) 해당 전문가가 수행한 업무에 원천데이터가 유의적으로 사용되는 경우에는, 그러한 원천데이터의 관련성, 완전성 및 정확성

(배점 3점, 각 1점)

물음3

(기준서 200-A51)
1) 감사가 효과적으로 수행될 수 있도록 계획함
2) 부정이나 오류로 인한 중요왜곡표시위험이 포함될 것으로 가장 높게 예상되는 분야에 감사노력을 집중하고, 그렇지 아니한 다른 분야에는 상대적으로 적은 노력을 기울임

(배점 2점, 각 1점)

【문제 6】 (11점)

[물음 1]

전체중요성 = 400억원 × 3% = 12억원
수행중요성 = 12억원 × 70% = 8.4억원
명백하게 사소한 금액 = 12억원 × 5% = 6천만원

상황	(추정)왜곡표시 집계액	근거
1	4억원	전액 대손가능성이 높으므로 대손충당금 설정
2	-	명백하게 사소한 왜곡표시
3	8억원	현재가치 평가액 반영

4	-	표본간격 = 5억원/800개 = 625,000원
		① 추정 왜곡표시
		  = 300,000 + 625,000×(12/60 + 16/40) = 675,000
		② 표본위험의 허용치
		  = 625,000 × 3 + 625,000 × (0.5 × 12/60 + 0.5 × 16/40)
		  = 2,062,500
		③ 추정오류 상한액 = ① + ② = 2,737,500
		→ 명백하게 사소한 왜곡표시

> **참고** 보충설명
>
> 1) 왜곡표시 – 재무제표에 보고된 금액, 분류, 표시 또는 공시와 해당 재무보고체계의 요구에 따른 금액, 분류, 표시 또는 공시와의 차이
> 2) 미수정왜곡표시 – 감사인이 감사 중 집계한 왜곡표시 중 수정되지 아니한 것
>   → 만약 문제가 미수정왜곡표시를 산출하는 것이라면 정답이 크게 달라짐
>
> 감사인은 각 재무제표상 금액의 왜곡표시가 일정 금액에 미달하며, 이 항목이 명백하게 사소할(clearly trivial) 것이고 또한 그 합계금액이 재무제표에 중요한 영향을 미치지 않을 것이 명백하다고 예상되므로 그 왜곡표시의 집계도 불필요할 것이라고 판단하는 일정 금액을 지정할 수 있다. 명백하게 사소한(clearly trivial) 것을 제외하고는 감사 중 식별된 왜곡표시를 집계하도록 감사인에게 요구한다.
>   → 식별된 왜곡표시 집계 시 명백하게 사소한 것을 제외하여야 함
>
> ⇒ 왜곡표시 및 미수정왜곡표시, 명백하게 사소한 금액에 대한 관계에 대한 이해가 필수

(배점 5점, 상황4 2점, 그 외 각 1점)

[물음 2]

감사의견	추가적 고려가 필요한 사항
적정의견	미수정왜곡표시가 재무제표 전체 중요성금액(12억원)보다 낮으나 수행중요성(8.4억원)보다 높으므로 잘못된 감사의견 표명의 가능성이 존재하기 때문에, 감사위험을 낮추어야 하며 이를 위해서는 감사절차의 성격, 시기, 범위를 확대하여 적발위험을 감소시키고, 중요성 수준을 낮추는 것을 고려한다.

(배점 3점 – 감사의견 1점, 추가적 고려사항 2점)

물음3

(기준서 705-5)
1) 재무제표의 특정 요소, 계정과목 또는 항목에 국한되지 않음
2) 재무제표의 특정 요소, 계정과목 또는 항목에 국한되지만, 이들이 재무제표의 상당한 부분을 나타내거나 나타낼 수 있음
3) 공시와 관련하여, 이용자가 재무제표를 이해하는 데 근본적임
(배점 3점, 각 1점)

【문제 7】 (7점)

물음1

항목	적절한가? (예, 아니오)	적절하지 않은 경우, 그 이유
①	예	
②	아니오	연결재무제표에 대한 감사보고서에 중요한 사항을 적지 아니하거나 거짓으로 적은 책임이 종속회사 또는 관계회사의 감사인에게 있는 경우에는 해당 감사인은 이를 믿고 이용한 제3자에게 손해를 배상할 책임이 있다.
③	예	
④	아니오	한국채택국제회계기준을 적용하지 않는 회사의 경우 사업연도 종료 후 120일 이내(사업보고서 제출대상법인 중 직전 사업연도 말 현재 자산총액이 2조원 이상인 법인의 경우에는 사업연도 종료 후 90일 이내) 제출해야 한다.
⑤	아니오	한국채택국제회계기준을 적용하지 않는 회사의 경우 사업연도 종료 후 90일 이내(사업보고서 제출대상법인 중 직전 사업연도 말의 자산총액이 2조원 이상인 법인은 사업연도 종료 후 70일 이내) 제출해야 한다.

(배점 4점 - ①, ③ 각 0.5점, 그 외 각 1점)

참고 회사의 재무제표 제출의무(감사인 → 회사)

구분	정기총회(주총) 6주 전	정기총회(주총) 4주 전	사업연도종료일 ~ 70일	사업연도종료일 ~ 90일
회사 → 감사인 (K-IFRS)	재무제표 (단, 회생절차 진행중인 회사는 사업연도 종료 후 45일 이내)	연결재무제표 (단, 회생절차 회사 60일 이내)		
회사 → 감사인 (not K-IFRS)				연결재무제표
회사 → 감사인 (not K-IFRS 사업보고서 대상 & 자산총액 2조↑)			연결재무제표	

(단, 사업보고서 제출기한(사업연도 경과 후 90일) 이후 정기총회(주총)를 개최하는 경우, 정기총회(주총)일이 아니라 사업보고서 제출기한으로부터 6주전(별도재무제표) 또는 4주전(연결재무제표))

> **참고** 감사인의 감사보고서 제출의무(회사 → 감사인, 증선위, 한공회)

구분	정기총회(주총) 1주 전	정기총회(주총) ~ 2주 전	사업연도종료일 ~ 120일
감사인 → 회사 (K-IFRS)	감사보고서 연결감사보고서		
감사인 → 회사 (not K-IFRS)	감사보고서		연결감사보고서[1]
감사인 → 외부 (증선위·한공회)		감사보고서 연결감사보고서	연결감사보고서[1] (not K-IFRS)

1) 사업보고서 제출대상법인 중 직전 사업연도 말 현재 자산총액이 2조원 이상인 법인의 경우에는 사업연도 종료 후 90일 이내

물음2

(기준서 600-12)
유의적일 것 같은 부문을 식별하는 데 충분하도록 해당 그룹과 부문 및 그 환경을 이해하여야 한다.
(키워드 : 유의적일 것 같은 부분의 식별 + 그룹과 부문 및 그 환경을 이해)
(배점 0.5점)

물음3

(기준서 600-12)
업무수행이사는 그룹업무팀이 충분하고 적합한 감사증거를 입수하는 데 필요한 만큼 부문감사인들의 업무에 관여할 수 있을 것인지 여부를 평가하여야 한다.
(배점 1점)

물음4

(기준서 600-A20)
업무의 조건에는 해당 재무보고체계를 명시한다. 이 외에도 다음과 같은 사항이 그룹감사업무의 조건에 추가적으로 포함될 수 있을 것이다.
1) 그룹업무팀과 부문감사인간의 커뮤니케이션은 법규상 가능한 정도까지 제한없이 이루어져야 함
2) 부문감사인, 부문지배기구 및 부문경영진간의 중요한 커뮤니케이션 내용(부문 내부통제의 유의적 미비점에 관한 커뮤니케이션 포함)은 그룹업무팀에도 커뮤니케이션 되어야 함
3) 재무보고 사항에 관한 규제기관과 부문간의 중요한 커뮤니케이션 내용은 그룹업무팀에 커뮤니케이션 되어야 함
4) 아래 사항에 대해 그룹업무팀이 필요하다고 판단하는 정도까지 허용되어야 함
  ① 부문정보, 부문지배기구, 부문경영진 및 부문감사인에 대한 접근(그룹업무팀이 원하는 관련 감사문서 포함)
  ② 부문재무정보에 대한 업무를 그룹업무팀이 수행하거나 부문감사인이 수행하도록 요청함
(배점 1.5점, 각 0.5점)

【문제 8】 (5점)

물음1

적절하지 않은 부분	적절하지 않은 이유
주주 및 이사회 귀중	서면진술(서)은 감사인(회계법인)을 수신인으로 해야 한다.
미수정왜곡표시와 왜곡표시 중 명백하게 사소한 금액은 재무제표 전체에 대한 영향이 중요하지 않습니다. 이에 대한 목록은 본 진술서한에 첨부되었습니다.	명백하게 사소한 것을 제외하고는 감사 중 식별된 왜곡표시(경영진이 미수정한 왜곡표시)를 집계해야 한다.

(배점 3점, 각 1.5점)

물음2

(기준서 580-A10)
서면진술은 감사증거의 중요한 원천이다. 경영진이 요청된 서면진술을 변형하거나 제공하지 않는다면, 이것은 하나 이상의 유의적 이슈가 존재할 가능성에 대하여 감사인에게 주는 경보(alert)일 수 있다. 또한, 많은 경우, 구두진술보다 서면진술에 대한 요청은, 경영진이 해당 사항들을 더 철저하게 고려하도록 촉진할 수 있으며, 이에 따라 진술의 질을 향상시킬 수 있다.
→ 키워드 : 감사증거의 중요한 원천, 서면으로 인한 진술의 질

(배점 2점, 부분점수 0.5점씩 가능)

【문제 9】 (10점)

물음1

구분	통제테스트 목적
내부회계관리제도감사	평가기준일 현재의 내부회계관리제도에 대한 감사의견을 뒷받침할 충분하고 적합한 증거를 입수함
재무제표감사	재무제표감사 목적상 감사인의 통제위험 평가를 뒷받침할 충분하고 적합한 감사증거를 입수함

(배점 2점, 각 1점)

물음2

1) 신규고객 등록 시 시스템에서 자동으로 고객명 중복 여부를 검토하여 중복 시 담당자에게 먼저 알리고 정보가 교체되지 않도록 함
2) 고객의 신용정보 관련 업무는 영업팀이 아닌 대금 회수부서(또는 법무부서)에서 수행하여 대금을 적절하게 회수 할 수 있도록 함(업무분장)
3) 제품 가격에 대한 시스템 등록권한과 승인권한은 별도의 담당자가 수행해야 함(업무분장)

(배점 3점, 각 1점)

물음3

(기준서 402-16)
1) 가능한 경우, 유형2 보고서를 입수함 → 예시
2) 서비스조직의 통제에 대하여 적합한 통제테스트를 수행함
3) 서비스조직의 통제에 대하여 통제테스트를 수행한 타감사인의 업무를 활용함
(배점 2점, 각 1점)

물음4

(기준서 1100-A82)
1) 고위 경영진이 저지른 부정을 식별함 → 예시
2) 부정이나 오류로 인한 중요한 왜곡표시의 수정을 반영하기 위해 이전에 발행된 재무제표를 재작성함
3) 재무제표의 중요한 왜곡표시가 기업의 내부회계관리제도에 의해 발견·수정되지 못하였을 상황에서 감사 중 감사인에 의해 해당 왜곡표시가 식별됨
4) 기업의 재무보고 및 내부회계관리제도에 대한 지배기구의 감시가 효과적이지 않음
(배점 3점, 각 1점)

제3회 실전모의고사 (2023년 제3회 GS모의고사)

【문제 1】(16점)

물음1

공인회계사의 주요 업무 중 하나인 회계감사 업무는 의도된 재무제표 이용자의 신뢰수준을 높이는 것이다. 따라서 공인회계사는 의뢰인의 이익보다 공익(정보이용자를 위한 재무제표의 신뢰성)을 우선하여 보호해야 한다. 그러므로 독립성을 비롯한 윤리기준 내 규정을 준수하여 회계감사 업무를 수행해야 한다.

> **참고**
> - 공인회계사라는 직업이 가지는 중요한 특징 중의 하나는 공익을 보호해야 할 책임이 있다는 것이다. 그러므로 공인회계사의 책임은 단지 의뢰인이나 본인이 소속해 있는 조직이 요구하는 사항을 충족시키는 데에만 그치지 아니한다. 공인회계사는 직무를 수행함에 있어 공익을 보호하기 위하여 이 윤리기준의 요구사항을 준수하여야 한다(윤리기준 100.1).
> - 감사의 목적은 의도된 재무제표 이용자의 신뢰수준을 향상시키는 데 있다(기준서 200-3).
> - 감사인은 재무제표감사업무와 관련된 독립성 요구사항 등 관련 윤리적 요구사항을 준수하여야 한다(기준서 200-A16).

(배점 2점, 공익(재무제표 이용자) 및 회계감사에 대한 내용 언급 시 정답)

물음2

구분	설명
이같이 언급한 이유	모든 사회구성원은 타인과 관계를 형성하고 있으므로 모든 관계로부터 자유로워지는 것은 현실적으로 불가능한 일이기 때문에, 모든 이해관계로부터 자유로울 수 없다. (윤리기준 290.9)
준수해야 할 독립성 유지 수준	경제적·재무적 관계와 기타 다른 관계의 심각성은 관련된 모든 정보를 알고 있는 합리적인 제3자가 수용할 수 없는 것으로 판단할 만한 사항이 무엇인지의 관점에서 평가하여야 한다. (윤리기준 290.9) - 외관상 독립성

(배점 2점, 각 1점)

물음3

항목	적절한가? (예, 아니오)	적절하지 않은 경우, 그 이유
①	예	(참고) "공인회계사(Professional accountant)"라 함은 법 제7조의 규정에 의하여 등록한 공인회계사와 외부감사법 제3조의 규정에 의한 감사인을 말한다. (윤리기준 용어의 정의) → 직접적인 적용 대상은 아니나, 회계법인 내 소속공인회계사인 경우 윤리기준을 준수하여야 함
②	아니오	전문가적 품위 강령 공인회계사는 명목여하를 불문하고 중개인을 내세우거나 권력의 이용 또는 금전 등의 제공에 의하여 자신에게 업무를 위촉할 것을 강요하거나 수임하는 것과 같은 부당한 방법으로 직무상의 경쟁을 하여서는 아니된다(윤리기준 150.3). (다른 회계법인 업무의 전부 또는 일부를 인수하는 경우는 알선수수료 수령에 대한 예외조항에 해당되며, 위 내용은 업무 수임에 있어 중개인(영업사원, 전관예우 등)을 두지 말라는 의미이다.)
③	아니오	공인회계사가 고의성이 없이 윤리기준의 어느 규정을 위반하는 경우, 위반 사항의 성격과 심각성에 따라, 위반이 발견되는 즉시 신속하게 위반 사항을 시정하고 필요한 안전장치를 적용한 경우에는 윤리강령이 준수된 것으로 볼 수 있다(윤리기준 100.8).
④	예	(윤리기준 서언)

(배점 4점, 각 1점)

물음4

구분	수임 가능 여부 (예, 아니오)	독립성 훼손 위협	이유 또는 안전장치
[상황 1]	예	유착위협	강인혜 회계사는 ㈜자유의 재무제표에 대해 감사업무를 수행한 담당사원(과거 인증업무 담당사원)이 아니므로 별도 규정을 적용받지 않는다.
[상황 2]	예	없음	감사대상회사의 주주가 보유하고 있는 감사대상회사의 주식을 평가하는 것은 감사대상회사의 감사업무와 관련이 없다.

(배점 4점, 각 배점 2점 – 가능여부 판단 0.5점, 독립성 훼손 위협 0.5점, 이유 또는 안전장치 1점(부분점수 0.5점))

물음5

(기준서 220-21)

1) 의견의 차이가 있는 사항들 혹은 어렵거나 논쟁의 여지가 있는 사항들에 관하여 적합한 자문이 있었는지 여부, 그리고 그러한 자문으로부터 도출된 결론

2) 검토를 위해 선정된 감사문서는 유의적 판단들과 관련된 업무를 반영하고 있으며 도달된 결론들을 뒷받침하는지 여부

(배점 2점, 각 1점)

물음6

감사인 지정제의 취지는 감사품질 향상에 있으나, 위와 같은 사유는 감사(회계)품질과 직접적으로 연계되지 않으며 귀책도 분명하지 않으므로 지정사유에서 제외시킬 필요가 있다. 만약, 재무지표가 악화된 기업으로서 매출에 대한 회계부정을 저질렀다면 재무지표는 개선되었을 것이므로, 오히려 이들 기업은 지정대상에서 제외된다는 모순이 발생하기 때문이다. (감사인 지정제도의 쟁점 및 개선과제, 국회입법조사처, 2023.04.25.)
(배점 2점, 부분점수 0.5점씩 가능)

【문제 2】 (18점)

물음1

(기준서 315-10)
1) 기업의 재무제표가 중요하게 왜곡표시될 가능성
2) 해당 재무보고체계를 기업의 실질과 상황에 맞게 적용하는 문제
(예시 : 새로운 또는 개정된 유의적인 공시로 이어질 수 있는 재무보고 요구사항의 변경 - 위 상황1)
(배점 2점, 각 1점)

물음2

(기준서 505-15)
소극적 조회는 적극적 조회보다 설득력이 낮은 감사증거를 제공한다. 따라서, 감사인은 다음 사항이 모두 충족되지 않는 한 경영진주장 수준에서 평가된 중요왜곡표시위험에 대처하기 위한 유일한 실증감사절차로서 소극적 조회를 이용하여서는 안 된다.
1) 감사인은 중요왜곡표시위험이 낮다고 평가하였고, 경영진주장과 관련된 통제의 운영효과성에 대하여 충분하고 적합한 감사증거를 입수하였음
2) 소극적 조회절차의 대상이 되는 항목의 모집단이 다수의 동질적이며 소액인 계정잔액이나 거래 또는 조건들로 구성되어 있음 → 예시
3) 불일치사항의 발생률이 매우 낮을 것으로 예상됨
4) 감사인은 소극적 조회의 수신자가 그러한 요청을 무시할 상황이나 조건에 대하여 알고 있지 아니함
(배점 3점, 각 1점)

물음3

(기준서 505-9)
만약 경영진이 조회서의 발송을 거부하는 것이 비합리적이라고 감사인이 결론을 내리거나 감사인이 대체적 감사절차로부터 관련성이 있고 신뢰할 수 있는 감사증거를 입수할 수 없다면, 감사인은 지배기구와 커뮤니케이션하여야 한다. 감사인은 해당 감사와 감사의견에 대한 시사점을 결정하여야 한다.
1) 지배기구와 커뮤니케이션 수행
2) 해당 감사와 감사의견에 대한 시사점을 결정(의견 변형 고려)
(합리적인 사유가 없었으므로 비합리적이라고 결론 내린 후의 절차를 기술)
(배점 2점, 각 1점)

물음4

(기준서 505-A20)
상황에 따라 감사인은 충분하고 적합한 감사증거를 입수하기 위해 적극적 조회에 대한 회신이 필요한 경영진주장 수준에서 평가된 중요왜곡표시위험을 식별할 수가 있을 것이다. 그러한 상황에는 다음과 같은 경우가 포함될 수 있다.
1) 경영진주장을 확인하기 위해 이용가능한 정보가 오직 기업의 외부에서만 입수가능한 경우
2) 특정 부정위험요소로 인하여 감사인이 기업에서 입수한 증거를 신뢰할 수 없는 경우(예, 경영진의 통제무력화 위험, 종업원 및 경영진이 연루될 수 있는 공모위험)
(배점 2점, 각 1점)

물음5

잘못된 부분	그 이유
회신용 조회서 당사로 우송함	당사가 아닌 당사의 감사인인 현무회계법인으로 우송해야 함
현무회계법인 대표이사 이충민 (인)	조회서는 감사인이 아닌 회사 명의로 발송해야 함

[부연설명]
조회서는 회사의 명의로 발송 후, 감사인이 직접 회수하는 것이 원칙이다. 중요한 사항이니 반드시 기억해야 한다.
(배점 3점, 각 1.5점)

물음6

항목	적절한가? (예, 아니오)	적절하지 않은 경우, 그 이유
①	아니오	증권분석가의 보고서나 경쟁기업과의 비교데이터 역시 감사증거에 해당한다. (참고 : 기준서 500-A9) 감사인이 감사증거로 사용할 수 있는 기업과 독립된 원천에서 입수한 정보에는 제3자로부터의 조회, 증권분석가의 보고서 그리고 경쟁기업과의 비교데이터 (기준 데이터)가 포함될 것이다.
②	예	(기준서 315-A2)
③	아니오	모든 사업위험이 중요왜곡표시위험을 초래하는 것은 아니기 때문에 감사인이 모든 사업위험을 식별하고 평가할 책임은 없다. (기준서 315-A39)
④	아니오	일반적으로 질문만으로는 경영진주장 수준의 중요한 왜곡표시가 없다는 것 또는 통제의 운영효과성에 대한 충분한 감사증거를 제공하지 못한다. (참고 : 기준서 500-A2) 질문은 중요한 감사증거를 제공하고 왜곡표시의 증거까지도 생성할 수도 있지만, 일반적으로 질문만으로는 경영진주장 수준의 중요한 왜곡표시가 없다는 것 또는 통제의 운영효과성에 대한 충분한 감사증거를 제공하지 못한다
⑤	예	(참고 : 기준서 315-A16) 분석적절차에 상위수준으로 요약된 데이터가 이용되는 경우(이는 위험평가절차로서 분석적절차를 수행하는 상황일 수 있음), 분석적절차의 결과는 중요왜곡표시위험의 존재 여부에 대하여 광범위한 초기적 징후만을 제공한다.

(배점 4점 - ②⑤ 각 0.5점, 그 외 각 1점, 적절성 판단 및 이유까지 서술해야 정답으로 인정)

물음7

(기준서 520-5, A15)
1) 실증적인 분석적절차의 예상결과가 예측되는 정확성
2) 정보가 세분될 수 있는 정도 → 예시
3) 재무 및 비재무 정보의 이용가능성
(배점 2점, 각 1점)

【문제 3】 (10점)

물음1

(기준서 240-A10)
1) 제3자에게 직접 조회
2) 문서의 진실성을 평가하기 위해 전문가를 이용
(참고 : 위 상황은 2022년 금융감독원 회계감리 결과 주요 지적사례를 변형함)
(배점 2점, 각 1점)

물음2

계정과목	경영진주장	이유
매출채권	①	허위 세금계산서를 통해 가공매출을 일으켰으므로, 관련 매출채권이 실재하는지 확인해야 한다.
재고자산	②	출고처리 되었으나 창고 내 실재하는 재고이므로, 재무제표에 누락된 재고자산을 확인해야 한다.

[부연설명]
매출채권 : 허위 매출을 통한 가공 매출채권이 증가했을 가능성이 높다. 평가는 실재성 확인 후 취해야 할 부분이다.
재고자산 : 허위 매출에 대한 재고자산(원가)은 전산상으로는 출고되었으나 실제로는 창고에 존재하므로 재고자산의 완전성 확인이 가장 중요하다.

위와 같은 문제는 상황을 분석하여 상황에서의 핵심 부분과 그 문제점을 파악하고, 이와 직접적으로 관련된 경영진주장을 찾아내야 한다.
①매출 증대를 위한 허위 매출 → ②허위 매출채권 증가(매출 증가)와 재고자산 감소(매출원가 증가)
(배점 3점, 각 1.5점 - 경영진주장 0.5점, 이유 1점)

물음3

(기준서 240-A38)
1) 표본규모를 확대
2) 보다 세부적인 수준에서 분석적절차를 수행
3) 컴퓨터를 이용한 감사기법을 수행
(배점 2점, 각 1점)

물음4

(기준서 240-39)
부정 또는 부정으로 의심되는 사건에 의한 왜곡표시의 결과로 감사인이 해당 감사를 계속하여 수행할 감사인의 능력에 의문을 초래하는 예외적인 환경에 직면한 경우, 감사인은 다음의 절차를 수행하여야 한다.
1) 해당 상황에 맞는 전문가로서의 책임과 법률적 책임을 결정함
2) 관련 법규상 감사업무의 해지가 가능한 경우, 해당 감사업무를 해지하는 것이 적절한지 여부를 고려함
3) 감사인이 감사를 해지하는 경우에는 다음의 절차를 수행하여야 한다.
    ① 감사인이 감사업무를 해지한다는 사실과 그 이유에 대하여 적합한 수준의 경영진 및 지배기구와 토의
    ② 감사인을 선임한 당사자(또는 경우에 따라 규제기관)에게 감사인의 감사업무 해지와 그 이유를 보고할 전문가로서의 요구사항이나 법률적인 요구사항이 존재하는지 여부 결정

(배점 3점, 각 1점)

【문제 4】 (17점)

물음1

식별된 부외부채 금액(왜곡표시 집계액)	산정 근거
24,500	3,000 + 14,000 + 5,500 + 2,000

[부연설명]
제시된 20x2년 1월 출금액 중 20x1년 12월 부채에 해당하는 금액을 찾는 것이 핵심이다.
1) 명백하게 사소한 금액인 1,000원 이하는 모두 무시해도 된다(B·C거래처 외상대금, 사무용품비).
2) 12월 비용은 모두 ×1년말 부채로 계상했어야 한다(급여, 임차료, 신용카드대금).
3) 외상대의 경우 익월말(다음달 말)까지 지급하는 것을 원칙으로 하므로 A거래처에 대한 외상대 지급은 모두 ×1년말 부채로 계상했어야 한다(B·C거래처 외상대금은 제외).
4) 신년 회식비는 1월 회식에 대한 비용이므로 ×1년 비용과는 관련이 없다.
(참고(450-5) : 감사인은 명백하게 사소한(clearly trivial) 것을 제외하고는 감사 중 식별된 왜곡표시를 집계하여야 한다.)
(배점 2점)

물음2

한정의견
미수정왜곡표시 24,500원은 중요성인 20,000원 이상이므로 한정의견 또는 부적정의견을 표명해야 하나, 중요하고 전반적인 금액인 25,000원 미만이므로 한정의견을 표명한다.
(배점 2점, 각 1점)

[물음3]

감사인의 독립적 기대치	2,600
회사계상 감가상각비와의 차이	100
감사결론(적정함, 적정하지 않음)	적정함

[부연설명]
1) 감사인의 독립적 기대치
  ① 상각대상금액 = 12,000 + (3,000 × 6/12) − (1,000 × 6/12) = 13,000
  ② 기대치 = 13,000 / 5년 = 2,600
2) 회사계상 감가상각비와의 차이 = |2,500 − 2,600| = 100
3) 결론 : 차이금액이 명백하게 사소한 금액 이하이므로 회사계상 감가상각비는 적정함
(배점 4점 − 감사인의 기대치 2점, 그 외 각 1점)

[물음4]

과소계상 또는 과대계상 여부	과소계상 또는 과대계상 금액
과소계상	2,400

[부연설명]
1) 과소계상(유형자산을 소모품비로 계상하였으므로 자산의 과소계상)
2) 과소계상 금액
= 유형자산 대체금액 − 감가상각누계액
= 1,200 − (1,200 ÷ 5 × 10/12) + 1,500 − (1,500 ÷ 5 × 4/12)
= 1,000 + 1,400
= 2,400
(월할 상각하므로 전산장비는 10개월 상각, 서버는 4개월 상각한다.)
(배점 3점 − 과소여부 판단 1점, 계산 2점)

[물음5]

항목	이유
②	실사입회 장소는 전날이 아닌 실사입회 당일에 통보하는 것이 좋다.
④	감사인이 재고자산 실사의 입회 때 재고자산을 조사하는 것은 재고자산의 실재성(실재성이 반드시 소유권을 의미하는 것은 아님)을 확인하고 진부화되었거나 손상된, 또는 장기 보유 중인 재고자산을 식별하는 데 도움이 된다. (501-A6) → 재고자산의 권리는 실사 또는 실사 입회의 절차로 확인이 어렵다.

(배점 3점, 각 1.5점)

물음6

(1) 실사(실물검사)의 경우 검사의 방법이고, 실사 입회는 관찰의 방법이다. 그래서 재고자산 실사는 감사인이 직접 수량을 확인하지만, 재고자산 실사 입회는 회사가 직접 수량 확인 후 감사인은 회사의 실사절차를 관찰하는 절차를 취한다.
(2) 실사 입회의 장점으로는 시간과 비용이 절감되어 감사의 효율성 향상에 기여할 수 있다는 점이지만, 단점으로는 실사에 비해 상대적으로 낮은 감사증거력을 갖는다.
(3) 실사 입회의 단점을 보완하기 위해 테스트 실사를 수행한다.
(배점 3점, 각 1점)

구분	실사(실물검사)	실사(실물검사)입회
감사기술	검사	관찰
방법	감사인이 직접 수량(Q)을 확인	회사가 직접 수량(Q)을 확인하고 감사인은 실사절차를 관찰
장점	높은 감사증거력(효과성↑) (중요왜곡표시위험이 높을 때 사용)	시간과 비용↓ (효율성↑)
단점	시간과 비용↑	(상대적으로) 낮은 감사증거력 ∴ 보완 감사절차(테스트 실사) 존재

【문제 5】 (9점)

물음1

자기검토위협으로 인한 독립성 훼손사유가 될 수 있으므로 수정분개를 제시하면 안 된다.
(배점 0.5점)

물음2

(기준서 450-A12)
경영진이 감사인과 커뮤니케이션한 왜곡표시 등 모든 왜곡표시를 수정하는 것은,
1) 경영진이 정확한 회계장부와 회계기록을 유지할 수 있게 하고,
2) 과거 보고기간과 연관된 중요하지 않은 미수정왜곡표시가 누적되어 향후 재무제표가 중요하게 왜곡표시 될 위험을 감소시킨다.
(배점 2점, 각 1점)

물음3

(기준서 450-9)
1) 판단적 왜곡표시
2) 만약 경영진이 감사인이 커뮤니케이션한 왜곡표시의 일부 또는 전부에 대하여 수정을 거절하는 경우, 감사인은 ① 경영진이 수정하지 않는 사유를 이해하여야 하며 ②재무제표 전체에 중요한 왜곡표시가 없는지 여부를 평가할 때 그 사유를 고려하여야 한다.
(배점 2.5점 - 판단적 왜곡표시 0.5점, 수행절차 각 1점)

물음4

(기준서 510-A8)
기초잔액에 대하여 충분하고 적합한 감사증거를 입수할 수 없으면 감사의견은 다음과 같이 변형될 것이다.
[A] : (상황에 적합하게) 한정의견이나 의견거절
[B] : 법규상 금지되지 않는 한, 해당 상황에 적합하게 영업결과와 현금흐름은 한정의견이나 의견거절, 그리고 재무상태는 적정의견
(배점 2점, 각 1점 - A와 B를 교차해서 기재해도 정답)

물음5

(기준서 510-6)
감사인은 다음의 절차를 수행함으로써, 기초잔액에 당기재무제표에 중요하게 영향을 미치는 왜곡표시가 포함되었는지 여부에 대하여 충분하고 적합한 감사증거를 입수하여야 한다.
1) 전기의 마감잔액이 정확하게 당기로 이월되었는지, 또는 해당되는 경우 재작성되었는지 여부를 결정함
2) 기초잔액에 적합한 회계정책이 반영되어 있는지 결정함
3) 다음 절차 중 하나 이상을 수행함 → 예시
  ① 전기재무제표가 감사를 받은 경우, 기초잔액에 관한 증거를 입수하기 위해 전임감사인의 감사조서를 검토함
  ② 당기에 수행된 감사절차가 기초잔액과 관련된 증거를 제공하는지 여부를 평가함
  ③ 기초잔액에 관한 증거를 입수하기 위하여 특정의 감사절차를 수행함
(배점 2점, 각 1점)

【문제 6】 (7점)

물음1

(기준서 260-16)
1) 회계정책과 회계추정 및 재무제표 공시 등 해당 기업 회계실무의 유의적 질적 측면에 대한 감사인의 견해
2) 감사 중 직면한 유의적 어려움이 있다면 그 내용 → 예시
3) 지배기구의 모든 구성원이 그 기업의 경영에 참여하고 있지 않는 한, 다음의 각 사항
  ① 감사 중 발생하여 경영진과 논의하였거나 서신을 교환하였던 유의적인 사항
  ② 감사인이 요청하고 있는 서면진술
4) 감사보고서의 형태와 내용에 영향을 미치는 상황이 있다면 그 상황
5) 감사 중 발생한 기타 유의적 사항으로서, 감사인의 전문가적 판단에 비추어 볼 때 재무보고절차의 감시와 관련성이 있는 사항
(배점 2점, 각 1점)

물음2

(기준서 260-19, 20)
1) 구두로 커뮤니케이션하는 것이 적절하지 않을 것으로 판단되는 사항
2) 감사인의 독립성 문제
3) 내부통제의 유의적 미비점
(배점 3점, 각 1점)

물음3

관련 감사절차	지배기구와의 커뮤니케이션이 필요한 사항
부정 관련 감사절차	감사인이 경영진이 연루된 부정이라고 의심하는 경우
계속기업 가정에 대한 감사절차	계속기업으로서의 존속능력에 유의적 의문을 초래할 수 있다고 식별된 사건 또는 상황
감사보고서 작성	감사보고서에 강조사항문단이나 기타사항문단을 포함시킬 것으로 예상하는 경우
미수정 왜곡표시에 대한 평가	미수정왜곡표시 및 미수정왜곡표시가 개별적으로 또는 집합적으로 감사의견에 미칠 영향이 존재하는 경우
외부조회 절차	경영진이 조회서의 발송을 거부하는 것이 비합리적이라고 감사인이 결론을 내리거나 감사인이 대체적 감사절차로부터 관련성이 있고 신뢰할 수 있는 감사증거를 입수할 수 없는 상황

그 외 아래 내용 기입 시 모두 인정

지배기구와의 커뮤니케이션을 언급하고 있는 다른 감사기준서의 구체적 요구사항

- 감사기준서 240 "재무제표감사에서 부정에 관한 감사인의 책임"- 문단 21, 38(c)의(i), 및 41-43
- 감사기준서 250 "재무제표감사에서 법규의 고려"- 문단 15, 20, 및 23-25
- 감사기준서 265, "내부통제 미비점에 대한 지배기구와 경영진과의 커뮤니케이션"- 문단 9
- 감사기준서 450 "감사 중 식별된 왜곡표시의 평가"- 문단 12-13
- 감사기준서 505 "외부조회"- 문단 9
- 감사기준서 510 "초도감사 - 기초잔액"- 문단 7
- 감사기준서 550 "특수관계자"- 문단 27
- 감사기준서 560 "후속사건"- 문단 7(b)-(c), 10(a), 13(b), 14(a) 및 17
- 감사기준서 570 "계속기업"- 문단 25
- 감사기준서 600 "그룹재무제표 감사 - 부문감사인이 수행한 업무 등 특별 고려사항"- 문단 49
- 감사기준서 610 "내부감사인이 수행한 업무의 활용"- 문단 20과 31
- 감사기준서 700 "재무제표에 대한 의견형성과 보고"-문단 46
- 감사기준서 701 "감사보고서 핵심감사사항 커뮤니케이션"- 문단 17
- 감사기준서 705 "감사보고서의 의견변형"- 문단 12, 14, 23 및 30
- 감사기준서 706 "감사보고서의 강조사항문단과 기타사항문단"- 문단 12
- 감사기준서 710 "비교정보-대응수치 및 비교재무제표"-문단 18
- 감사기준서 720 ""감사받은 재무제표를 포함하고 있는 문서 내의 기타정보와 관련된 감사인의 책임" – 문단 10, 13 및 16

(배점 2점, 각 1점)

【문제 7】(13점)

물음1

1) 계정과목 : 재고자산
2) (아래 3가지 중 2가지만 제시하면 정답)

경영진주장	감사절차
실재성	실사 또는 실사 입회
권리와 의무	인수증, 선적서류 등 문서검사를 수행하되 되도록 외부문서를 통해 감사증거의 신뢰성을 높임
평가	제3자에 대한 매출단가를 검토하여 충당금 설정 필요성 검토

[부연설명]
상황에서 ㈜합격 매출의 발생사실에 대해 중요왜곡표시위험이 높고 유의적 위험으로 결정하였으므로, ㈜노력 입장에서는 매입인 재고자산에 대해 가장 중점적으로 검토해야 한다. 매입채무의 경우 자본금 납입 외에는 자금이동이 없기 때문에 기말시점에 100억원이 계상되어있음을 확인하면 된다.
(배점 4점 - 계정과목 1점, 각 주장 및 감사절차 1.5점)

물음2

(기준서 600-42)
그룹업무팀은 부문감사인의 커뮤니케이션을 평가하여야 한다. 그룹업무팀은 다음의 절차를 수행하여야 한다.
1) 평가에서 나타난 유의적 사항을 부문감사인, 부문경영진 또는 그룹경영진 등 적합한 대상과 토의함
2) 부문감사인의 감사문서 중 기타의 관련 부분을 검토할 필요가 있는지 여부를 결정함
(배점 2점, 각 1점)

물음3

상황	왜곡표시 도출 방법
점추정치를 도출한 경우	장부금액과 감사인의 점추정치와의 차이 (기준서 540-116)
범위추정치를 도출한 경우	장부금액과 감사인의 범위추정치 중 최인근값과의 차이 (기준서 540-116)

[부연설명]
본문에서 경영진이 회수가능액을 추정하지 않았으므로(추정치가 없으므로), 추정치가 아닌 포괄적인 의미인 장부금액과 비교하여야 한다. (출처 : 2022년 금융감독원 주요 감리지적사례 및 유의사항 변형)
(배점 2점, 각 1점)

〈물음4〉

항목	적절한가? (예, 아니오)	적절하지 않은 경우, 그 이유
①	예	참고 : 기준서 600-A8 부문감사인은 그룹감사를 위하여 부문재무정보에 대한 업무를 수행하고 이에 대한 전반적인 감사 발견사항이나 결론 또는 의견에 대하여 책임을 지지만, 그룹감사의견에 대한 책임은 그룹업무수행이사나 해당 그룹업무수행이사가 소속된 회계법인에 있다.
②	예	참고 : 기준서 600-A44 부문중요성은 그룹감사의 일부로 재무정보에 대한 감사나 검토가 수행될 부문만을 대상으로 설정된다. 부문중요성은 발견된 미수정왜곡표시가 개별적으로 또는 집합적으로 중요한지 여부를 부문감사인이 평가할 때 이용된다.
③	예	참고 : 기준서 600-22 부문감사인 (또는 그룹업무팀)이 부문재무정보를 감사하는 경우 부문의 수준에서 수행중요성을 결정한다. 수행중요성은 부문재무정보의 미수정왜곡표시와 미발견왜곡표시의 합계가 부문중요성을 초과할 확률을 적절하게 낮은 수준으로 감소시키기 위해 필요하다. 실무상으로는, 그룹업무팀은 부문중요성을 이처럼 낮은 수준으로 설정할 수 있을 것이다.
④	아니오	(기준서 600-A43) 부문중요성은 그룹재무제표 전체에 대한 중요성의 일정 비율로 설정되어야 할 필요가 없으므로 모든 부문중요성의 합계는 그룹재무제표 전체에 대한 중요성을 초과할 수 있다.
⑤	아니오	(기준서 600-38) 그룹업무팀이나 부문감사인이 부문재무정보에 대하여 감사를 수행하는 경우, 그룹업무팀이나 부문감사인은 부문의 재무정보일과 그룹재무제표에 대한 감사보고서일 사이에 발생하여 그룹재무제표의 수정이나 공시가 요구될 수 있는 부문에서의 사건을 식별하기 위해 설계된 절차를 수행하여야 한다.

(배점 5점, 각 1점)

【문제 8】 (6점)

물음 1

구분	테스트 목적	감사증거 수집방법 (가능한 모든 감사기술)
설계효과성의 테스트	통제가 기업의 통제목적을 충족하고 재무제표의 중요한 왜곡표시를 초래할 수 있는 부정이나 오류로 인한 왜곡표시를 효과적으로 예방하거나 발견·수정할 수 있는지 여부를 결정(1100-37)	질문, 관찰, 검사
운영효과성의 테스트	통제가 설계된 대로 운영되는지 여부와 통제를 수행하는 사람이 통제를 효과적으로 수행하는데 필요한 권한과 적격성을 갖추었는지 여부를 결정(1100-38)	질문, 관찰, 검사, 재수행

(배점 4점 - 테스트 목적 및 감사증거 수집방법 각 1점)

물음 2

(기준서 1100-60)
감사인이 내부회계관리제도에 대한 내부회계관리제도 운영실태보고서의 필수 요소가 불완전하거나 부적절하게 표시되었다고 결정하는 경우, 감사인은 경영진에게 내부회계관리제도 운영실태보고서를 수정하도록 요청하여야 한다. (추가정보가 포함된 경우도 정답인정 가능)
(배점 2점)

【문제 9】 (4점)

물음 1

항목	적절한가? (예, 아니오)	적절하지 않은 경우, 그 이유
①	예	
②	아니오	모든 주권상장법인은 반기재무제표에 대한 검토를 받아야 하며, 최근 사업연도말 현재의 자산총액이 5천억원 이상인 주권상장법인은 분기재무제표에 대한 검토도 받아야 한다. (그 외의 법인은 의무사항 없음)
③	아니오	일반적인 검토절차에는 중간재무제표에 영향을 미칠 수 있는 사항을 확인하기 위하여 주주총회, 지배기구, 기타 주요 위원회의 의사록을 열람하는 등 문서검사가 사용된다.
④	예	
⑤	아니오	중요성의 관점에서 회계처리기준에 따라 표시되기 위해 중요한 수정이 필요하다는 사실을 알게 된 경우 반드시 서면 또는 구두로 커뮤니케이션 해야한다. 커뮤니케이션이 구두방식으로 수행되는 경우에는 감사인은 그 내용을 문서화하여야 한다. (참고 : 서면으로 커뮤니케이션하는 것과 문서화 하는 것은 다른 개념이다.)

(배점 4점 - ①, ④ 각 0.5점, 그 외 각 1점)

제4회 실전모의고사 (2024년 제1회 GS모의고사)

【문제 1】 (17점)

물음1

ⓐ와 같이 대답한 이유 :
7명의 공인회계사로도 회계법인을 설립하여 대형비상장법인 또는 금융회사에 대한 회계감사 수임이 가능해져 적격성 하락으로 감사품질이 저하되는 효과가 발생할 수 있다.

ⓑ에 들어갈 문장 :
특정 업종이나 분야에 특화된 전문성을 갖춘 회계법인 설립 가능성이 높아져 적격성 높은 감사로 감사품질이 높아질 수 있다. (또는 회계법인의 수가 늘어나 경쟁 심화로 인하여, 경쟁력 있는 회계법인만 살아남게 되어 전체적인 적격성 상승으로 감사품질이 증가할 수 있다.)

(배점 2점, 각 1점, 키워드 : 적격성)

> **참고** 다른 국가와 비교한 대한민국 회계법인 설립요건
>
> - 미국 : 회계법인의 형태, 사원의 자격이나 수에 제한이 없다.
> - 영국 : 회계법인의 형태는 아무런 제한이 없으며, 사원의 자격이나 수 역시 제한이 없다. 다만, 회계법인이 조합 또는 유한책임조합의 형태로 설립된 경우, 잉글랜드와 웨일즈 공인회계사협회 소속공인회계사가 의결권의 50% 이상을 가지고 있어야 한다.
>
> 대한민국의 회계법인 설립요건은 사원의 수 제한 등으로 인하여 다른 국가에 비해 회계법인 설립요건이 더 까다롭다고 할 수 있다. 이러한 까다로운 설립요건으로 인해 회계법인의 서비스 품질과 구성원들의 적격성이 높아지는 효과가 있을 수 있다는 장점이 있지만, 다양한 경쟁력을 지닌 회계법인 설립이 제한됨으로서 회계서비스 시장이 주요 외국과 비교하여 위축될 수 있다는 단점이 있다.
> (출처 : 한국공인회계사 「공인회계사 저널」 제365호(2024년 2월) 일부 발췌)

물음2

구분	수임 가능 여부	이유
[상황1]	예	대한은행과 민국은행은 특수관계자이지만, 감사기간 중 기존 담보대출의 만기연장시 통상 거래 조건 하에 시장금리, 신용도 등 변화에 따라 이자율이 조정되는 것은 허용된다.
[상황2]	예	만세은행과 천세은행은 특수관계자이지만, 감사계약 체결 전에 개설된 예금계좌를 통한 정상적인 예금거래는 허용된다. (참고 : 그 외 정기예·적금 증권예탁금, 보험의 경우는 계약체결 전 계약에 대한 유지만 가능하다.)
[상황3]	예	독립성 훼손 사유지만, 자매회사와 의뢰인이 이들을 지배하는 회사에게 각각 모두 중요하지 않은 경우 수임 가능하다.
[상황4]	아니오	세무조정 및 법인세 신고대리는 가능하나, 이연법인세자산의 계산은 재무제표 작성업무에 해당하여 자기검토위협에 따른 독립성 훼손사유에 해당하여 수임이 불가하다.

(배점 6점, 각 1.5점 - 수임가능여부 판단 0.5점, 설명 각 1점)

> **참고** 추가설명
>
> - 상황1 : 감사기간 중 기존 담보대출의 만기연장시 통상거래 조건 하에 시장금리, 신용도 등 변화에 따라 이자율이 조정되는 것은 허용됨. 다만, 대출금액을 증가시키는 것은 금지됨
> - 상황2 : 감사계약 체결 전에 개설된 예금계좌를 통한 정상적인 예금거래는 허용됨
> - 상황3 : 의뢰인과 공동의 통제하에 있는 회사(자매회사)로서, 동 자매회사와 의뢰인이 이들을 지배하는 회사에게 각각 모두 중요한 경우에 특수관계자로 본다.
> (2023년 기출 기조와 같이 독립성 문제가 나오면 최대한 가능한 상황을 생각하여, 가능한 경우 수임 가능한 것으로 판단함 – 상황3번 참고)

물음3

(윤리기준 270)

(1) 윤리강령 : 전문가적 품위 강령, 공정 강령
(2) 안전장치 (아래 중 세 가지)
1) 담당공인회계사 자신 또는 당해 회계법인의 자산과 의뢰인 자산을 분리하여 보관함
2) 의뢰인 자산은 오로지 의도된 목적에만 사용하도록 함
3) 의뢰인 자산과 그 자산에서 발생하는 이익이나 배당수입 등에 대한 수지보고서를 정기적으로 작성 비치함
4) 의뢰인 자산의 보관 및 회계와 관련된 모든 법규를 준수함
(배점 2.5점, 윤리강령 각 0.5점, 안전장치 각 0.5점)

물음4

(외부감사법 제10조)

구분	내용
ⓐ 문서화 할 사항	① 감사인의 감사보수 ② 감사시간 ③ 감사에 필요한 인력
ⓑ 후속 절차	감사보고서를 제출받은 경우 문서화한 사항이 준수되었는지를 확인하여야 한다.
ⓒ 해당 제도의 궁극적 취지	회사의 규모나 특성을 반영한 표준감사시간을 산정하여, 적절한 인력과 투입시간을 준수하여 감사보수를 정상화하고 감사품질을 제고할 수 있다.

(배점 2.5점 – ⓐ는 각 0.5점, ⓑ와 ⓒ는 각 1점)

[물음5]

항목	적절한가? (예, 아니오)	적절하지 않은 경우, 그 이유
①	아니오	공인회계사법 제32조 회계법인은 주사무소외에 분사무소를 둘 수 있다. 참고 : 분사무소를 설치하는 회계법인은 각 분사무소마다 3인 이상의 공인회계사를 상근 하도록 하여야 하며, (개인)공인회계사(사무소)는 분사무소 설치가 불가하다.
②	예	공인회계사법 제20조 공인회계사와 그 사무직원 또는 공인회계사이었거나 그 사무직원이었던 자는 그 직무상 알게 된 비밀을 누설하여서는 아니된다. 다만, 다른 법령에 특별한 규정이 있는 경우에는 그러하지 아니하다.
③	아니오	외부감사법 제31조 손해배상책임은 그 청구권자가 해당 사실을 안 날부터 1년 이내 또는 감사보고서를 제출한 날부터 8년 이내에 청구권을 행사하지 아니하면 소멸한다. 다만, 선임을 할 때 계약으로 그 기간을 연장할 수 있다.
④	예	(외부감사법 제32조, 공동기금은 기본적립금과 매 사업연도 연간적립금으로 한다.)

(배점 4점 - 적절성 판단 각 0.5점, 이유 각 1점)

【문제 2】 (15점)

[물음1]

(기준서 200-A45)

다음 중 두 가지
1) 업무팀원의 적절한 구성
2) 전문가적 의구심의 적용
3) 수행된 감사업무의 감독과 검토
4) 적절한 계획수립
→ 구성된 팀원(①)들이 의구심(②)을 발휘할 수 있게 감독·검토(③)하고 계획함(④)
(발문의 경우 원문을 살려 출제하였음 - 원문의 번역이 다소 어색한 부분이 있어 유의)
(배점 2점, 각 1점)

물음2

구분	내용
(1) 고려사항	(다음 중 두 가지, 기준서 315 – 28) 1) 해당 위험이 부정위험인지 여부 2) 해당 위험이 최근의 유의적인 경제·회계 또는 기타의 변화와 관련되어 특별한 주의를 요하는지 여부 3) 거래의 복잡성 4) 해당 위험이 특수관계자들과의 유의적 거래와 관련된 것인지 여부 5) 해당 위험과 관련된 재무정보의 측정에 있어 주관성의 정도. 특히, 그러한 측정에 광범위한 불확실성이 내포되어 있는 경우 6) 해당 위험이 그 기업의 정상적 사업과정을 벗어나거나, 비경상적으로 보이는 유의적 거래와 관련되어 있는지 여부
(2) 감사절차	① 내부통제 측면 : 통제활동 등 해당 위험과 관련된 기업의 통제를 이해하여야 한다. (경영진이 그러한 위험에 대응하고 있는지, 그렇다면 어떻게 대응하고 있는지를 포함) (315 – 29) ② 실증절차 측면 : 구체적으로 대응하는 실증절차를 수행하여야 한다. 유의적 위험에 대응하는 접근방법이 실증절차 만으로 구성되어 있는 경우에는, 반드시 세부테스트를 포함하여야 한다. (330 – 21)

(배점 4점, (1) 고려사항 각 1점, (2) 감사절차 각 1점)

물음3

항목	적절한가? (예, 아니오)	적절하지 않은 경우, 그 이유
①	예	(기준서 315 – 138)
②	아니오	외부에서 얻어지는 정보라도 객관성이 결여되었다면 신뢰할 수 없다. (만약 "일반적으로"라는 단어가 앞에 붙었다면 적절하다고 볼 수 있음) (기준서 500 – A31) 부연설명 : 감사증거로 사용되는 정보, 즉 감사증거 자체의 신뢰성은 그 원천과 성격, 그리고 해당되는 경우 그러한 증거의 작성과 유지에 대한 통제 등 감사증거가 입수된 상황에 영향을 받는다. 그러므로 다양한 종류의 감사증거에 대한 신뢰성을 일반화할 때는 중요한 예외가 있게 된다. 감사증거로 사용되는 정보가 기업의 외부 원천에서 얻어지는 때에도, 그 신뢰성에 영향을 줄 수 있는 상황이 있을 수 있다. 예를 들어 만약 외부의 정보제공자가 지식이 부족하거나 경영진측 전문가가 객관성을 결여하고 있다면, 독립된 외부의 원천에서 입수된 정보라도 신뢰할 수 없을 것이다. 예외가 존재할 가능성이 항상 있지만, 감사증거의 신뢰성에 대하여 다음과 같이 일반화하면 유용할 것이다. • 감사증거를 기업 외부의 독립된 원천에서 얻을 때 그 신뢰성이 증가됨 • 내부적으로 생성된 감사증거는 그 작성과 유지에 대한 통제 등 기업이 수립한 관련 통제가 효과적일 때 그 신뢰성이 증가됨 • 감사인이 직접 입수한 감사증거(예를 들어, 통제의 적용에 대한 관찰)는 간접적으로 또는 추론으로 입수한 감사증거(예를 들어, 통제의 적용에 관한 질문)보다 더욱 신뢰성이 높음
③	예	(기준서 300 – A12)
④	아니오	서면진술이 다루는 그 어떠한 사항에 대해서도 서면진술 그 자체는 충분하고 적합한 감사증거를 제공하지 않는다. (기준서 580 – 4)

(배점 4점 – 적절성 판단 각 0.5점, 이유 각 1점)

물음4

(기준서 1200 - 2)
(다음 중 세 가지)
1) 주권상장법인 → 제외
2) 해당 회계연도 또는 다음 회계연도 중에 주권상장법인이 되려는 회사
3) 금융회사
4) '자본시장과 금융투자업에 관한 법률' 제159조 제1항에 따른 사업보고서 제출대상법인
5) '외부감사법' 제11조 제1항에 따라 증권선물위원회가 감사인을 지정한 회사
6) 연결재무제표를 작성하는 회사
(배점 3점, 각 1점)

> **참고** 양적 요건
>
> 개별(별도)재무제표상 직전 회계연도말 자산이 200억원 미만 또는 직전 회계연도 매출이 100억원 미만

물음5

(기준서 1200 - 7)
1) 감사계약서를 수정하는 등 업무조건을 다시 합의함
2) 다음을 포함하여 이미 수행한 업무가 충분하고 적합한지 평가함 → 제외
  ① 기업과 기업 환경의 이해를 포함한 위험평가절차
  ② 이미 설계하였거나 수행한 추가감사절차
  ③ 문서화
3) 일반 감사기준서의 관련 요구사항을 준수하기 위해 필요한 추가 절차를 설계·수행하고, 필요에 따라 문서화를 추가함
(배점 2점, 각 1점)

【문제 3】 (13점)

물음1

미흡한 항목	권고 개선안
②	영업부서 담당자는 판매지시서상 판매 단가를 입력하는 주체이므로, 업무분장 미비로 볼 수 있어 다른 부서의 인원이 관리하는 것을 권고한다.
④	㈜A는 선적지 인도기준으로 매출을 인식하므로 고객으로부터의 인수증이 아닌 선적일자가 기록된 선적서류 등을 통해 확인 후 매출로 인식하여야 한다.

(배점 6점 - 미흡한 항목 선정 1점, 권고 개선안 서술 각 2점)

[물음2]

항목	적절한가? (예, 아니오)	적절하지 않은 경우, 그 이유
①	아니오	정보기술 일반통제는 다수의 응용소프트웨어와 응용통제의 효과적인 작동을 지원하는 정책과 절차이다. (315-A108)
②	아니오	응용통제는 거래나 기타 재무정보의 개시, 기록, 처리 및 보고에 사용되는 절차들과 관계가 있다. (315-A109)
③	예	
④	예	(1100-A127)

(배점 4점 - 적절성 판단 각 0.5점, 이유 서술 각 1점)

[물음3]

(기준서 330 - A29)
1) 프로그램의 변경은 적절한 변경통제 없이 일어나지 아니함
2) 거래의 처리에는 승인된 프로그램이 사용됨
3) 기타 관련 일반통제는 효과적임
(배점 3점, 각 1점)

【문제 4】 (15점)

[물음1]

항목	적절한가? (예, 아니오)	적절하지 않은 경우, 그 이유
(A)	예	
(B)	아니오	금융기관(금융거래)조회서는 중요한 항목이기에 전수 발송 및 전수 회수가 원칙이다. (기본서 Chapter 7 「금융거래(은행)조회서와 채권채무조회서와의 차이」 참고)
(C)	예	
(D)	아니오	완전성 확인을 위해서는 인사기록카드에서 추출하여 실제 급여대장 및 재무제표에 누락된 항목이 없는지 확인하여야 한다.

(배점 6점 - 적절여부 표시 각 0.5점, 이유 서술 각 2점)

[물음2]

(기준서 520 - A12)
(아래 다섯 가지 중 세 가지 기재)
(이용가능한 정보의) 원천, 비교가능성, 성격, 관련성
(정보의 완전성과 정확성 및 타당성을 보장하도록 설계된) 정보의 작성에 대한 통제
(배점 1.5점, 각 0.5점)

물음3

(기준서 450 - A20)
적절하다. 분류의 왜곡표시가 중요한지 여부를 결정할 때는 질적인 면에 대한 평가가 수반되기 때문이다.

> **참고** 보충설명
>
> 분류의 왜곡표시가 중요한지 여부를 결정할 때는 분류의 왜곡표시가 부채 또는 기타 계약상의 약정사항들에 대하여 미치는 영향, 개별 항목이나 소계에 미치는 영향, 또는 주요 비율에 미치는 영향과 같이 질적인 면에 대한 평가가 수반된다. 감사인은 분류의 왜곡표시가 다른 왜곡표시를 평가하는데 적용된 중요성 수준을 초과하는 경우에도 재무제표 전체의 관점에서 중요하지 않다고 결론을 내리는 상황도 있을 것이다. 예를 들어, 재무상태표의 관련 계정항목 크기에 비해 분류의 왜곡표시액이 작고 이것이 손익계산서(또는 포괄손익계산서)나 다른 주요 비율에 영향을 미치지 않는다면, 재무상태표 계정항목간 분류의 왜곡표시는 재무제표 전체의 관점에서 중요하지 않다고 고려될 수 있을 것이다.

(배점 2점 - 적절성 판단 0.5점, 이유 1.5점)
(만약 적절하지 않다면 타당한 이유가 필요함 - 타당한 이유가 있다면 1점)

물음4

(기준서 706 - 보론3)
서비스조직의 통제에 대하여 적합한 통제테스트를 수행함
(아래 내용 중 1, 2번의 경우 타감사인이 없기 때문에 정답에서 제외)
1) 가능한 경우, 유형2 보고서를 입수함(∵ 유형1의 경우 설계의 효과성만 제시하므로)
2) 서비스조직의 통제에 대하여 통제테스트를 수행한 타감사인의 업무를 활용함 → 보고서는 없지만 타감사인이 감사한 경우
3) 서비스조직의 통제에 대하여 적합한 통제테스트를 수행함
(배점 1.5점)

물음5

(요구사항 1) 통계적 표본감사와 비통계적 표본감사를 구분하는 기준 :
1) 표본항목을 무작위로 추출함
2) 표본위험의 측정 등 표본결과의 평가에 확률이론을 적용함

(요구사항 2) 항목별 적절성 확인

항목	적절한가? (예, 아니오)	적절하지 않은 경우, 그 이유
①	아니오	(기준서 530 - A9) 표본규모는 통계적 접근법과 비통계적 접근법을 구분하는 타당한 기준이 아니기 때문이다.
②	예	
③	예	
④	예	

(요구사항 1 배점 1점, 구분하는 기준 각 0.5점)
(요구사항 2 배점 3점, 적절성 확인 각 0.5점, 이유 1점)

【문제 5】 (11점)

물음1

(기준서 510 – A3)
1) 기업이 적용한 회계정책
2) 계정잔액, 거래유형 및 공시의 성격과, 당기재무제표에서 중요왜곡표시위험
(아래는 오답으로 분류)
3) 당기재무제표에 대한 기초잔액의 유의성(예시)
4) 전기재무제표가 감사받았는지 여부, 그리고 감사받은 경우 전임감사인의 의견이 변형되었는지 여부(최초 외부감사인을 선임하였으므로 전임감사인이 없으므로 고려해야 할 요소가 아님)
(배점 2점, 각 1점)

물음2

잘못된 항목	올바른 감사절차
기간귀속 테스트 시 보고기간말 전후 10일간의 매출원장을 입수함	㈜A는 해상 무역업을 영위하므로 선적시점부터 인도시점까지 10일보다 더 긴 기간이 필요하다. 따라서 보고기간말 전후 10일보다 더 긴 기간에 대한 매출원장을 입수하여 감사절차를 수행해야 한다. (2018 기출문제 응용)
실제 판매단가와 표준 판매단가를 비교하였음	실제 판매단가와 장부금액인 재고자산수불부상 단가(원가, 장부금액)와의 비교가 필요하다.

(참고 : 비통계적 표본감사라고해서 잘못된 감사절차는 아님, 단 PPS감사 시에는 통계적 표본감사가 필요함)
(배점 4점 – 각 2점, 잘못된 항목 선정 0.5점, 올바른 감사절차 서술 1.5점)

물음3

(기준서 510 – 보론)

수정이 필요한 항목	그 이유
보고서 내 현금흐름에 대한 언급이 없음	재무성과뿐만 아니라 현금흐름에 대해서도 한정의견이 필요하다.
재고실사에 입회하지 못하여 보유 중인 재고자산 단가에 대하여 만족할 만한 결과를 얻지 못함	재고자산에 대한 실사입회는 단가가 아닌 수량에 대한 실증절차이다.

(기준서 510 – A8)
기초잔액에 대하여 충분하고 적합한 감사증거를 입수할 수 없으면 감사의견은 다음과 같이 변형될 것이다.
1) 상황에 적합하게, 한정의견이나 의견거절
2) 법규상 금지되지 않는 한, 해당 상황에 적합하게 영업결과와 현금흐름은 한정의견이나 의견거절, 그리고 재무상태는 적정의견
(배점 3점 – 각 1.5점, 수정이 필요한 항목 선정 0.5점, 이유 서술 1점)

> **참고** 수정된 감사보고서
>
> 재무성과와 현금흐름에 대한 한정의견
>
> 우리의 의견으로는 별첨된 손익계산서와 현금흐름표는 이 감사보고서의 한정의견근거 단락에서 기술된 사항이 미칠 수 있는 영향을 제외하고는, 20X1년 12월 31일로 종료되는 보고기간의 재무성과 그리고 현금흐름의 내용을 한국채택국제회계기준에 따라 중요성의 관점에서 공정하게 표시하고 있습니다.
>
> 재무상태에 대한 의견
>
> 우리의 의견으로는 별첨된 재무상태표는 회사의 20X1년 12월 31일 현재의 재무상태를 한국채택국제회계기준에 따라 중요성의 관점에서 공정하게 표시하고 있습니다.
>
> 재무성과와 현금흐름에 대한 한정의견 근거를 포함한 감사의견근거
>
> 우리는 20X1년 4월 20일에 회사의 감사인으로 선임되었기 때문에, 보고기간 개시일 현재의 재고자산 실사에 입회하지 못하였습니다. 우리는 대체적인 방법으로도 20X0년 12월 31일 현재 보유 중인 재고자산 수량에 대하여 만족할 만한 결과를 얻지 못하였습니다. 기초 재고자산이 재무성과와 현금흐름의 결정에 영향을 미치기 때문에, 우리는 손익계산서에 보고된 연간손익과 현금흐름표에 보고된 영업활동으로부터의 순현금흐름에 수정을 요하는 사항이 있는지 여부를 결정할 수 없었습니다.

물음4

(기준서 513 – 13)

과거 의견변형 사유가 당기에도 계속 ①관련성이 있고, ②중요한 경우에는, 당기재무제표에 대한 감사의견을 변형시켜야 한다.
(배점 2점, 각각 키워드 1점씩, 만약 문장 없이 해당 단어만 있다면 0.5점 감점)

【문제 6】 (11점)

물음1

(사례형 문제)

위 상황에서 광고비 명목으로 배송기사에게 전체 배송수수료의 25%를 지급하고 있으나 이는 매출액 과대계상을 위한 명목상 광고비일 수 있다(실질 매출은 명목상 광고비를 차감한 배송수수료의 5%). 만약 실질적인 광고비라면 구체적인 광고의 방식, 성격, 시간 등에 대한 내용과 광고비의 변경 조건도 있어야 한다. 따라서 이에 대해 경영진 등에게 질문하고, 광고비 산정 관련 배송기사와의 날인된 최종 계약서나 영업 부서 또는 경영진의 회의록 등을 검토하고, 추가적으로 배송기사에게 외부조회를 수행하여 해당 광고비의 실질을 확인하여야 한다.

정답 키워드 : 광고비의 실질을 파악하여 매출의 과대계상이 아닌지 확인

(문제에서 주권상장예정법인으로 나와 있기 때문에 부정에 대한 동기가 강하다고 가정 가능)

(배점 3점)

> **참고** 가능한 다른 답변 – 기준서 내용을 근거로 작성
>
> 위험평가 시 수익(매출)의 인식에 대해서는 부정위험이 존재한다고 가정한다. 즉, 배송수수료의 30%가 과대계상된 매출이고 비용으로 계상한 광고비가 매출증대를 위한 명목상 광고비일 수도 있으므로, 실증절차 시 광고의 실질에 대해 영업팀 종업원이나 지배기구 등 기업 내 다른 사람에게 질문하거나 광고비 지급 관련 배송기사와의 날인된 최종 계약서나 경영진의 회의록 등을 검토하여 실질적인 광고비인지 확인하여야 한다.

물음2

(물음1의 감사절차 결과 실질적인 광고비가 아닌 매출 과대계상 목적의 명목상 광고비라는 것을 확인하였고, 이에 따라 부정의 징후로 판단)

(1) 그렇게 판단한 이유

㈜H가 배송기사에게 지급하는 광고비는 실질적인 광고비가 아닌 명목상 광고비로, ㈜H가 매출로 인식해야 할 금액은 실질적인 중개수수료로 전체 배송수수료의 30%가 아닌 광고비 명목의 대금 25%가 차감된 5%로 계상하여야 한다. 회사는 배송수수료의 30%를 매출로 인식하였으므로 이는 상장을 위한 <u>매출의 과대계상으로 부정의 징후</u>가 될 수 있다.

(2) 재무제표 효과

<u>매출 및 광고비(판매비와관리비) 금액이 과대계상</u>되지만, 손익에 미치는 영향은 없어 <u>당기순이익과 재무상태표에 미치는 효과(영향)는 없다.</u>

(배점 3점 - (1) 2점 (2) 1점)

물음3

(1) 감사인은 ①<u>특정의 부정사례가 고립되어 발생한 사건이 아닐 수 있음을 인식</u>하고, ②<u>감사의 다른 측면, 특히 경영진진술의 신뢰성과 관련하여 해당 왜곡표시가 미치는 시사점을 평가</u>하여야 한다. (기준서 240-36)

(2) 감사인은 회사가 회계처리 등에 관하여 회계처리기준을 위반한 사실을 발견하면 감사 또는 감사위원회에 통보하여야 한다. (외부감사법 제22조)

(배점 3점 - (1) 각 1점, (2) 1점)

물음4

(기준서 450-9)

감사인은 ①<u>경영진이 수정하지 않는 사유를 이해</u>하여야 하며 ②<u>재무제표 전체에 중요한 왜곡표시가 없는지 여부를 평가할 때 그 사유를 고려</u>하여야 한다.

(배점 2점, 각 1점)

【문제 7】(10점)

물음1

(기준서 700-보론)

잘못된 부분	수정내용
④	계속기업으로서의 존속능력에 대하여 유의적 의문을 초래할 수 있는 사건이나 상황과 관련된 중요한 불확실성이 존재하는 경우, <u>적절히 공시하였다면 의견변형이 요구되지 않는다.</u> (원문 : 중요한 불확실성이 존재한다고 결론을 내리는 경우, 우리는 연결재무제표의 관련 공시에 대하여 감사보고서에 주의를 환기시키고 이들 공시가 부적절한 경우 의견을 변형시킬 것을 요구받고 있습니다.)
⑥	그룹업무수행이사(연결재무제표 감사인)은 감사의견에 대해 <u>전적</u>인 책임이 있다.
⑦	경영진이 아닌 <u>지배기구와 커뮤니케이션</u> 사항이다.
⑧	<u>법규에서 해당 사항에 대하여 공개적인 공시를 배제하는 경우</u> 외에도, 감사보고서에 해당 사항을 기술함으로 인한 부정적 결과가 해당 커뮤니케이션에 따른 공익적 효익을 초과할 것으로 합리적으로 예상되는 경우에도 핵심감사사항을 기재하지 않을 수 있다. (원문 : 법규에서 해당 사항에 대하여 공개적인 공시를 배제하거나 또는, 극히 드문 상황으로 우리가 감사보고서에 해당 사항을 기술함으로 인한 부정적 결과가 해당 커뮤니케이션에 따른 공익적 효익을 초과할 것으로 합리적으로 예상되어 해당 사항을 감사보고서에 커뮤니케이션해서는 안 된다고 결론을 내리는 경우가 아닌 한, 우리는 감사보고서에 이러한 사항들을 기술합니다.)

(배점 4점, 각 1점)

물음2

(기준서 706 - 보론3 (Close Call))

<u>계속기업으로서의 존속능력에 유의적 의문을 초래할 수 있는 사건이나 상황이 식별되었으나 입수된 감사증거를 근거로 감사인이 중요한 불확실성이 존재하지 않는다고 결론을 내리는 경우,</u> (감사인은 해당 재무보고체계의 요구사항에 비추어 재무제표에 이러한 사건이나 상황에 대한 적절한 공시가 이루어지는지 여부를 평가 후) 강조사항 문단을 포함시킬 수 있다.

(배점 2점)

물음3

항목	적절한가? (예, 아니오)	적절하지 않은 경우, 그 이유
①	예	
②	아니오	왜곡표시에 대하여 적절한 수준의 경영진과 적시에 커뮤니케이션이 필요하지만, 지배기구와의 커뮤니케이션이 필수 사항은 아니다. (미수정왜곡표시에 대해서는 지배기구와의 커뮤니케이션이 필요함)
③	아니오	식별된 왜곡표시가 아니라 미수정왜곡표시로 변경하여야 한다.
④	예	(기준서 450 - A27)

(배점 4점 - 적절성 판단 각 0.5점, 적절하지 않은 이유 각 1점)

【문제 8】 (8점)

물음1

항목	적절한가? (예, 아니오)	적절하지 않은 경우, 그 이유
①	예	
②	예	
③	아니오	재무제표 작성용역에 해당하므로 독립성 위배로 감사업무 수임이 불가하다. (재무보고체계 전환은 현지 회계기준으로 작성된 재무제표를 그룹재무제표의 재무보고체계로 변경하는 용역이다. 즉, 재무제표를 작성하는 용역이므로 자기검토위협에 따른 독립성 위배사항이다.)
④	아니오	회사의 사업에 중요한 변동이 있으므로 고유한 성격이나 상황에 따른 유의적 부문으로 식별되며, 별도의 감사절차가 필요하다.

(배점 4점, 적절성 판단 각 0.5점, 적절하지 않은 이유 각 1점)

물음2

(1) 추가적인 부문 : 그룹업무팀이 유의적이지 아니한 부문 중 일부를 추출
(2) 감사 또는 검토의 수행주체 : 그룹업무팀 또는 부문감사인 (모두 수행 가능)

(배점 2점, 각 1점)

물음3

1) 이러한 평가에서 나타난 유의적 사항을 부문감사인, 부문경영진 또는 그룹경영진 등 적합한 대상과 토의함
2) 부문감사인의 감사문서 중 기타의 관련 부분을 검토할 필요가 있는지 여부를 결정함

(배점 2점, 각 1점)

제5회 실전모의고사 (2024년 제2회 GS모의고사)

【문제 1】 (18점)

물음1

감사인이 회사를 대신하여 재무제표를 작성하면 자기검토위협으로 독립성이 훼손되나, 실무적으로 감사인이 회사의 재무제표(주석 포함)를 대신 작성하는 사례가 많아 감사 전 재무제표를 증권선물위원회에도 제출하도록 요구하고 있다.
(배점 1.5점, 키워드 : 자기검토 위협 및 독립성 1점, 감사인이 대신 작성하는 현황 0.5점)

물음2

구분	수임 또는 유지 가능 여부	이유 또는 안전장치
[상황 1]	예	의뢰인(C)과 직접적인 재무적 이해관계를 가지는 회사로서, 당해 회사(B)가 의뢰인에게 중요한 영향력을 행사할 수 있으며, 의뢰인(C)에 대한 이해관계가 당해 회사에게 중요한 경우 특수관계자로 분류하여 수임이 불가하지만, 중요하지 않은 경우 수임 가능하다.
[상황 2]	예	윤리기준에 따르면 전문적 자질에 대한 검토는 독립성 훼손사유가 아니다. 그러나 과거 회계법인의 파트너였으므로 아래 안전장치가 필요하다. (인증업무팀의 구성원, 회계법인의 파트너 또는 이전에 회계법인의 파트너로 재직했던 자가 인증의뢰인에게 고용된 경우) 1) 해당 인증업무 계획 수정의 적절성이나 필요성을 고려함 2) 경험이 충분히 있는 인증업무팀을 배정함 3) 해당 인증업무에 대한 품질관리검토를 실시함 4) 해당 인증업무에 참여하지 아니한 공인회계사를 추가로 투입하여 해당 인증업무팀의 구성원이 수행한 업무를 검토하거나 필요한 경우 조언을 제공하도록 함 (인증업무의 구성원 이력이 없으므로 제외) (윤리기준 - 290.203 고위경영자를 모집해 주는 경우 참고)
[상황 3]	예	「근로자퇴직급여 보장법」에 따른 퇴직연금 등 채권은 직무제한 채권채무 중 제외되는 채권에 속하므로 수임 가능하다.
[상황 4]	예	신용카드 관련 채무가 연체된 채권이므로 공인회계사법에 따른 제외되는 채권채무인 「여신전문금융업법」에 따른 신용카드 사용에 따른 지급기일이 2개월 이내인 채무 중 연체되지 않은 채무에서 제외되는 채권에 속하지 않는다. 따라서 일반적인 상거래 채권·채무 기준인 3천만원을 기준으로 판단하며, 3천만원 이하의 채무인 경우 수임이 가능하다.

(2023년 기출 기조와 같이 독립성 문제가 나오면 최대한 가능한 상황을 생각하여, 가능한 경우 수임 가능한 것으로 판단함 - 상황1, 4번 참고)
(배점 6점, 각 1.5점, 수임가능여부 판단 0.5점, 설명 각 1점)

물음3

항목	적절한가? (예, 아니오)	적절하지 않은 경우, 그 이유
①	아니오	명백하게 경미한 경우에는 예외로 할 수 있다. (윤리기준 210.14)
②	예	(윤리기준 210.8)
③	아니오	의뢰인의 내부감시기구에는 조언을 요청하지 않는다. (윤리기준 100.17~21)
④	예	(윤리기준 140.5)

(배점 4점, 적절성 판단 각 0.5점, 이유 서술 1점)

물음4

구분	제도	내용
유착위협	① 감사인 지정제도	국가(증권선물위원회)가 감사인을 지정하는 제도(주기적, 직권 모두 인정) → 지정감사 다음 회계기간에는 재수임 금지 외감법 제 11조 6항 - 회사는 제1항 및 제2항에 따라 증권선물위원회로부터 지정받은 감사인을 지정 사업연도 이후 최초로 도래하는 사업연도의 감사인으로 선임할 수 없다.
	② 감사업무팀 교체제도	연속하여 감사계약 선임 시 회계법인 내 감사업무팀을 일정 주기마다 교체하여야 하는 제도
	③ 감사(위원회)에 의한 감사인 선임제도	감사가 존재하는 회사의 경우 감사인선임위원회의 승인 후 감사가 선임하고, 감사위원회가 존재하는 회사의 경우 감사위원회에서 선임하는 제도
압력위협	① 감사인 유지제도	주권상장법인, 대형비상장주식회사 또는 금융회사는 연속하는 3개 사업연도의 감사인을 동일한 감사인으로 선임하여야 하는 제도
	② 감사인 선임기한	최초 사업연도 개시일 이전이나 최초 사업연도 개시일로부터 45일 이내에 감사인을 선임하도록 하는 제도
	③ 전임감사인의 의견 진술권	주권상장법인, 대형비상장주식회사 또는 금융회사의 3개 사업연도 감사계약 중 직무상 의무를 위반하는 등의 사유로 감사인을 해임하는 경우 전임감사인(전기감사인, 직전 사업연도에 해당 회사에 대하여 감사업무를 한 감사인)은 감사(감사위원회)에 의견을 진술할 수 있는 기회가 주어지는 제도

(배점 5점, 각 1점(제도 및 내용 각각 0.5점씩, 제도 및 내용은 유사한 내용도 뜻만 일치하면 인정))

참고 보충설명

유착위협 : 선임 전(또는 업무착수 전) - 친밀한 관계끼리 계약 또는 업무 못하게
압력위협 : 선임 이후 - 계약 이후 압박(압력) 넣지 못하게

〈외감법상 감사품질 관련 주요 제도 정리〉
독립성 : 유착 3개 / 압력 3개 / 자기검토 - 4개 + 증선위 동시제출
적격성 : 감사인등록제, 감사반의 업무제한
그 외 감사품질 : 손해배상, 증선위 감리, 표준감사시간

물음5

(기준서 210 – A29)
(다음 중 세 가지 서술)
1) 기업이 감사의 목적과 범위를 오해하고 있다는 징후 → 예시 제외
2) 감사업무 조건의 변경 또는 특약의 존재
3) 최근의 고위 경영진 교체
4) 소유권의 유의적인 변동
5) 기업의 사업 성격 또는 규모의 유의적인 변동
6) 법규상 요구사항의 변경
7) 재무제표 작성시 채택된 재무보고체계의 변경
8) 기타의 보고 요구사항에서의 변경
(배점 1.5점, 각 0.5점)

【문제 2】 (9점)

물음1

구분		감사증거 입수방법
재무제표 감사	위험평가절차	①, ②, ⑥, ⑦
	통제테스트	①, ②, ⑤, ⑦
	실증절차	①, ②, ③, ④, ⑥, ⑦
통합감사	설계효과성 테스트	①, ②, ⑦ (설계효과성 테스트는 재수행 불가능)
	운영효과성 테스트	①, ②, ⑤, ⑦
	재무제표 검토	(①), ⑥, ⑦ (①이 포함되어도 정답 인정)

(배점 4.5점, 재무제표감사 각 1점, 통합감사 및 재무제표 검토 각 0.5점, 부분점수 없음)

물음2

(기준서 520 – 7)
1) 경영진에게 질문하고 경영진의 답변과 관련성이 있는 적합한 감사증거를 입수함
2) 그러한 상황에 필요한 기타의 감사절차를 수행함 (상황에 적합한 감사절차를 수행 → 정답 인정)
(배점 1점, 각 0.5점)

참고 보충설명

> 감사기준에서 사용하는 "분석적절차"란 재무데이터와 비재무데이터간의 개연적인 관계를 분석하여 재무정보를 평가하는 것을 의미한다. 또한 분석적절차에는 다른 관련정보와 일관성이 없거나 기대치와 유의적인 금액만큼 차이가 있는 변동이나 관계를 조사하는 것도 포함된다.

물음3

(기준서 520 - A8)

구분	도움을 주는 정보
의뢰인	1) 주요 주주, 주요 경영진 및 지배기구의 **성실성** 2) 당기 또는 이전에 감사업무를 수행하는 중에 **발생한 유의적 사항**들과 그러한 사항들이 의뢰인과의 관계유지에 대하여 시사하는 점
감사인 (업무팀)	1) 업무팀이 감사업무를 수행할 능력이 있으며 시간과 자원 등 필요한 **역량**을 갖추었는지 여부 2) 회계법인과 업무팀이 관련 **윤리적 요구사항**을 준수할 수 있는지 여부

(배점 2점, 각 0.5점)

> **참고** 보충설명
>
> (기준서 300 - 6)
> 감사인은 당기감사의 시작단계에서 다음 예비적 활동을 수행하여야 한다.
> 1) 업무수행이사는 의뢰인 관계와 감사업무의 수용과 유지에 관하여 적합한 절차들이 지켜졌는지 만족할 수 있어야 하며, 이에 대하여 도달된 결론이 적합한지 결정
> 2) 독립성 등 관련 윤리적 요구사항의 준수여부를 평가
> 3) 경영진, 또는 적합한 경우 지배기구와 감사업무 조건에 대하여 합의 → 계약서 기재 필수요소 숙지

물음4

(기준서 260 - A12 ~ A14)
(다음 중 세 가지 서술)
1) **유의적 위험**
2) **부정이나 오류**로 인한 유의적인 **중요왜곡표시위험**에 대처하기 위해 감사인이 계획하는 방법
3) **중요왜곡표시위험이 높게 평가된 분야**에 대처하기 위해 감사인이 계획하는 방법
4) 감사와 관련 있는 내부통제에 대한 감사인의 접근방식
5) 감사상 중요성 개념의 적용
6) 감사인측 전문가의 활용을 포함하여 계획된 감사절차를 수행하거나 감사결과를 평가하는데 필요한 특별한 기술이나 지식의 성격과 범위
7) (감사인이 유의적으로 주의를 기울이는 것이 요구되는 분야이므로) **핵심감사사항**이 될 수 있는 항목에 대한 감사인의 예비적 견해
8) 해당 재무보고체계 내의 유의적인 변화 또는 기업의 환경, 재무적 상황이나 활동의 유의적인 변화가 각 재무제표와 공시에 미치는 영향을 다루는 **감사인의 계획된 접근법**
9) 그 외 : 내부감사기능 활용 계획, 감사와 관련된 사항에 대한 지배기구의 견해 및 태도, 외부 환경적 요인에 대한 동향, 감사인과의 과거 커뮤니케이션 내용에 대한 지배기구의 대응도 모두 정답 인정

(배점 1.5점, 각 0.5점)

> **참고** 보충설명
>
> 감사계획단계에서는 위험평가절차가 수행되기 때문에 관련 내용을 암기하지 못하였더라도 중요왜곡표시위험(RMM) 및 유의적 위험(SR) 관련된 내용을 적어주는 것이 좋고, 그동안 학습했던 감사 절차 관련 모든 지식을 활용하여 서술한다면 많은 항목에서 정답으로 인정될 수 있다.
>
> (출제의도 : 모르는 내용이 나왔을 때 대처하는 방법을 경험하였으면 하는 목적으로 출제하였습니다. 암기형 문제지만 계획단계(위험평가단계)에서 어떤 내용을 커뮤니케이션 해야할지 생각한다면 부분점수 획득이 가능한 문제였습니다.)

【문제 3】 (11점)

물음1

미흡한 항목	권고 개선안
①	공급업체의 계좌번호 변경 권한은 반드시 구매부서나 자금부서가 아닌 별도의 부서(회계부서 등)에서만 가능하도록 한다. (계좌번호는 횡령과 관련이 있다는 사실을 숙지)
③	자동화된 통제라도 승인절차는 필요하므로 타부서 전달 전 검수팀장의 승인을 획득해야 한다.

(배점 6점 – 미흡 항목 선정 1점, 권고 개선안 서술 각 2점)

물음2

항목	적절한가? (예, 아니오)	적절하지 않은 경우, 그 이유
①	예	315-A84 (통제환경은 재무제표 수준에서의 내부통제이므로 그 자체가 (직접적으로) 재무제표의 왜곡표시를 예방, 발견, 수정하지는 않음)
②	예	315-B7 (능력이라는 표현은 해석상 '가능성'으로 해석한다면 매끄러운 해석이 가능함, 감사인의 부정 발견 능력도 이러한 맥락으로 해석 가능함) (240-5 : 감사인의 부정발견 능력은 부정을 저지르는 사람의 숙련도, 조작의 빈도와 정도, 공모의 정도, 조작된 개별금액의 상대적 크기, 그리고 연루된 개인들의 조직 내 직위 등 요인에 따라 다르다.)
③	예	315-B8 (경영진의 행동도 커뮤니케이션 수단임)
④	아니오	컴퓨터 프로그램과 데이터 파일에 대한 접근의 승인도 물리적 통제에 속한다. (물리적 통제는 물리적 보안, 컴퓨터 프로그램과 데이터 파일에 대한 접근의 승인, 자산에 대한 주기적 실사 등을 포괄하는 통제임. 315-B9)
⑤	아니오	315-A102 (감사인이 모든 통제활동을 이해할 필요는 없음) 다수의 통제활동이 각각 동일한 목적을 달성하는 경우, 그러한 목적에 관계된 각각의 통제활동을 이해할 필요는 없다.

(배점 3.5점 – 적절성 판단 각 0.5점, 이유 서술 각 0.5점)

물음3

항목	설명
(1) 감사증거의 속성	관련성
(2) 감사절차	1) 유지되는 경우 : 매 3회의 감사에 최소한 한번은 통제에 대한 테스트를 수행 2) 유지되지 않는 경우 : 당기감사에서 그 통제에 대한 테스트를 수행

(배점 1.5점 – (1) 감사증거의 속성 0.5점, (2) 감사절차 각 0.5점)

【문제 4】 (6점)

물음1

잘못된 감사절차	올바른 감사절차
현금및현금성자산에 대해 기말감사업무 철수일까지의 통장입출금내역을 검토함	기말감사철수일이 아닌 감사보고서일까지의 입출금내역을 검토함 (2017년 기출문제 응용)
차입금이 과대계상 되었을 것으로 의심되어 부외부채 테스트를 수행함	부외부채 테스트는 누락된 차입금에 대한 감사절차로, 차입금이 과대계상 되었을 것으로 예상된다면 현재 차입금을 기준으로 실재성을 확인해야 하며, 그 외 이자비용의 과소계상 가능성도 존재한다. (부채의 완전성 확인이 아닌 실재성 확인 절차가 필요한데, 부외부채 테스트는 완전성 검증을 위한 감사절차이다. 추가로 이자비용의 과소계상 검증을 위해서는 현금유출이 없는 (기간경과분) 이자비용에 대한 검토 등이 필요하다.) (2013년 기출문제 응용)
㈜P에게 지급한 외상대금을 식별된 왜곡표시로 판단함	해당 외상대금은 차기 매입에 대한 외상대금 지급일 수도 있으므로 기간귀속에 대한 추가적인 감사절차를 수행하여야 한다. (차기초에 지급된 내역이라고 해서 무조건 작년도 채무에 대한 지급이라고 볼 수는 없다.)

(배점 3점 - 잘못된 감사절차 각 0.5점, 올바른 감사절차 각 0.5점, 유사한 내용인 경우 부분점수 존재)

물음2

(금액 단위 : 원)

품명	수량			단가		기말수량	기말금액	활동성	충당금 설정액
	기초	입고	출고	기초	매입				
A	5	30	10	100	120	25	3,000	28.6%	2,400
B	15	20	25	120	130	10	1,300	71.4%	-
C	10	50	20	180	220	40	8,800	33.3%	4,400

충당금 설정액 = 2,400 + 4,400 = 6,800원
(배점 2점, 계산과정이 맞는 경우 부분점수 1점까지 가능)

물음3

완전성에 대한 검증을 위해서는 취득 시 재무제표(유형자산관리대장)에 누락된 항목에 대한 검증이 필요한데, ㈜O는 제조업이므로 회사의 비용계정 중 판매비와관리비 뿐만아니라 매출원가에 포함되는 항목에 대한 검토가 필요하다. 따라서 추가적으로 제조원가명세서와 관련 세부원장을 입수하여 개별 품목당 100만원 이상의 지출 중 유형자산 성격의 항목에 대한 확인이 필요하다.
(배점 1점, 제조원가 관련 언급이 있는 경우 0.5점)

> **참고** 보충설명
>
> 제조업의 경우 매출원가 항목이 존재하기 때문에 인건비, 감가상각비, 임차료 등 각종 성격별(성질별) 비용항목을 기능별(제조경비, 판매비와관리비, 개발비)로 배부하는 절차가 필수적이다(서비스업은 일반적으로 모든 비용이 판매비와관리비 또는 영업비용으로 분류됨). 예를 들어 인건비(급여 및 퇴직급여)의 경우 생산직 인원에 대한 인건비는 노무비(매출원가), 사무직 인건비는 판매비와관리비, 연구직 인건비는 경상연구개발비(또는 개발비)로 배부된다.

【문제 5】 (16점)

물음1

(기준서 501 - 9 ~ 10)
소송 및 배상청구의 식별을 위해서는 (경영진의 회의록보다는 상위기관인) 지배기구의 회의록을 검토하여야 한다(501-9). 또한 질의서는 경영진이 작성하여야 하며, 감사인은 경영진이 작성한 질의서를 직접 발송하여 외부 법률고문과의 직접적인 커뮤니케이션을 해야 한다(501-10).
(배점 3점, 각 1.5점)

물음2

(기준서 501 - A22 ~ A23)
(1) 외부 법률고문이 소속된 법률전문직 단체가 일반질문서에 답변하는 것을 금지하지 않고, 해당 법률고문이 일반질문서에 대하여 적절하게 답변할 것으로 판단되는 경우 (501-A23의 조건을 역으로 서술)

(2) 다음의 내용을 감사인에게 알려줄 것을 요청 (501-A22)
1) 외부 법률고문이 인지하고 있는 모든 소송과 배상청구 사항
2) 그 결과에 대한 평가
3) 관련 비용 등 재무적 영향의 추정치
(배점 2.5점 - (1) 1점, (2) 각 0.5점)

> **참고** 보충설명
> 기존에 알고 있던 내용인 일반질문서 대신 세부질문서를 발송하는 경우를 생각하고, 그렇지 않은 경우 일반질문서를 발송하는 논리로 접근할 것

물음3

(기준서 540 - 13)
(만약 감사인이 경영진과 다른 가정이나 추정방법을 이용하는 경우에는) 감사인의 점추정치가 관련 변수들을 고려하고 있음을 보이고, 이것이 경영진의 점추정치와 유의적인 차이가 있는 경우 이를 평가하는 데 충분하도록 경영진의 가정이나 추정방법을 이해함
(배점 2점 - 변수고려 1점, 경영진의 가정이나 추정방법에 대한 이해 1점)

> **참고** 보충설명
> (아래 내용은 범위추정치에 대한 설명이므로 오답)
> 만약 감사인이 범위추정치를 이용하는 것이 적합하다고 결론을 내리면, 입수한 감사증거를 근거로 하여 범위추정치 내의 모든 결과들이 합리적이라고 여겨질 때까지 해당 범위추정치를 좁힘(수행중요성 이하로 좁힘)

물음4

항목	적절한가? (예, 아니오)	적절하지 않은 경우, 그 이유
①	아니오	회계추정치란 부정확한 것이며, 경영진의 판단에 영향을 받을 수 있으므로 의도와 관계없이 편의가 포함될 수 있다. 기준서 510-A9 재무보고체계에서는 종종 편의가 개입되지 않는 중립성이 요구된다. 그러나 회계추정치란 부정확한 것이며, 또 경영진의 판단에 영향을 받을 수 있다. 그러한 판단에는 의도적이든 그렇지 않든 경영진의 편의가 포함될 수 있다
②	예	기준서 540-A103 (해당 자산의 보유에 대한 의도와 목적, 향후 추정 전망에 따라 달라질 수 있음 - 회계추정치는 개개인의 편의가 포함될 수 있으므로)
③	예	기준서 540-A77 (이용가능하지 않은 정보는 활용이 불가능)
④	아니오	편의가능성 징후 그 자체는 왜곡표시를 구성하지 아니한다. (2018년 기출응용) 기준서 540 - 21 감사인은 경영진의 편의가능성에 대한 징후가 존재하는지 여부를 식별하기 위하여 경영진이 회계추정치를 도출할 때 내린 판단과 결정을 검토하여야 한다. 개별 회계추정치가 합리적인지 여부에 대한 결론을 도출할 목적에서 보면 경영진의 편의가능성 징후 그 자체는 왜곡표시를 구성하지 아니한다.

(배점 4점, 적절성 판단 각 0.5점, 이유 각 1점)

물음5

(기준서 500 - 8)
1) 경영진측 전문가가 수행한 업무를 이해함 → 업무에 대한 이해(무엇을?)
2) 경영진측 전문가의 평가(적격성, 역량, 객관성(독립성)) → 사람에 대한 평가(누가?)
3) 경영진측 전문가가 수행한 업무의 적합성을 평가함 → 업무에 대한 평가(어떻게?)
(배점 1.5점, 각 0.5점)

물음6

(기준서 500 - 8) (후속사건 Case2)
1) 경영진(적절한 경우 지배기구 포함)과 이 사항을 토의함
2) 재무제표의 수정이 필요한지 여부를 결정함
3) 재무제표의 수정이 필요하다고 결정했다면, 경영진이 재무제표에서 이 사항을 어떻게 다룰 계획인지 질문함
(배점 1.5점, 각 0.5점)

물음7

(기준서 230 - 13)
감사인은 예외적인 상황에서 감사보고서일 후에 새로운 감사절차 또는 추가적인 감사절차를 수행하거나 새로운 결론을 도출하는 경우, 다음 사항을 문서화하여야 한다.
1) 당면한 상황 → 후속사건의 내용과 이유(∵)
2) 감사문서의 변경자와 검토자 및 그 시기 → 누가·언제
3) 수행한 새로운 감사절차 또는 추가적인 감사절차, 입수한 감사증거, 도달된 결론 및 감사보고서에 미친 영향 → 후속사건에 대한 추가감사절차와 결론(∵)
(배점 1.5점, 각 0.5점)

【문제 6】(15점)

물음1

잘못된 문단	수정내용
의견거절	1) 재무제표에 대해 별도 의견을 표명하지 않는다는 내용이 추가되어야 함 2) 내부회계관리제도 감사에 대한 감사보고서일에 대한 언급이 필요 3) 중요한 취약점에 대한 내용 삭제
의견거절근거	충분하고 적합한 감사증거를 확보하지 못했다는 내용으로 변경되어야 함
감사인의 책임	회사로부터 독립적이며 윤리적 책임을 이행하였다는 내용을 추가하여야 함

(배점 5점, 각 1점)

> **참고** 보충설명
>
> 출제의도 : 최근 의견변형에 대한 감사보고서가 출제된 적 없어 예시로서 출제하였고, 정답을 맞추는 목적보다는 의견변형보고서 및 통합감사 시 감사보고서에 대한 트레이닝 목적으로 접근하셨으면 좋겠습니다.
> → 실제 2024년 문제로 출제됨

물음2

문단	기재 가능 여부 (예, 아니오)	이유
① 계속기업 관련 중요한 불확실성	예	계속기업으로서의 존속능력에 유의적 의문을 제기할 만한 중요한 불확실성이 존재하였지만, 관련 경영진의 평가를 주석에 기재하였으므로 해당 주석을 언급하는 문단을 추가하여야 한다.
② 강조사항	예	유의적인 후속사건은 재무제표를 이해하는 데 근본이 될 정도로 중요한 사항이며, 주석공시하였으므로 강조사항에 추가되어야 한다.
③ 기타사항	예	양 회계연도에 대한 의견이 아니므로 초도감사이며, 이 경우 기타사항문단에 전기에 대한 감사여부 및 전임감사인의 감사의견 등이 추가되어야 한다.
④ 핵심감사사항	아니오	재무제표 전체에 대한 의견거절과는 일관성이 없기 때문이다.

(배점 6점 - 기재 가능 여부 판단 각 0.5점, 이유 1점)

> **참고** 보충설명
>
> 핵심감사사항 외의 다른 문단은 상황에 따라 감사의견과 독립적으로 기재될 수 있다. 핵심감사사항의 경우 한정의견(부적정의견) 표명 시 의견변형 근거를 핵심감사사항 단락으로부터 분리하여 의견변형 근거문단에 기재한다.
> 출제의도 : 많은 분들이 의견변형 시 추가문단 기재에 대해 헷갈려하셔서 정리하고자 출제하였습니다.

물음3

항목	적절한가? (예, 아니오)	적절하지 않은 경우, 그 이유
①	예	기준서 570 - A8, 9 경영진이 수행한 분석 부족을 바로잡는 것은 감사인의 책임이 아니다. 그러나 어떤 상황에서는, 경영진의 평가를 뒷받침하기 위한 경영진의 세부분석이 부족하다고 해서, 해당 상황에 경영진의 회계의 계속기업전제 사용이 적합한지 여부에 대하여 감사인이 결론을 내릴 수 없는 것은 아니다.
②	아니오	평가한 기간 후의 기간의 경우 최소한 질문의 절차는 수행하여야 한다. 기준서 570 - 15 감사인은 경영진이 평가한 기간 후의 기간 중 경영진이 계속기업으로서의 존속능력에 대하여 유의적 의문을 초래할 수 있는 사건이나 상황을 알고 있는지 질문하여야 한다.
③	예	기준서 570 - A22 감사인은 재무보고체계가 중요한 불확실성을 정의하는지 또는 어떻게 정의하는지와 관계없이 중요한 불확실성이 존재하는지 결정하도록 요구된다.
④	아니오	의견표명을 거절하여야 한다. (또는 의견거절을 표명하여야 한다.) 기준서 705 - 10 다수의 불확실성을 수반하는 극히 드문 상황에서 감사인이 각각의 불확실성에 대하여 충분하고 적합한 감사증거를 입수하였음에도 불구하고 이들 개별 불확실성 사이의 잠재적 상호작용과 이들 불확실성이 재무제표에 미칠 수 있는 누적적 영향 때문에 재무제표에 대한 의견을 형성하는 것이 가능하지 않다고 결론을 내리는 경우, 감사인은 의견을 거절하여야 한다. (예를 들어 여러 잠재적 폭탄이 동시에 있는 경우, 하나의 폭탄이 터지는 경우 다른 폭탄의 폭발에도 영향이 있을 수 있기에 (이러한 리스크로 인하여) 감사의견을 거절하여야 한다.)

(배점 4점 - 적절성 판단 각 0.5점, 이유 각 1점)

【문제 7】(8점)

물음1

(기준서 540 - A46)

수행 주체	감사절차
그룹업무팀	① ②
부문감사인	① ③ ④

(배점 2점, 각 1점)

> **참고** 보충설명
>
> ㈜C에 대해서는 부문감사인을 활용하기로 하였으므로 부문재무정보에 대한 감사의견은 부문감사인만 포함
> 출제 의도 : 그룹업무팀, 부문감사인 각각이 수행할 수 있는 업무에 대해 명확히 파악하고자 하였습니다.

물음2

항목	적절한가? (예, 아니오)	적절하지 않은 경우, 그 이유
①	예	
②	아니오	기준서 600 - 37 그룹과 보고기간말이 다른 부문재무제표가 그룹재무제표에 포함된 경우, 그룹업무팀은 그러한 재무제표가 해당 재무보고체계에 따라 적합하게 조정되었는지 여부를 평가하여야 한다. K-IFRS 1110호 B93 종속기업이 실무적으로 적용할 수 없다면, 지배기업은 종속기업의 재무제표일과 연결재무제표일 사이에 발생한 유의적인 거래나 사건의 영향을 조정한 종속기업의 가장 최근 재무제표를 사용하여 종속기업의 재무정보를 연결한다. 어떠한 경우라도 종속기업의 재무제표일과 연결재무제표일의 차이는 3개월을 초과해서는 안 된다. 보고기간의 길이와 재무제표일의 차이는 기간마다 같아야 한다.
③	아니오	당기말 재고자산 잔액이 없더라도 원가흐름의 가정에 따라 기초잔액 변경으로 당기 매출원가가 달라질 수 있으므로 회계정책의 통일이 필요하다. 기준서 600 - 35 만약 어떤 부문재무정보가 그룹재무제표에 적용된 것과 동일한 회계정책에 따라 작성되지 아니한 경우에는, 그룹업무팀은 해당 부문의 재무정보가 그룹재무제표의 작성과 표시 목적을 위하여 적절하게 수정되었는지 여부를 평가하여야 한다.
④	아니오	연결범위에 대한 검토는 (지분율뿐만 아니라) 포괄적인 의미인 지배력에 대한 세부 검토를 따라야 한다. (추가적으로 손자회사의 확인을 위해 종속기업이 보유한 지분증권에 대한 검토도 필요함)

(배점 5점 - 적절성 판단 각 0.5점, 이유 1점)

물음3

(기준서 600 - 48)
그룹업무팀은 그룹경영진에게 해당 사항을 부문경영진에게 알리도록 요청하여야 한다.
(배점 1점)

참고 보충설명

기준서 원문
부문감사인은 법규 또는 기타의 이유로 부문의 재무제표에 대한 감사의견을 표명하도록 요구될 수 있다. 그러한 경우, 부문의 재무제표에 유의적일 수도 있다고 그룹업무팀은 알게 되었으나 부문경영진은 이를 모를 수 있는 경우에는, 그룹업무팀은 그룹경영진에게 해당 사항을 부문경영진에게 알리도록 요청하여야 한다. 만약 그룹경영진이 이 사항을 해당 부문경영진에게 커뮤니케이션하는 것을 거부한다면 그룹업무팀은 이 사항을 그룹의 지배기구와 논의하여야 한다. 해당 사항이 해결되지 않고 있는 경우, 그룹업무팀은 법적 및 전문직 비밀유지 책임에 대한 고려하에, 부문감사인에게 이 사항이 해결될 때까지 부문의 재무제표에 대한 감사보고서를 발행하지 않도록 조언할지 여부를 고려하여야 한다.

해설 : 본문 내용 중 서면진술 내 미수정왜곡표시 항목에 포함되지 않았다는 것은 부문경영진이 모를 수 있는 상황을 간접적으로 표현하고 있으므로 위와 같은 감사절차를 수행하여야 함(만약 부문감사인이 위 왜곡표시에 대해 알고 있는 경우라면, 일반적으로 부문경영진과 이미 커뮤니케이션이 선행되었을 것이므로 매끄러운 전개를 위해 부문감사인이 모르는 것으로 가정하여 문제를 구성하였음)

직접 부문경영진에게 알리지 않는 이유 : 그룹업무팀과 부문경영진은 직접적인 계약관계가 아니기 때문에 그룹경영진을 통하여 부문경영진에게 알리도록 요청함

【문제 8】 (17점)

> **참고** 출제의도
>
> 1) 의도적으로 마지막 문제를 길게(배점을 크게) 출제하였습니다. 실전에서도 이렇게 나올 수 있으니 시험시작 직후 전체적인 문제별 배점을 쭉 훑어주시고 시간 안배를 잘 하여주시기 바랍니다.
> 2) (물음1)은 내부회계관리제도 감사보고서 트레이닝 목적, (물음2)와 (물음7)은 개정사항 관련, (물음4)는 기출문제 응용, (물음5)와 (물음6)은 개념상 중요한 내용, (물음3)은 실무적으로 중요한 내용으로 구성하였습니다.
> 3) 통제테스트와 미비점에 대한 내용은 이미 많이 출제된 내용이므로 제외하였습니다.

물음1

(기준서 1100 - 보론)

잘못된 문단 또는 부분	수정내용
제목(독립된 감사인의 감사보고서)	독립된 감사인의 내부회계관리제도 감사보고서
내부회계관리제도에 대한 감사의견	1) 평가기준일에 대한 명시가 필요함 2) 중요성의 관점에서 효과적으로 설계 및 운영되고 있습니다.
내부회계관리제도에 대한 경영진과 지배기구의 책임	내부회계관리제도 운영실태보고서에 포함된, 내부회계관리제도의 효과성에 대한 평가에 책임
내부회계관리제도감사에 대한 감사인의 책임	운영실태보고서에 대한 내용을 제외하여야 함
내부회계관리제도감사에 대한 감사인의 책임	중요한 취약점이 존재하는지에 대한 감사증거를 입수하기 위한 절차의 수행을 포함한다는 내용을 기입하여야 함

(배점 6점, 각 1점)

물음2

(기준서 706 - 보론3)

항목	준거기준 또는 업무수행기준
(예시) 재무제표감사인의 내부회계관리제도 검토	(예시) 내부회계관리제도 검토기준
내부회계관리제도의 관리·운영	내부회계관리제도 설계 및 운영 개념체계 또는 COSO Framework 등
대표자의 내부회계관리제도 설계 및 운영실태 평가	내부회계관리제도 평가 및 보고 기준
외부감사법에 따른 감사	회계감사기준

(배점 1.5점, 각 0.5점)

> **참고** 보충설명
>
> 1) 내부회계관리제도 평가 및 보고 적용기법 : 평가 및 보고 기준을 준수하기 위한 추가적인 설명과 기법을 제시하여 회사의 내부회계관리제도 평가에 도움을 제공하는 것을 목적으로 함
> 2) 모범규준의 경우 2024년까지만 적용 가능하며, 이후로는 평가 및 보고 기준으로만 수행

물음3

(기준서 1200 – A53)
방법 : 추적조사(Walk Through Test)
내용(정의) : 추적조사는 거래유형별로 1~2개의 거래를 표본으로 추출하여 거래의 시작에서 재무제표에 반영되는 종료 시점까지 계약서, 증빙서류 및 회계장부 등의 거래 증적에 따라 거래 흐름을 추적하여 관련된 위험을 파악하여 관련된 통제활동의 설계가 적절한지를 파악하는 것이다. (내부회계관리제도 평가 및 보고 적용기법 – 96)
(배점 1.5점 – 추적조사 서술 0.5점, 정의 1점)

참고 보충설명

(아래와 같이 유사한 내용을 기술하여도 정답으로 인정)
추적조사는 회사의 내부통제의 이해와 평가를 위한 기본적인 방법으로, 거래의 발생부터 해당 거래가 정보시스템을 포함한 기업의 프로세스를 거쳐 기업의 재무기록으로 반영되기까지, 기업 담당자가 사용하는 동일한 문서와 정보기술을 이용하여 거래를 따라가는 과정을 의미한다.

물음4

(기준서 1200 – A53)

요소	입수해야 할 감사증거의 수준에 미치는 영향
①	증가 (2023년 기출문제 응용)
②	감소
③	감소
④	증가

(배점 2점, 각 0.5점)

참고 보충설명

(참고 : 통제와 연관된 위험에 영향을 미치는 요소, 기준서 1200–A53)
- 통제가 예방하거나 발견·수정하고자 의도하는 왜곡표시의 성격과 중요성
- 관련되는 계정 및 경영진주장과 연관된 고유위험
- 통제설계 또는 운영효과성에 부정적 영향을 미칠 수 있는 거래의 규모나 성격에 변화가 있었는지 여부
- 해당 계정에 오류내력이 있는지 여부
- 전사적 수준 통제, 특히, 다른 통제를 모니터링하는 통제의 효과성
- 통제의 성격과 통제가 운영되는 빈도 (2023년 기출문제 내용)
- 해당 통제가 다른 통제의 효과성에 의존하는 정도 (예를 들어, 통제환경 또는 정보기술 일반통제)
- 통제를 수행하거나 통제의 수행을 모니터링하는 기업 담당자의 적격성. 그리고 통제를 수행하거나 통제의 수행을 모니터링하는 핵심 인원에 변경이 있었는지 여부
- 통제가 개인의 수행에 의존하는지 또는 자동화되었는지 여부 (즉, 자동통제는 관련 정보기술 일반통제가 효과적이면, 일반적으로 위험이 낮은 것으로 기대된다)
- 통제의 복잡성 및 통제의 운영과 연계하여 내릴 수 있는 판단의 유의성

위 내용은 테스트할 통제의 위험에 영향을 미치는 요소들입니다.

출제의도 : 2019년 문제5 물음1 항목「다」내용을 하나의 문제로 구성하였습니다.
OX문제 – 테스트할 통제의 위험이 증가할수록 감사증거의 충분성과 적합성도 증가하도록 계획하였다. (O)

물음5

항목	적절한가? (예, 아니오)	적절하지 않은 경우, 그 이유
①	예	기준서 1100-12 (통합감사 시 재무제표감사와의 연계 사항) (중요)
②	예	기준서 1100-A82 (중요한 취약점의 4가지 지표 중 하나) (중요)
③	아니오	중요한 취약점의 발견과 관계없이 내부회계관리제도에 대한 후속사건 감사절차가 필요하다. 기준서 1100 - 52 감사인은 후속사건에 대해 경영진 또는 지배기구에게 질문하여야 하고, 후속사건 절차를 통해 감사인이 내부회계관리제도에 대한 평가기준일 현재 존재하고 있었던 중요한 취약점에 대해 알게 된다면, 감사인은 부적정의견을 표명하여야 한다. (내부회계관리제도감사도 재무제표감사와 마찬가지로 후속사건에 대한 검토가 필수적임)
④	예	기준서 1100-49, A81 (중요한 취약점 식별 시 보완통제의 영향을 고려하여야 함)

(배점 3점 - 적절성 판단 각 0.5점, 이유 서술 1점)

물음6

(기준서 1100 - 10) (중요)

구분	설계 목적
내부회계관리제도감사	평가기준일(통상적으로 보고기간말일임) 현재의 내부회계관리제도에 대한 감사의견을 뒷받침할 충분하고 적합한 증거를 입수함
재무제표감사	재무제표감사 목적상 감사인의 통제위험 평가를 뒷받침할 충분하고 적합한 감사증거를 입수함 (오답 : 감사의견, 내부통제 효과성)

(배점 2점, 각 1점)

물음7

연결내부회계관리제도 평가·보고 대상범위를 객관적인 기준에 따라 일관되게 산정할 수 있어 회사와 외부감사인 간의 의견 불일치를 완화할 수 있다.
(배점 1점)

> **참고** 보충설명
>
> 금융감독원 보도자료 응용(2023.12.28. 내부회계관리제도의 책임성을 강화하고 연결내부회계 대상범위 판단기준을 명확히 하였습니다.)